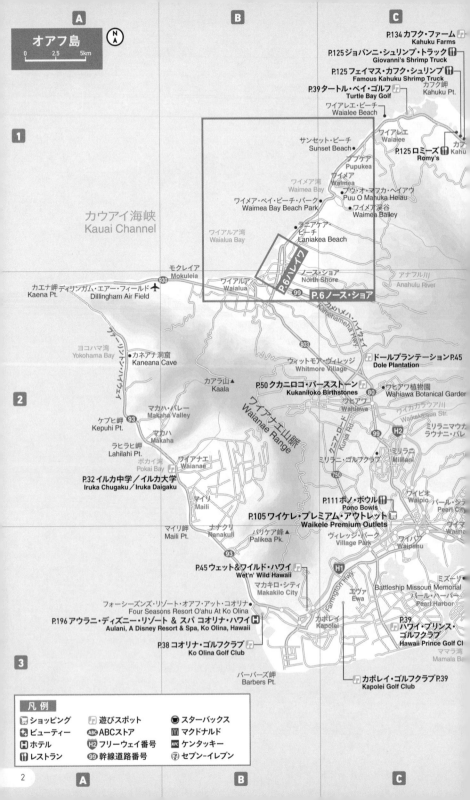

オアフ島

N

0 2.5 5km

A B C

カウアイ海峡
Kauai Channel

1

- P.134 カフク・ファーム
  Kahuku Farms
- P.125 ジョバンニ・シュリンプ・トラック
  Giovanni's Shrimp Truck
- P.125 フェイマス・カフク・シュリンプ
  Famous Kahuku Shrimp Truck
- カフク岬
  Kahuku Pt.
- P.39 タートル・ベイ・ゴルフ
  Turtle Bay Golf
- ワイアレエ・ビーチ
  Waialee Beach
- ワイアレエ
  Waialee
- サンセット・ビーチ
  Sunset Beach
- P.125 ロミーズ
  Romy's
- カフ
  Kahu
- ププケア
  Pupukea
- ワイメア
  Waimea
- ワイメア湾
  Waimea Bay
- ワイメア・ベイ・ビーチ・パーク
  Waimea Bay Beach Park
- プウ・オ・マフカ・ヘイアウ
  Puu O Mahuka Heiau
- ワイメア渓谷
  Waimea Balley
- ワイアルア湾
  Waialua Bay
- ラニアケア・ビーチ
  Łaniakea Beach
- モクレイア
  Mokuleia
- ワイアルア
  Waialua
- ノース・ショア
  North Shore
- アナフル川
  Anahulu River
- 930
- カエナ岬 ディリンガム・エアー・フィールド
  Kaena Pt. Dillingham Air Field
- P.6 ノース・ショア
- P.6 ノース・ショア
- 99
- カメハメハ・ハイウェイ
  Kamehameha Hwy
- ヨコハマ湾
  Yokohama Bay
- カネアナ洞窟
  Kaneana Cave
- ウィットモア・ヴィレッジ
  Whitmore Village
- ドールプランテーション P.45
  Dole Plantation
- 803
- P.50 クカニロコ・バーススト―ン
  Kukaniloko Birthstones
- ワヒアワ植物園
  Wahiawa Botanical Garden
- ワイカガラウカ川
  Waikakalaua Str.
- カアラ山
  Kaala
- ワヒアワ
  Wahiawa
- 80
- クニア・ロード
  Kunia Rd.
- 99
- H2
- ミリラニマウカ
  ラウナニ・バレ
- 2
- マカハ・バレー
  Makaha Valley
- ワイアナエ山脈
  Waianae Range
- ケプヒ岬
  Kepuhi Pt.
- マカハ
  Makaha
- 750
- ミリラニ・ゴルフクラブ
  Mililani
- ラヒラヒ岬
  Lahilahi Pt.
- ポカイ湾
  Pokai Bay
- ワイアナエ
  Waianae
- P.32 イルカ中学／イルカ大学
  Iruka Chugaku／Iruka Daigaku
- ワイピオ
  Waipio
- パール・シテ
  Pearl City
- マイリ
  Maili
- P.111 ポノ・ボウル
  Pono Bowls
- ヴィレッジ・パーク
  Village Park
- ワイパフ
  Waipahu
- ワイマ
  Waime
- マイリ岬
  Maili Pt.
- ナナクリ
  Nanakuli
- パリケア峰
  Palikea Pk.
- P.105 ワイケレ・プレミアム・アウトレット
  Waikele Premium Outlets
- 93
- P.45 ウェット&ワイルド・ハワイ
  Wet 'n' Wild Hawaii
- マカキロ・シティ
  Makakilo City
- H1
- ファーミントン・ハイウェイ
  Farmington Hwy
- エヴァ
  Ewa
- ミズーリ
  Battleship Missouri Memorial
- パール・ハーバ―
  Pearl Harbor
- フォーシーズンズ・リゾート・オアフ・アット・コオリナ
  Four Seasons Resort O'ahu At Ko Olina
- P.196 アウラニ・ディズニー・リゾート & スパ コオリナ・ハワイ
  Aulani, A Disney Resort & Spa, Ko Olina, Hawaii
- カポレイ
  Kapolei
- P.39 ハワイ・プリンス・ゴルフクラブ
  Hawaii Prince Golf Cl
- P.38 コオリナ・ゴルフクラブ
  Ko Olina Golf Club
- 3
- バーバーズ岬
  Barbers Pt.
- カポレイ・ゴルフクラブ P.39
  Kapolei Golf Club
- ママラ湾
  Mamala Ba

凡例

ショッピング	遊びスポット	スターバックス
ビューティー	ABC ストア	マクドナルド
ホテル	フリーウェイ番号	ケンタッキー
レストラン	幹線道路番号	セブン-イレブン

A B C

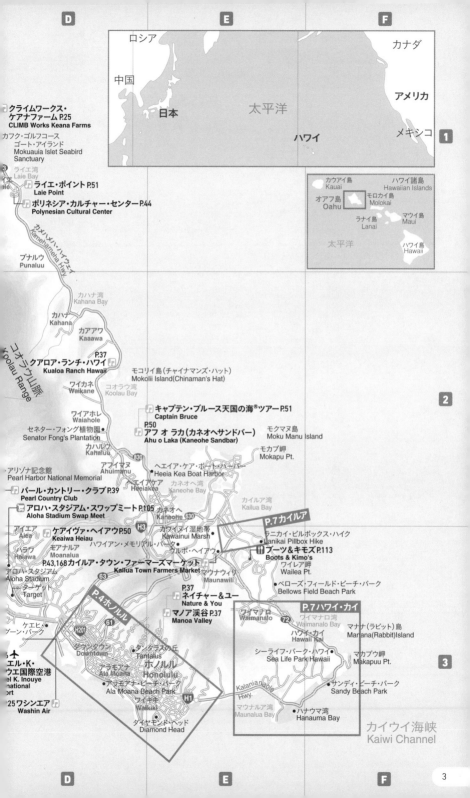

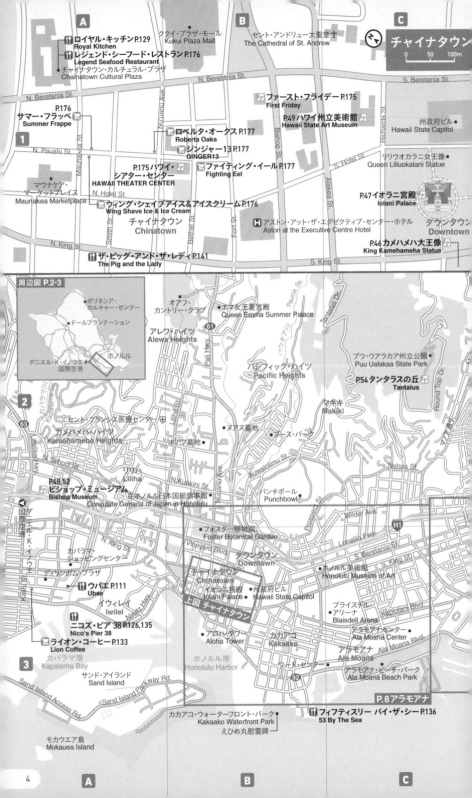

A
- ロイヤル・キッチン P.129
  Royal Kitchen
- レジェンド・シーフード・レストラン P.176
  Legend Seafood Restaurant
- チャイナタウン・カルチュラル・プラザ
  Chainatown Cultural Plaza

B
- ククイ・プラザ・モール
  Kukui Plaza Mall
- セント・アンドリュー大聖堂
  The Cathedral of St. Andrew

C
チャイナタウン
0　50　100m

1
- サマー・フラッペ P.176
  Summer Frappe
- ロベルタ・オークス P.177
  Roberta Oaks
- ジンジャー13 P.177
  GINGER13
- P.175ハワイ・シアター・センター
  HAWAII THEATER CENTER
- ウィング・シェイブアイス＆アイスクリーム P.176
  Wing Shave Ice & Ice Cream
- マウナケア・マーケットプレイス
  Maunakea Marketplace
- チャイナタウン
  Chinatown
- ザ・ビッグ・アンド・ザ・レディ P.141
  The Pig and the Lady

- ファースト・フライデー P.175
  First Friday
- P.49 ハワイ州立美術館
  Hawaii State Art Museum
- ファイティング・イール P.177
  Fighting Eel
- アストン・アット・ザ・エグゼクティブ・センター・ホテル
  Aston at the Executive Centre Hotel

- 州政府ビル
  Hawaii State Capitol
- リリウオカラニ女王像
  Queen Liliuokalani Statue
- P.47 イオラニ宮殿
  Iolani Palace
- ダウンタウン
  Downtown
- P.46 カメハメハ大王像
  King Kamehameha Statue

周辺図 P.2-3
- ポリネシア・カルチャー・センター
  Polynesia Culture Center
- ドールプランテーション
- ダニエル・K・イノウエ国際空港
- ホノルル

- オアフ・カントリー・クラブ
- クイーン・エマ王宮殿
  Queen Emma Summer Palace
- アレワ・ハイツ
  Alewa Heights
- プウ・ウアラカア州立公園
  Puu Ualakaa State Park
- パシフィック・ハイツ
  Pacific Heights
- P.54 タンタラスの丘
  Tantalus

2
- セント・フランシス医療センター
- カメハメハ・ハイツ
  Kamehameha Heights
- マキキ
  Makiki
- ヌアヌ墓地
- ノース・パーク
- オアフ墓地
- リリハ
  Liliha
- P.48,52 ビショップ・ミュージアム
  Bishop Museum
- 在ホノルル日本国総領事館
  Consulate General of Japan in Honolulu
- パンチボール
  Punchbowl
- フォスター植物園
  Foster Botanical Garden
- ダウンタウン
  Downtown
- ホノルル美術館
  Honolulu Museum of Art
- ウバエ P.111
  Ubae
- カパラマ・ショッピングセンター
- ディリンガム・プラザ
- イウィレイ
  Iwilei
- チャイナタウン
  Chinatown
- イオラニ宮殿
  Iolani Palace
- 州政府ビル
  Hawaii State Capitol
- 上図 チャイナタウン
- ブライスデル・アリーナ
  Blaisdell Arena
- アラモアナセンター
  Ala Moana Center
- ニコズ・ピア38 P.126,135
  Nico's Pier 38
- ライオン・コーヒー P.133
  Lion Coffee
- カパラマ港
  Kapalama Bay
- アロハタワー
  Aloha Tower
- カカアコ
  Kakaako
- アラモアナ
  Ala Moana
- アラモアナ・ビーチ・パーク
  Ala Moana Beach Park

3
- サンド・アイランド
  Sand Island
- ホノルル港
  Honolulu Harbor
- ワード・センター
- P.8 アラモアナ
- モカウエア島
  Mokauea Island
- カカアコ・ウォーターフロント・パーク
  Kakaako Waterfront Park
- えひめ丸慰霊碑
- フィフティスリー バイ・ザ・シー P.136
  53 By The Sea

A　**B**　**C**

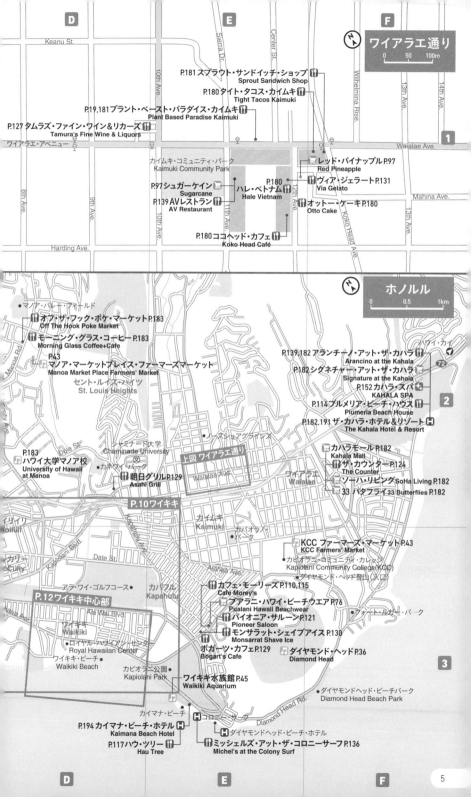

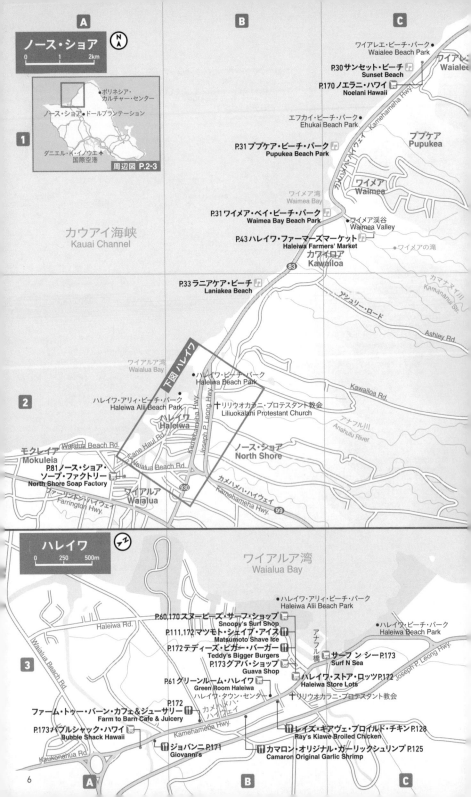

A

ノース・ショア

N

0　1　2km

ポリネシア・カルチャー・センター

ノース・ショア・ドールプランテーション

ダニエル・K・イノウエ
国際空港

周辺図 P.2-3

カウアイ海峡
Kauai Channel

B

ワイアレエ・ビーチ・パーク
Waialae Beach Park

P.30 サンセット・ビーチ
Sunset Beach

P.170 ノエラニ・ハワイ
Noelani Hawaii

エフカイ・ビーチ・パーク
Ehukai Beach Park

P.31 ププケア・ビーチ・パーク
Pupukea Beach Park

ワイメア湾
Waimea Bay

P.31 ワイメア・ベイ・ビーチ・パーク
Waimea Bay Beach Park

ワイメア渓谷
Waimea Valley

P.43 ハレイワ・ファーマーズ・マーケット
Haleiwa Farmers' Market

P.33 ラニアケア・ビーチ
Laniakea Beach

C

ワイアレエ
Waialee

ププケア
Pupukea

ワイメア
Waimea

ワイメアの滝

カワイロア
Kawailoa

カマナヌイ・ストリート
Kamananui St.

アシュリー・ロード

Ashley Rd.

カワイロア・ロード
Kawailoa Rd.

アナフル川
Anahulu River

ワイアルア湾
Waialua Bay

下図 ハレイワ

ハレイワ・ビーチ・パーク
Haleiwa Beach Park

ハレイワ・アリィ・ビーチ・パーク
Haleiwa Alii Beach Park

リリウオカラニ・プロテスタント教会
Liliuokalani Protestant Church

ハレイワ
Haleiwa

モクレイア
Mokuleia

Waialua Beach Rd.

**P.81 ノース・ショア・
ソープ・ファクトリー**
North Shore Soap Factory

ファーリントン・ハイウェイ
Farrington Hwy.

ワイアルア
Waialua

Waialua Beach Rd.

Cane Haul Rd.

Joseph P. Leong Hwy.

Kamehameha Hwy.

カメハメハ・ハイウェイ
Kamehameha Hwy.

ノース・ショア
North Shore

ハレイワ

0　250　500m

Haleiwa Rd.

Waialua Beach Rd.

ワイアルア湾
Waialua Bay

ハレイワ・アリィ・ビーチ・パーク
Haleiwa Alii Beach Park

P.60,170 スヌーピーズ・サーフ・ショップ
Snoopy's Surf Shop

P.111,172 マツモト・シェイブ・アイス
Matsumoto Shave Ice

P.172 テディーズ・ビガー・バーガー
Teddy's Bigger Burgers

P.173 グアバ・ショップ
Guava Shop

P.61 グリーンルーム・ハレイワ
Green Room Haleiwa

ハレイワ・タウン・センター

P.172
ファーム・トゥー・バーン・カフェ＆ジューサリー
Farm to Barn Cafe & Juicery

P.173 バブルシャック・ハワイ
Bubble Shack Hawaii

Kaukonahua Rd.

ハレイワ・ビーチ・パーク
Haleiwa Beach Park

アナフル橋

サーフン シー P.173
Surf N Sea

ハレイワ・ストア・ロッツ P.172
Haleiwa Store Lots

リリウオカラニ・プロテスタント教会

カメハメハ・ハイウェイ
Kamehameha Hwy.

レイズ・キアヴェ・ブロイルド・チキン P.128
Ray's Kiawe Broiled Chicken

P.172 ジョバンニ P.171
Giovanni's

カマロン・オリジナル・ガーリックシュリンプ P.125
Camaron Original Garlic Shrimp

Joseph P. Leong Hwy.

A　B　C

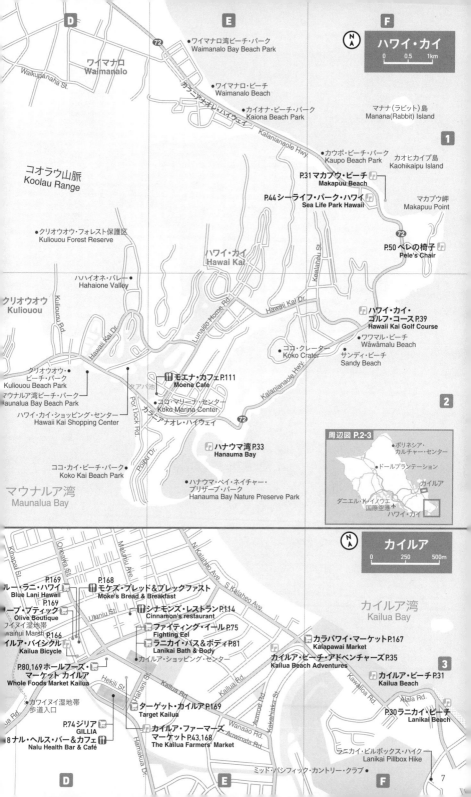

D
ワイマナロ
Waimanalo

Waikupanaha St.

E

72

ワイマナロ湾ビーチ・パーク
Waimanalo Bay Beach Park

ワイマナロ・ビーチ
Waimanalo Beach

カイオナ・ビーチ・パーク
Kaiona Beach Park

F

マナナ（ラビット）島
Manana(Rabbit) Island

Kalanianaole Hwy.

1

カウポ・ビーチ・パーク
Kaupo Beach Park

カオヒカイプ島
Kaohikaipu Island

コオラウ山脈
Koolau Range

P.31 マカプウ・ビーチ
Makapuu Beach

P.44 シーライフ・パーク・ハワイ
Sea Life Park Hawaii

マカプウ岬
Makapuu Point

クリオウオウ・フォレスト保護区
Kuliouou Forest Reserve

ハワイ・カイ
Hawai Kai

Kealahou St.

72

P.50 ペレの椅子
Pele's Chair

ハハイオネ・バレー
Hahaione Valley

クリオウオウ
Kuliouou

Kuliouou Rd.

Hawaii Kai Dr.

Lunalilo Home Rd.

Hawaii Kai Dr.

ハワイ・カイ・
ゴルフ・コース P.39
Hawaii Kai Golf Course

ワワマル・ビーチ
Wáwãmalu Beach

ココ・クレーター
Koko Crater

サンディ・ビーチ
Sandy Beach

クリオウオウ・
ビーチ・パーク
Kuliouou Beach Park

マウナルア湾ビーチ・パーク・
Maunalua Bay Beach Park

ハワイ・カイ・ショッピング・センター
Hawaii Kai Shopping Center

Portlock Rd.

女アパ池

モエナ・カフェ P.111
Moena Cafe

ココ・マリーナ・センター
Koko Marina Center

カラニアナオレ・ハイウェイ

Kalanianaole Hwy.

72

2

ココ・カイ・ビーチ・パーク
Koko Kai Beach Park

Poipu Dr.

ハナウマ湾 P.33
Hanauma Bay

マウナルア湾
Maunalua Bay

ハナウマ・ベイ・ネイチャー・
プリザーブ・パーク
Hanauma Bay Nature Preserve Park

周辺図 P.2-3

ポリネシア・
カルチャー・センター

ドールプランテーション

カイルア

ダニエル・K・イノウエ
国際空港

ハワイ・カイ

Kihapai St.

Oneawa St.

Maluniu Ave.

N. Kalaheo Ave.

S. Kalaheo Ave.

カイルア湾
Kailua Bay

ルー・ラニ・ハワイ P.169
Blue Lani Hawaii

ーブ・ブティック P.169
Olive Boutique

フイヌイ湿地帯
wainui Marsh P.166

イルア・バイシクル
Kailua Bicycle

Uluniu St.

P.168
モケズ・ブレッド＆ブレックファスト
Moke's Bread & Breakfast

シナモンズ・レストラン P.114
Cinnamon's restaurant

ファイティング・イール P.75
Fighting Eel

ラニカイ・バス＆ボディ P.81
Lanikai Bath & Body

カイルア・ショッピング・センター

3

カラパワイ・マーケット P.167
Kalapawai Market

カイルア・ビーチ・アドベンチャーズ P.35
Kailua Beach Adventures

カイルア・ビーチ P.31
Kailua Beach

ホールフーズ・
マーケット カイルア P.80,169
Whole Foods Market Kailua

Hekili St.

Hahani St.

Kailua Rd.

Kailua Rd.

Kawailoa Rd.

Alala Rd.

カワイヌイ湿地帯
歩道入口

ターゲット・カイルア P.169
Target Kailua

P.30 ラニカイ・ビーチ
Lanikai Beach

P.74 ジリア
GILLIA

Wanaao Rd.

Aumoe Rd.

Kaelepulu Dr.

8 ナル・ヘルス・バー＆カフェ
Nalu Health Bar & Café

Hamakua Dr.

カイルア・ファーマーズ・
マーケット P.43,168
The Kailua Farmers' Market

Auwinala Rd.

ラニカイ・ピルボックス・ハイク
Lanikai Pillbox Hike

ミッド・パシフィック・カントリー・クラブ

D   **E**   **F**

アラモアナ

0 100 200m

フォスター植物園
Foster Botanical Garden

観音寺

1

West入口
21A出口
21B出口

ハリス・ユナイテッド・メソジスト教会

カママル・パーク

21B出口

展望台

ドール・コミュニティ・パーク

Iolani Ave.

Vineyard Blvd.

22出口

East入口

チャイナタウン・カルチュラル・プラザ

N. Beretania St.

チャイナタウン
Chinatown

聖アンドリュース教会
St. Andrew's Cathedral

P.4チャイナタウン

クイーンズ・メディカル・センター
Queen's Medical Center

22出口

マウナケア・マーケットプレイス
Maunakea Marketplace

P.47 ワシントン・プレイス
Washington Place

ハワイ州立美術館
Hawaii State Art Museum

州政府ビル
Hawaii State Capitol

アストン・アット・ジ・エグゼクティブ・センター・ホテル

イオラニ宮殿
Iolani Palace

州立図書館

ダウンタウン
Downtown

地方自治ビル

シティ・ホール

ホノルル・ポリス・デパートメント
Honolulu Police Department

ストラアブ医療センター

カラニモク・ビル

カトリック墓

ハワイ・エレクトリ

2

カメハメハ大王像
King Kamehameha Statue

家庭裁判所

州税局

ハワイアン・ミッション・ハウシズ・ヒストリック・サイト・アンド・アーチブス

カワイアハオ教会 P.46
Kawaiahao Church

カワイアハオ墓地

Kapiolani Blvd.

Walmanu

アロハ・タワー
Aloha Tower

ハワイ電力変電所

P.29,33,55
スター オブ ホノルル
Star of Honolulu

アロハ・タワー・マーケットプレイス

フォールズ・オブ・クライド

Halekauwila St.

South St.

Queen St.

Kawaiahao St.

P.164 ワーク・プレイ
Work Play

カカアコ
Kakaako

P.165 フィッシャー・ハワイ
Fisher Hawaii

裁判所

P.99 ダウントゥアース
Down to Earth

Halekauwila St.

マザー・ウォルドロン公園

P.161 フィッシュケーキ
Fishcake

ホノルル港
Honolulu Harbor

ウォーターフロント・プラザ

Hマート・カカアコ

Ala Moana Blvd.

Auahi St.

Pohukaina St.

ビア2・クルーズ・ターミナル

P.163 ソルト・アット・アワー・カカアコ
SALT at Our Kakaako

P.164
ホノルル・ビアワークス
Honolulu Beerworks

92

3

周辺図 P.4-5

タンタラスの丘

ハワイ大学

ダイヤモンド・ヘッド

アラモアナセンター

ワイキキ・ビーチ

アラモアナ

移民管理局

P.92 Kahala カハラ

P.163 Stoke House ストーク・ハウス

P.165 treehouse ツリーハウス

P.118 Lanikai Juice ラニカイ・ジュース

P.127 レッドフィッシュ・ポケバーbyフードランド
Redfish Poke Bar by Foodland

P.128 The Boiling Crab ザ・ボイリング・クラブ

P.162 9 Bar HNL ナイン・バー・ホノルル

P.163 Highway Inn ハイウェイ・イン

P.163 Arvo Cafe アーヴォ・カフェ

P.164 モーニング・ブリュー・カカアコ
Morning Brew Kakaako

P.42
カカアコ・ファーマーズ・マーケット
Kakaako Farmers Market

A B C

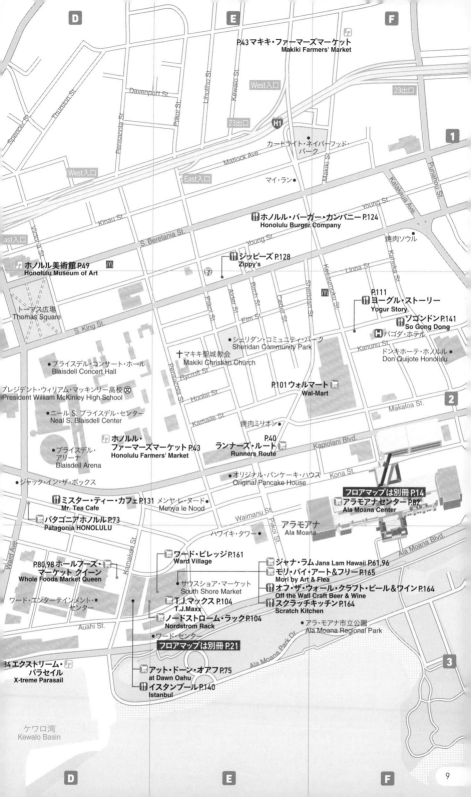

P43 マキキ・ファーマーズ・マーケット
Makiki Farmers' Market

West入口

23出口

カードライト・ネイバーフッド・パーク

Davenport St.

マイ・ラン●

East入口

ホノルル・バーガー・カンパニー P.124
Honolulu Burger Company

焼肉ソウル

S. Beretania St.

ジッピーズ P.128
Zippy's

♪ ホノルル美術館 P.49 Ⓜ
Honolulu Museum of Art

P.111
ヨーグル・ストーリー
Yogur Story

ソゴンドン P.141
So Gong Dong

Ⓗ パゴダ・ホテル
Pagoda Hotel

トーマス広場
Thomas Square

シェリダン・コミュニティ・パーク
Sheridan Community Park

ドン・キホーテ・ホノルル
Don Quijote Honolulu

✝ マキキ聖城教会
Makiki Christian Church

● ブライスデル・コンサート・ホール
Blaisdell Concert Hall

プレジデント・ウィリアム・マッキンリー高校⊗
President William McKinley High School

P.101 ウォルマート
Wal-Mart

● ニール S. ブライスデル・センター
Neal S. Blaisdell Center

焼肉ミリオン●

ホノルル・
ファーマーズ・マーケット P.43
Honolulu Farmers' Market

P.40
ランナーズ・ルート
Runners Route

● ブライスデル・アリーナ
Blaisdell Arena

● オリジナル・パンケーキ・ハウス
Original Pancake House

フロアマップは別冊 P.14

● ジャック・イン・ザ・ボックス

ミスター・ティー・カフェ P.131 メンヤ・レ・ヌード●
Mr. Tea Cafe   Menya le Nood

アラモアナセンター P.82
Ala Moana Center

パタゴニアホノルル P.73
Patagonia HONOLULU

ハワイキ・タワー●

アラモアナ
Ala Moana

P.80,98 ホールフーズ・
マーケット クイーン
Whole Foods Market Queen

ワード・ビレッジ P.161
Ward Village

ジャナ・ラム Jana Lam Hawaii P.61,96

モリ・バイ・アート&フリー P.165
Mori by Art & Flea

ワード・エンターテインメント・●
センター

● サウスショア・マーケット
South Shore Market

オフ・ザ・ウォール・クラフト・ビール&ワイン P.164
Off the Wall Craft Beer & Wine

T.J.マックス P.104
T.J.Maxx

スクラッチキッチン P.164
Scratch Kitchen

ノードストローム・ラック P.104
Nordstrom Rack

● アラ・モアナ市立公園
Ala Moana Regional Park

● ワード・センター

フロアマップは別冊 P.21

34 エクストリーム・パラセイル♪
X-treme Parasail

アット・ドーン・オアフ P.75
at Dawn Oahu

イスタンブール P.140
Istanbul

ケワロ湾
Kewalo Basin

9

ワイキキ

0　100　200m

H1　24A出口

East入口　24B出口

Bingam St.
Coyne St.

モイリイリ
Moiliili

モイリイリ・パーク

P.99
コクア・マーケット
Kokua Market

ダウントゥアース
Down to Earth

S. Berelania St.

Young St.

ジャック・イン・ザ・ボックス●

S. King St. Ⓜ

●ピース・カフェ

Honolulu Stadium
State Park

ジッピーズ　ミナト●

Watola St.

Citron St.

ワシントン中学校

マッカリー
McCurry

●ファブリックマート

▣アナイハナ・マッサージ・サロン P.155
Anai87 Massage Salon

▣ハワイ マッサージ アカデミー P.155
Hawaii Massage Academy

マッカリー・ショッピング・センター

アラワイ・プラザ●

●ドンキホーテ・ホノルル
Don Quijote Honolulu

センチュリー・センター

Kapiolani Blvd.

マッカリー・ブリッジ・アット・アラ・ワイ・コミュニティ・パーク
アラ・ワイ・コミュニティ・パーク
Ala Wai Community Park

アラ・ワイ小学校◉

▣アンプサーフハワイ P.25
AMP SURF Hawaii

ハワイ・コンベンション・センター
Hawaii Convention Center

ハワイアン・モナーク・ホテルⒽ

P.115クリーム・ポットⒽ
Cream Pot

⑦

ウィンダム・バケーション・リゾーツ・Ⓗ
ロイヤル・ガーデン・アット・ワイキキ

ホリデーインエクスプレス・
ホノルル・ワイキキ
Holiday Inn Express Waikiki
an IHG Hotel

Kona St.

P.194
Ⓗアラモアナ・ホテル・バイ・マントラ
Ala Moana Hotel by Mantra

ダブルツリー・バイ・Ⓗ
ヒルトンホテル・アラナ・ワイキキ・ビーチ
DoubleTree by Hilton Hotel Alana – Waikiki Beach

●YMCA

ホテル・ラ・クロワ・ワイキキⒽ
Hotel La Croix

ABC

ラグジュアリー・ロウ
Luxury Row

Kuhio Ave.

P.195ルアナ・ワイキキ・Ⓗ
ホテル&スイーツ
Luana Waikiki Hotel & Suites

パニオロ・アット・ザ・エクウスⒽ
Paniolo at The Equus

アクア・パームス・ワイキキⒽ
Aqua Palms Waikiki

ABC

P.117ワンハンドレッド
セイルズ レストラン&バー
100 Sails Restaurant & Bar

ABC

グーフィー・カフェ&ダイン P.135
Goofy Cafe & Dine

P.187プリンス・ワイキキⒽ
Prince Waikiki

P.190ザ・モダン・ホノルルⒽ
The Modern Honolulu

イリカイ・ホテル&ラグジュアリー・スイーツⒽ
Ilikai Hotel & Luxury Suites

Ala Moana Blvd.

アラ・ワイ・
ヨット・ハーバー
Ala Wai
Yacht Harbor

P.114シナモンズ・アット・ジ・イリカイ
Cinnamon's at the Ilikai

ABC

Ⓗヒルトン・ハワイアン・ビレッジ・
ワイキキ・ビーチ・リゾート P.192
Hilton Hawaiian Village
Waikiki Beach Resort

アウトリガー・リーフ・
ワイキキ・ビーチ・リゾート
Outrigger Reef
Waikiki Beach Resort

レインボー・Ⓗ
タワー

ハワイ陸軍博物館

P.35アトランティス・サブマリン
Atlantis Submarines

ワイキキ・ビーチ・アクティビティーズ
Waikiki Beach Activities

フォート・デロシー・
ビーチ
Fort DeRussy Beach

ワイキキ・スターライト・ルアウ P.54
Waikiki Starlight Luau

ヒルトン・フライデー・花火ショー P.55
Hilton Friday Fireworks

マンダラ・スパ P.153
Mandara Spa

P.12ワイキキ中心部

周辺図 P.4-5

タンタラスの丘
ハワイ大学
ワイキキ
アラモアナセンター
ダイヤモンド・ヘッド
ワイキキ・ビーチ

10

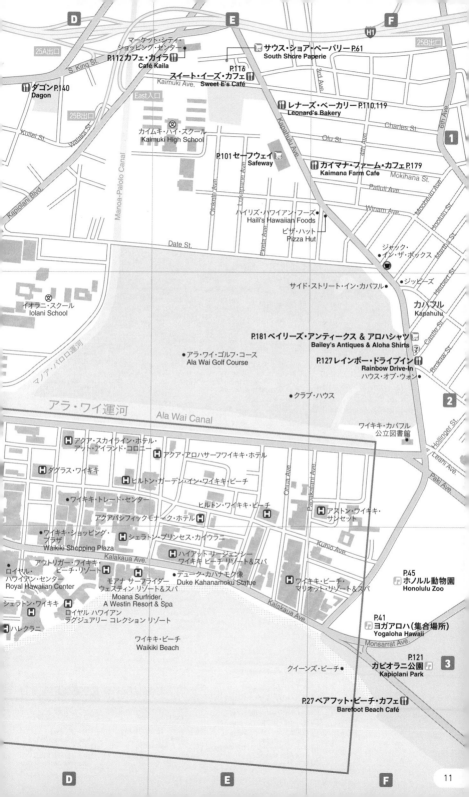

D　E　F

H1

25A出口

マーケット・シティ・
ショッピング・センター
P.112 カフェ・カイラ
Café Kaila

サウス・ショア・ペーパリー P.61
South Shore Paperie

スイート・イーズ・カフェ P.116
Sweet E's Café

ダゴン P.140
Dagon

レナーズ・ベーカリー P.110,119
Leonard's Bakery

25B出口

East入口

Kaimuki Ave.

Kapahulu Ave.

Charles St.

Oliu St.

S. King St.

Waialae Ave.

Koilei St.

カイムキ・ハイ・スクール
Kaimuki High School

P.101 セーフウェイ
Safeway

カイマナ・ファーム・カフェ P.179
Kaimana Farm Cafe

Mokihana St.

Paliuli Ave.

Winam Ave.

Moowaa St.

ハイリズ・ハワイアン・フーズ
Haili's Hawaiian Foods

ピザ・ハット
Pizza Hut

Date St.

Kapiolani Blvd.

Manoa-Palolo Canal

Olokele Ave.

Kapaunani Ave.

ジャック・
イン・ザ・ボックス

ジッピーズ

Herbert Ave.

イオラニ・スクール
Iolani School

サイド・ストリート・イン・カパフル

カパフル
Kapahulu

マノア・パロロ運河

アラ・ワイ・ゴルフ・コース
Ala Wai Golf Course

P.181 ベイリーズ・アンティークス ＆ アロハシャツ
Bailey's Antiques & Aloha Shirts

P.127 レインボー・ドライブイン
Rainbow Drive-In

ハウス・オブ・ウォン

Castle St.

Piikoi St.

クラブ・ハウス

アラ・ワイ運河
Ala Wai Canal

ワイキキ・カパフル
公立図書館

Hollinger St.

Leani Ave.

アクア・スカイライン・ホテル・
アット・アイランド・コロニー

アクア・アロハサーフワイキキ・ホテル

ダグラス・ワイキキ

ヒルトン・ガーデン・イン・ワイキキ・ビーチ

ワイキキ・トレード・センター

ヒルトン・ワイキキ・ビーチ

アクアパシフィックモナーク・ホテル

シェラトン・プリンセス・カイウラニ

アストン・ワイキキ・
サンセット

Olua Ave.

Papakalani Ave.

Kuhio Ave.

Paki Ave.

ワイキキ・ショッピング・
プラザ
Waikiki Shopping Plaza

ロイヤル・
ハワイアン・
センター
Royal Hawaiian Center

シェラトン・ワイキキ

ハレクラニ

アウトリガー・ワイキキ・
ビーチ・リゾート

モアナ サーフライダー
ウェスティン リゾート＆スパ
**Moana Surfrider,
A Westin Resort & Spa**

ロイヤル ハワイアン
ラグジュアリー コレクション リゾート

ハイアット サージェンシー
ワイキキ ビーチ リゾート＆スパ

デューク・カハナモク像
Duke Kahanamoku Statue

ワイキキ・ビーチ・
マリオット・リゾート＆スパ

Kalakaua Ave.

P.45
ホノルル動物園
Honolulu Zoo

P.41
ヨガアロハ(集合場所)
Yogaloha Hawaii

Monsarrat Ave.

ワイキキ・ビーチ
Waikiki Beach

P.121
カピオラニ公園
Kapiolani Park

クイーンズ・ビーチ

P.27 ベアフット・ビーチ・カフェ
Barefoot Beach Café

D　E　F

11

アラ・ワイ通り　Ala Wai Blvd.

Ｈ アクア・アロハ サーフワイキキ・ホテル
Aqua Aloha Surf Waikiki Hotel

Ｔ ジャスト・ファン・ソックス P.70
Just Fun Socks

Ｔ エンジェルズ・バイ・ザ・シー・ハワイ P.74
Angels by the Sea Hawaii

Ｊ ナ・プア・ジュエラーズ P.79
Na Pua Jewelers
P.18

Ｊ ワイキキマーケット
Waikiki Market

Ｈ ヴァイブ・ホテル・ワイキキ P.194
Vive Hotel Waikiki

Ｈ アストン・ワイキキ・サンセット P.195
Aston Waikiki Sunset

Ｈ ヒルトン・ワイキキ・ビーチ
Hilton Waikiki Beach

Ｈ オハナ・ワイキキ・イースト バイ アウトリガー
Ohana Waikiki East by Outrigger

Ｔ アロ・カフェ・ハワイ ALO Cafe Hawaii P.118

Ｈ アクア・パシフィック モナーク・ホテル
Pacific Monarch Hotel

Ｔ むすび・カフェ・いやすめ P.119
Musubi Cafe IYASUME

P.47,70,194
シェラトン・プリンセス・カイウラニ
Sheraton Princess Kaiulani

Ｈ ワイキキ・リゾート・ホテル
Waikiki Resort Hotel

Ｈ アロヒラニ・リゾート・ワイキキ・ビーチ P.194
Alohilani Resort Waikiki Beach

Ｔ P.116 Deck.デック
Ｔ P.130 アロハホイップ
Aloha Whip

Ｊ セグウェイ・オブ・ハワイ P.24
Segway of Hawaii

下記参照 お
ハイアット リージェンシー
ワイキキ ビーチ リゾート & スパ P.193
Hyatt Regency Waikiki Beach Resort & Spa

Ｈ アストン・ワイキキ・ビーチタワー
Aston Waikiki Beach Tower

Ｊ ロイヤル・カイラ スパ AVEDA
Royal Kaila Spa AVEDA

Ｈ ワイキキ・ビーチ・マリオット・リゾート & スパ P.192
Waikiki Beach Marriott Resort & Spa

Ｈ エスパシオ・ザ・ジュエル・オブ・ワイキキ
ワイキキビーチ交番 ⊗

P.209
Ｊ デューク・カハナモク像
Duke Kahanamoku Statue
魔法石 P.51
Wizard Stones of Waikiki
クヒオ・ビーチ
Kuhio Beach

Ｈ アストン・ワイキキ・サークル・ホテル
Aston Waikiki Circle Hotel

Ｔ セント・オーガスティン教会 ✝
•フォスター・タワーズ

Ｈ クイーン カピオラニ ホテル P.186
Queen Kapiolani Hotel

Ｈ ホテル・リニュー P.194
Hotel Renew

P.71,189
Ｈ モアナ サーフライダー ウェスティン リゾート & スパ
Moana Surfider, A Westin Resort & Spa

Ｔ モアナ・バイ・デザイン P.71
Moana by Design
Ｔ アクセンツ P.71
Accents
Ｔ アロハ・コレクション P.71
ALOHA Collection
Ｔ サン・ロレンゾ・ビキニス P.76
San Lorenzo Bikinis
Ｔ ホノルル・コーヒー P.132
Honolulu Coffee
Ｔ ザ・ビーチ・バー P.144
The Beach Bar
Ｔ モアナ ラニ スパ〜ヘブンリー スパ バイ ウェスティン〜 P.151
Moana Lani Spa, A Heavenly Spa by Westin

Ｊ ワイキキビーチ P.26
Waikiki Beach

Ｊ クヒオ・ビーチ・フラ・ショー P.52
The Kuhio Beach Hula Show

Ｔ ワイキキ・グランド・ホテル
ワイキキ・グランド・ホテル

Ｔ P.124 テディーズ・ビガー・バーガー
Teddy's Bigger Burgers
パーク・ショア・ワイキキホテル

Ｔ P.18 ツイン フィン ワイキキ
The Twin Fin Waikiki

Ｔ P.126,137 ルルズ・ワイキキ
Lulu's Waikiki

カピオラニ公園
Kapiolani Park

FLOOR MAP1

アラモアナセンター Ala Moana Center

1F

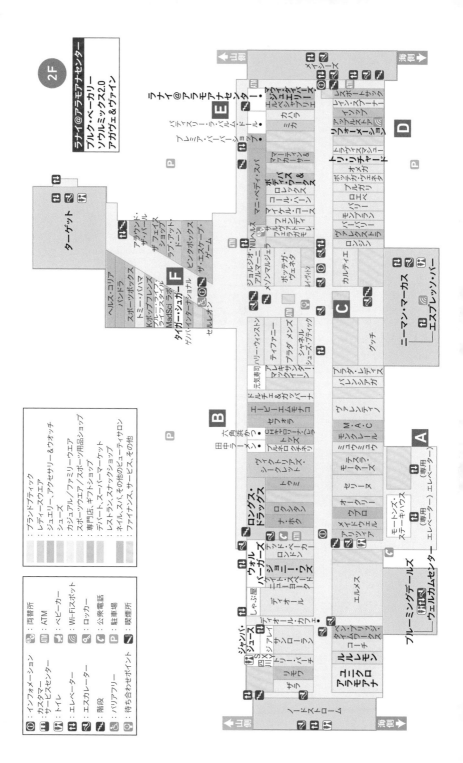

2F

ラナイ＠アラモアナセンター
ブルガ・ベーカリー
ソウルミックス2.0
アガヴェ＆ヴァイン

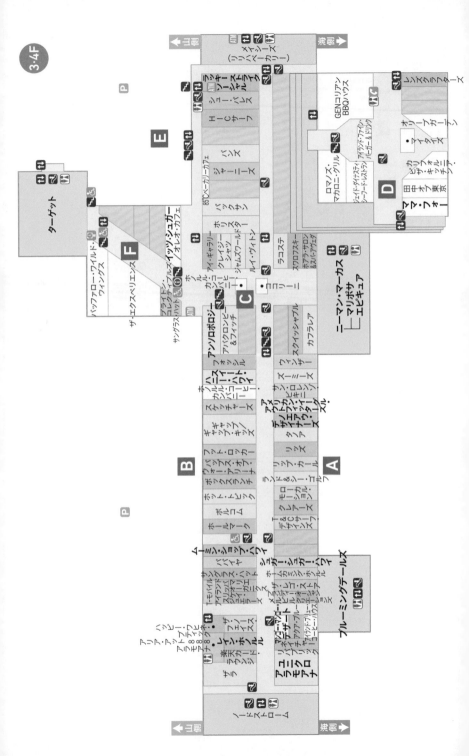

3・4F

BRAND LIST

カジュアルから高級メゾンまで、世界中のブランドがひしめくハワイ。
効率よく目当ての品をゲット！
変更の場合もあるので、事前に公式HPで確認を。

👗 LADIES' WEAR
👕 MEN'S WEAR
👜 BAG & ACCESORY
👠 SHOES

ブランド名	ロイヤル・ハワイアン・センター >>>P.62	アラモアナセンター >>>P.82	インターナショナルマーケットプレイス >>>P.64	ラグジュアリー・ロウ・アット 2100 カラカウア・アベニュー	ワイケレ・プレミアム・アウトレット >>>P.105
エルメス	👗👕👜👠	👗👕👜👠			
カルティエ		👜			
グッチ		👗👕👜👠		👗👕👜👠	
ケイト・スペード	👗 👜👠	👗 👜👠			👗 👜👠
コーチ		👗 👜👠			👗👕👜
フェラガモ	👗👕👜👠	👗👕👜👠			
サンローラン	👗👕👜👠	👗 👜👠			
ジミーチュウ	👜👠	👜👠			
シャネル		👗 👜👠		👗 👜👠	
セリーヌ		👗 👜			
ディオール		👗 👜		👗 👜	
ティファニー	👜	👜			
トッズ		👗👕👜👠			
トリー バーチ	👗 👜👠	👗 👜👠			👗 👜👠
バーバリー		👗👕👜👠	👗👕👜		
バレンシアガ		👗👕👜👠	👜		
フェンディ	👗👕👜👠	👗 👜👠			
プラダ		👗👕👜👠			
ブルガリ		👗👕👜			
ボッテガ・ヴェネタ		👗 👜		👗👕👜👠	
マイケル・コース		👗👕👜👠	👗👕👜👠		👗👕👜👠
マークジェイコブス					👗👕👜
ミュウミュウ		👗 👜		👗 👜👠	
ラルフローレン					👗👕
ルイ・ヴィトン		👗👕👜👠			

約10店舗のブティックが並ぶラグジュアリー・ロウ。アラモアナセンターなどで売り切れの商品がここにならあることも！ 17

ロイヤル・ハワイアン・センター
Royal Hawaiian Center

本誌P.62

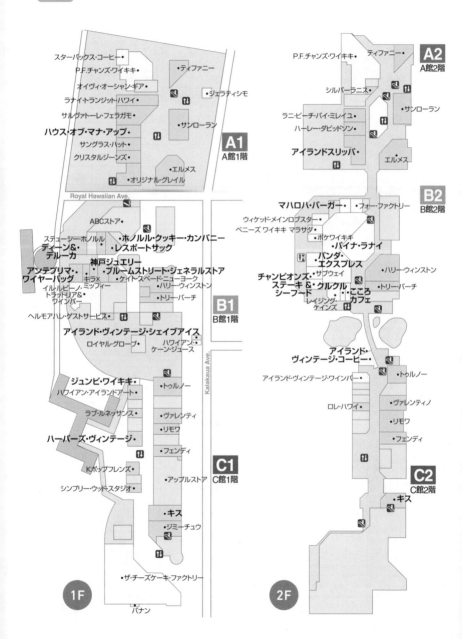

A1 A館1階

- スターバックス・コーヒー
- P.F.チャンズ・ワイキキ
- オイヴィ・オーシャン・ギア
- ラナイ・トランジット・ハワイ
- サルヴァトーレ・フェラガモ
- **ハウス・オブ・マナ・アップ**
- サングラス・ハット
- クリスタルジーンズ
- ティファニー
- ジェラティシモ
- サンローラン
- エルメス
- オリジナル・グレイル

Royal Hawaiian Ave.

A2 A館2階

- P.F.チャンズ・ワイキキ
- ティファニー
- シルバーラニス
- ラニ・ビーチ・バイ・ミレイユ
- ハーレー・ダビッドソン
- **アイランドスリッパ**
- サンローラン
- エルメス

B1 B館1階

- ABCストア
- スチューシー・ホノルル
- ディーン&デルーカ
- **ホノルル・クッキー・カンパニー**
- **レスポートサック**
- **神戸ジュエリー**
- **アンテプリマ・ワイヤーバッグ**
- **ブルームストリート・ジェネラルストア**
- キラ X
- ケイト・スペード・ニューヨーク
- イル・ルピーノ・トラットリア&ワインバー
- ハリー・ウィンストン
- ミッフィー
- トリー・バーチ
- ヘルモアハレ・ゲストサービス
- **アイランド・ヴィンテージ・シェイブアイス**
- ロイヤル・グローブ
- ハワイアン・ケーン・ジュース

B2 B館2階

- **マハロハ・バーガー**
- **フォー・ファクトリー**
- ウィケッド・メインロブスター
- ベニーズ ワイキキ マラサダ
- ポケワイキキ
- **パイナ・ラナイ**
- **パンダ・エクスプレス**
- **チャンピオンズ・ステーキ＆シーフード**
- サブウェイ
- ハリー・ウィンストン
- **クルクル**
- **こころカフェ**
- トリー・バーチ
- レイジング・ケインズ

Kalakaua Ave.

C1 C館1階

- **ジュンビ・ワイキキ**
- ハワイアン・アイランドアート
- ラブ・ルネッサンス
- **ハーバーズ・ヴィンテージ**
- トゥルノー
- ヴァレンティ
- リモワ
- フェンディ
- Kポップフレンズ
- シンプリー・ウッド・スタジオ
- アップルストア
- **・キス**
- ジミーチュウ
- ザ・チーズケーキ・ファクトリー
- バナン

C2 C館2階

- **アイランド・ヴィンテージ・コーヒー**
- アイランド・ヴィンテージ・ワインバー
- トゥルノー
- ロレ・ハワイ
- ヴァレンティノ
- リモワ
- フェンディ
- **・キス**

1F

2F

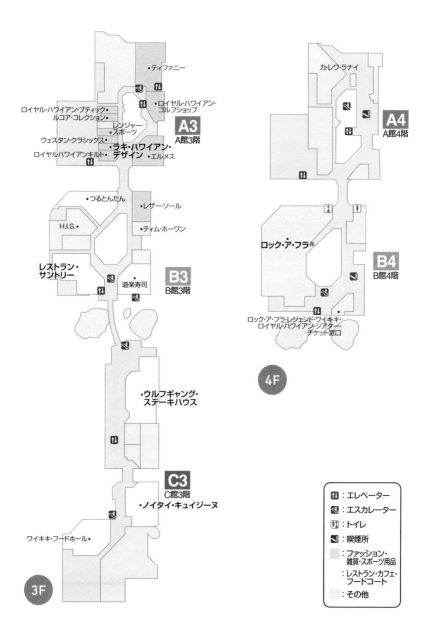

・ティファニー

ロイヤル・ハワイアン・ブティック・
ルコア・コレクション・

ウェスタン・クラシックス・

ロイヤルハワイアンキルト・

・ロイヤル・ハワイアン・
ゴルフショップ

レンジャー・
・スポーツ

・ラキ・ハワイアン・
・ デザイン ・エルメス

A3
A館3階

カ・レ・ワ・ラナイ

A4
A館4階

・つるとんたん

H.I.S.・

**レストラン・
サントリー**

・レザー・ソール

・ティム・ホーワン

B3
B館3階

ロック・ア・フラ®

・道楽寿司

B4
B館4階

ロック・ア・フラ・レジェンド・ワイキキ・
ロイヤル・ハワイアン・シアター・
チケット窓口

4F

・ウルフギャング・
ステーキハウス

C3
C館3階

・ノイタイ・キュイジーヌ

ワイキキ・フードホール・

3F

	: エレベーター
	: エスカレーター
	: トイレ
	: 喫煙所
	: ファッション・雑貨・スポーツ用品
	: レストラン・カフェ・フードコート
	: その他

ロイヤル・ハワイアン・センターの2階は、B館とC館の連絡通路がない。知らないと意外と不便なので注意！

ワイキキ・ビーチ・ウォーク
Waikiki Beach Walk

本誌 P.68

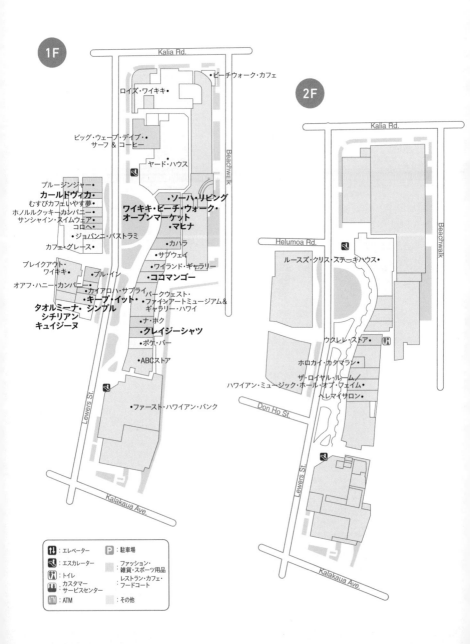

1F

Kalia Rd.

・ビーチウォーク・カフェ

ロイズ・ワイキキ・

2F

Kalia Rd.

ビッグ・ウェーブ・ダイブ・
サーフ & コーヒー

ヤード・ハウス

Beachwalk

ブルージンジャー・
カールドヴィカ・
むすびカフェいやす夢・
ホノルルクッキーカンパニー・
サンシャイン・スイムウェア・
・コロへ
・ジョバンニ・パストラミ

・ソーハ・リビング
ワイキキ・ビーチ・ウォーク・
オープンマーケット
・マヒナ
・カハラ

カフェ・グレース・

・サブウェイ

Beachwalk

ブレイクアウト・
ワイキキ・　・ブル・イン

・ワイランド・ギャラリー
・ココマンゴー

Helumoa Rd.

ルースズ・クリス・ステーキハウス・

オアフ・ハニー・カンパニー・
タオルミーナ・シンプル
シチリアン
キュイジーヌ

・カイアロハ・サプライ　パークウェスト・
・キープ・イット・　・ファインアートミュージアム＆
　　　　　　　　ギャラリー・ハワイ
・ナ・ホク
・クレイジーシャツ
・ポケ・バー

ウクレレ・ストア・

ホロカイ・カタマラン・

ザ・ロイヤル・ルーム／
ハワイアン・ミュージック・ホール・オブ・フェイム・
ヘレマイサロン・

・ABCストア

・ファースト・ハワイアン・バンク

Don Ho St.

Lewers St.

Lewers St.

Kalakaua Ave.

Kalakaua Ave.

🛗 : エレベーター	🅿 : 駐車場
🔼 : エスカレーター	▨ : ファッション・雑貨・スポーツ用品
🚻 : トイレ	▨ : レストラン・カフェ・フードコート
ℹ : カスタマー・サービスセンター	
ATM : ATM	▨ : その他

インターナショナル マーケットプレイス
International Market Place

本誌P.64

⇅	エレベーター
⇗	エスカレーター
🚻	トイレ
ℹ	カスタマー サービスセンター
ATM	ATM
P	駐車場
▨	ファッション・雑貨・スポーツ用品
	レストラン・カフェ・フードコート
	その他

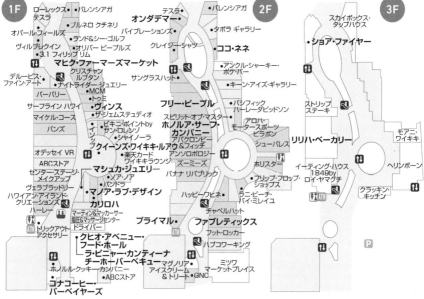

1F
ローレックス・ テスラ
オパール・フィールズ
ヴィルブレクイン
・3.1 フィリップ リム
マヒク・ファーマーズマーケット
デルーピス・ ファイン・アート
バーバリー
サーフライン ハワイ
マイケル・コース
バンズ
オデッセイ VR
ABCストア
センターステージ・ メイクオン
ヴェラブラッドリー
ハワイアン・アイランド・ クリエーションズ
ハーレー
トリックアウト アクセサリー
・バレンシアガ
・ブルネロ クチネリ
ランド&シー・ゴルフ
・オリバー ピープルズ
クリスチャン ルブタン
ナイトライダージュエリー
・MCM
・トゥミ
・ヴィンス
ザ・ジェムステュディオ
ビキニ ポイント by サン・ロレンゾ
・イッツ・シュガー
シャイノーラ
楽天カード ワイキキラウンジ
ブクイーンズ・ワイキキ・ルアウ
マシュカ・ジュエリー
・ア・ノア
バンドラ
・マノア・ラブ・デザイン
カリロハ
マーティン&マッカーサー 指圧&マッサージセンター
ドライバー
クヒオ・アベニュー・ フード・ホール
ラ・ピニャー・カンティーナ
チーホー バーベキュー
ホノルル・クッキー カンパニー
・ABCストア
コナコーヒー パーベイヤーズ

2F
テスラ
オンダデマー・
バイブレーションズ・
クレイジー・シャツ・
サングラスハット・
フリー・ピープル
スピリット・オブ・マスター
ホノルア・サーフ・ カンパニー
アバクロンビー &フィッチ
アンソロポロジー
ズーミーズ
バナナ リパブリック
ハッピーワヒネ・
チャペルハット
プライマル・
ファブレティックス
フット・ロッカー
ハブコワーキング
マグノリア アイスクリーム & トリート・GNC
ミツワ マーケットプレイス
・バレンシアガ
・アウダ
タボラ ギャラリー
・ココ・ネネ
・アンクル・シャーキー・ ポケ・バー
・キーン・アイズ・ギャラリー
・パシフィック ハーレーダビッドソン
アロハ モーターズポーツ
ビラボン
シューパレス
ホリスター
・フリップ・フロップ・ ショップス
ラニ・ビーチ・ バイ・ミレイユ

3F
スカイボックス・ タップハウス
・ショア・ファイヤー
ストリップ ステーキ
リリハ・ベーカリー
イーティング・ハウス 1849by ロイ・ヤマグチ
クラッキン・ キッチン
モアニ・ ワイキキ
ヘリンボーン

P

ワード・センター
Ward Center

本誌P.161

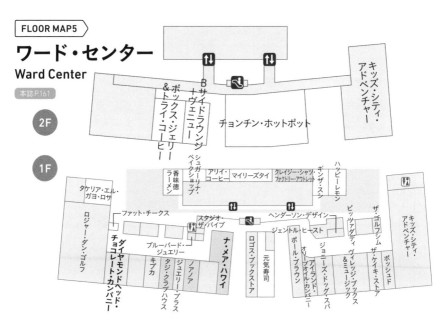

2F
B サイドラウンジ
ボックス・ジェリー & トライ・コーヒー
サイド+ヴェニュー
チョンチン・ホットポット
キッズ・シティ・ アドベンチャー

1F
タケリア・エル・ ガヨ・ロサ
ロジャー・ダン ゴルフ
ファット・チークス
ブルーバード・ ジュエリー
ダイヤモンドヘッド・ チョコレート・ カンパニー
ナ・メア・ハワイ
ノアノア ジュエリー・プラス
タジ・クラブハウス
キフカ
香味徳 ラーメン
シュガーリナ・ ベイクショップ
アリイ・ コーヒー
マイリーズタイ
スタジオ・ ザ・バイブ
ロゴス・ブックストア
元気寿司
クレイジー・シャツ・ ファクトリー・アウトレット
ギンザ・スシ
ハッピー・レモン
ザ・ゴルフ・ジム
ヘンダーソン・デザイン
ジェントル・ビースト
ポール・ブラウン
ジョニーズ・ドッグ・スパ
ピッツアゲッティ
アイランド・ヴィンテージ・コーヒー
オリ・フォリオ・カンバニ
ヴィレッジ・ブックス &ミュージック
ザ・ケイキ・ストア
ポッシュ
キッズ・シティ・ アドベンチャー

ワード・ビレッジ・ショップスのノードストローム・ラック (>>>P.104) は毎週火・金曜にアイテムが入荷。狙い目は火・金曜の午後！

ワイケレ・プレミアム・アウトレット
Waikele Premium Outlets

本誌P.105

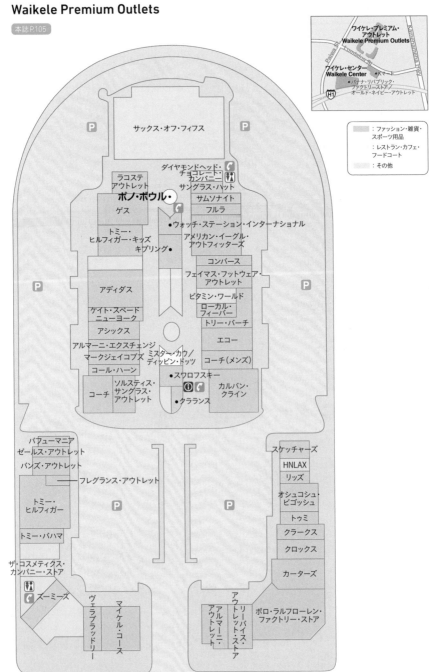

ワイケレ・プレミアム・
アウトレット
Waikele Premium Outlets

ワイケレ・センター
Waikele Center　●Kマート
●バナナ・リパブリック・
ファクトリーストア
オールド・ネイビー・アウトレット

　　：ファッション・雑貨・
　　　スポーツ用品
　　：レストラン・カフェ・
　　　フードコート
　　：その他

サックス・オフ・フィフス

ダイヤモンドヘッド・
チョコレート・
カンパニー
サングラス・ハット

ラコステ
アウトレット

ポノ・ボウル・

ゲス

サムソナイト

フルラ

トミー・
ヒルフィガー・キッズ
キプリング・

●ウォッチ・ステーション・インターナショナル

アメリカン・イーグル・
アウトフィッターズ

コンバース

アディダス

フェイマス・フットウェア・
アウトレット

ビタミン・ワールド

ケイト・スペード
ニューヨーク

ローカル・
フィーバー

アシックス

トリー・バーチ

アルマーニ・エクスチェンジ
マークジェイコブス

エコー

ミスター・カウ/
ディッピン・ドッツ

コール・ハーン

コーチ（メンズ）

●スワロフスキー

コーチ

ソルスティス・
サングラス・
アウトレット

カルバン・
クライン

●クラランス

バリューマニア
ゼールス・アウトレット

スケッチャーズ

バンズ・アウトレット

HNLAX

フレグランス・アウトレット

リッズ

オシュコシュ・
ビゴッシュ

トミー・
ヒルフィガー

トゥミ

クラークス

トミー・バハマ

クロックス

ザ・コスメティクス・
カンパニー・ストア

カーターズ

ズーミーズ

ヴェラブラッドリー

マイケル・コース

ポロ・ラルフローレン・
ファクトリー・ストア

リーバイス・アウトレット・ストア

アルマーニ・アウトレット

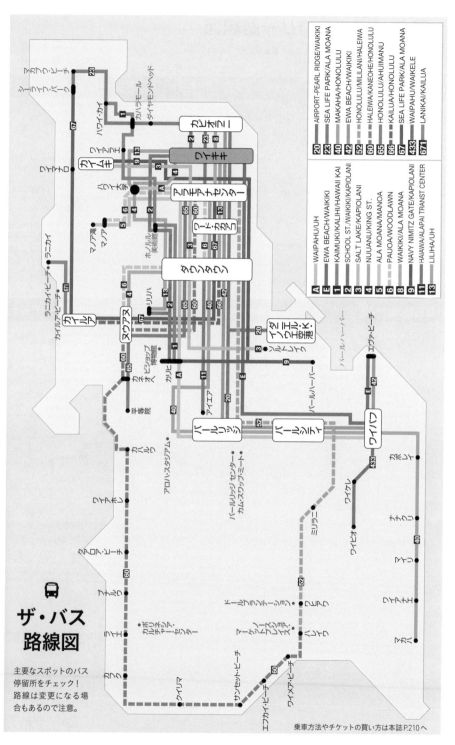

🚌 ザ・バス
路線図

主要なスポットのバス
停留所をチェック！
路線は変更になる場
合もあるので注意。

乗車方法やチケットの買い方は本誌P.210へ

🚌 ワイキキトロリー路線図

ワイキキトロリーは全4種類。❶から順番に停車駅をめぐっていく。
乗車方法やチケットの買い方は本誌P.208へ

🚌 運行間隔
🕐 運行時間

※停留所の名称はHPを参考に記載しています。
※予告なしにルート、停留所が変更になる場合があります。(2023年2月現在の情報)

BLUE LINE ブルーライン　海岸線／ダイヤモンドヘッド　🚌 約40分毎　🕐 1周約110分

チケット購入

ワイキキ・ショッピング・プラザ
Waikiki Shopping Plaza

ワイキキトロリーのチケット売り場は、ワイキキの中心にあるワイキキ・ショッピング・プラザ。HPでもチケット購入可能。HP限定割引になる期間もあるので、事前確認を！

`ワイキキ` ▶ MAP 別P.12 B-1
>>> 本誌P.67

JCBカード提示で PINK LINE が無料！

ワイキキとアラモアナセンターを巡回しているピンクラインは、ショッピングに便利なライン。このラインは乗車時にクレジットカードのJCBカードを提示するだけで、無料で乗車可能！（2025年3月31日まで）

MAP GUIDE マップガイド

時刻表の記載もあるミニマップガイドは、チケット売り場で入手するか、HPからダウンロード可能。

ライン	使える期間	大人	子ども
ピンクライン	1日	$5	$5
レッド or ブルー or グリーンライン	1日1ライン	$30	$20
1日オールラインパス ※翌日1日無料	2日	$55	$30
4ライン乗り放題	4日	$65	$40
4ライン乗り放題	7日	$75	$50

※子ども料金は3～11歳、2歳以下は無料。
シニア（65歳以上）割引あり。

🔎 「TROLLEY STOP」と書かれている停留所がワイキキトロリーの停留所。不定期で変わるので要注意。

ハワイ便利帳 ❶

使える！伝わる！シーン別

トラベル英会話ガイド

ハワイの旅をもっと快適にしてくれる、便利な英会話フレーズ表。
このひと言を、知っているか知らないかでは大違い！
現地の人との会話で困った時、このページを見返してみて。

買う編

水着はどこにありますか？
Where are the swimwears?
ウェアー アー ザ スイムウェアズ

何色が一番人気ですか？
Which color is the most popular?
ウィッチ カラー イズ ザ モスト ポピュラー

試着してもいいですか？
Can I try it on?
キャナイ トライ イット オン

他の型はありますか？
Do you have any other models?
ドゥー ユー ハブ エニー アザー モデルズ

もっと小さい（大きい）サイズはありますか？
Do you have this in a smaller (bigger) size？
ドゥー ユー ハブ ディス イン ア スモーラー（ビガー）サイズ

これはおいくらですか？
How much is this?
ハウ マッチ イズ ディス

このクレジットカードは使えますか？
Do you accept this credit card?
ドゥー ユー アクセプト ディス クレジットカード

プレゼント用に包装してください。
Can you wrap this as a gift, please?
キャン ユー ラップ ディス アズ ア ギフト プリーズ

食べる編

注文をお願いします。
May I order?
メイ アイ オーダー

おすすめは何ですか？
What do you recommend?
ワッツ ドゥ ユー リコメンド

これはどんな料理ですか？
What kind of dish is this?
ワッツ カインド オブ ディッシュ イズ ディス

みんなで分けて食べたいのですが。
We are going to share the dish.
ウィーアー ゴーイング トゥ シェアー ザ ディッシュ

今夜7時に2名で予約をしたいのですが。
Can I make a reservation for 2 at 7 o'clock tonight?
キャナイ メイク ア リザベーション フォートゥー アット セブン オクロック トゥナイト

注文したものがまだ来ていないのですが
My order hasn't come yet.
マイ オーダー ハズント カム イェット

お勘定をお願いします
May I have the check, please?
メイ アイ ハブ ザ チェック プリーズ

持ち帰り用の入れ物をもらえますか？
Can I have a doggybag, please?
キャナイ ハブ ア ドギーバッグ プリーズ

交通編

ワイキキに行くバスはありますか？
Is there a bus that goes into Waikiki?
イズ ゼアー ア バス ザット ゴーズ イントゥー ワイキキ

切符はどこで買えますか？
Where can I buy a ticket?
ウェアー キャナイ バイ ア チケット

タクシー乗り場はどこですか？
Where is the taxi stand?
ウェアー イズ ザ タクシー スタンド

この場所に行ってください。（地図や住所を渡しながら）
Take me to this place, please.
テイク ミー トゥー ディス プレイス プリーズ

このバスはアラモアナ・センターに行きますか？
Does this bus go to Ala Moana?
ダズ ディス バス ゴー トゥー アラモアナ

ダウンタウン周辺地区へはどのバス線に乗ればいいですか？
Which bus line shoud I take to the downtown area?
ウィッチ バス ライン シュッドゥ アイ テイク トゥー ザ ダウンタウン エリア

ここからワードビレッジまでどのくらい時間がかかりますか？
How long does it take from here to the Ward Village?
ハウ ロング ダズ イット テイク フロム ヒア トゥー ザ ワード ビレッジ

26

オートマの車を
5日間借りたいです。
I'd like to rent an
automatic-car for 5 days.
アイド ライク トゥー レント アン オートマティ
ィック カー フォー ファイブ デイズ

タンタラスの丘へは
どうやって行けばいいですか？
How do I get to Tantalas?
ハウ ドゥー アイ ゲット トゥー タンタラス

ホテル編

予約をしている山田です。
I have a reservation. My
name is Yamada.
アイ ハブ ア リザベーション マイ ネーム イ
ズ ヤマダ

部屋に鍵を置いたまま
閉めてしまいました。
I locked myself out.
アイ ロックド マイセルフ アウト

インターネット接続を
したいのですが。
Can I use an internet
connection with my
mobile PC?
キャナイ ユーズ アン インターネット コネク
ション ウィズ マイ モバイル ピーシー

タクシーを呼んでください。
Please call the taxi for me.
プリーズ コール ザ タクシー フォー ミー

チェックアウトをお願いします。
I am checking out.
アイアム チェッキング アウト

トラブル編

具合が悪いです。
病院に連れて行ってください。
I feel sick. Please take me
to the hospital.
アイ フィール シック プリーズ テイク ミー
トゥー ザ ホスピタル

保険用に診断書と領収書を
ください。
May I have a medical
certificate and receipt for
my insurance?
メイ アイ ハブ ア メディカル サティフィケ
イト アンド レシート フォー マイ インシュア
ランス

この辺りで一番近い
薬局はどこですか？
Where is the nearest
pharmacy?
ウェアー イズ ザ ニアレスト ファーマシー

パスポートをなくしました。
I lost my passport.
アイ ロスト マイ パスポート

道に迷いました。この地図の
どこに私はいますか？
I'm lost. Where am I
on this map?

アイム ロスト ウェアー
アム アイ オン ディス マップ

便利フレーズ編

写真を撮っていただけますか？
Would you take my
picture?
ウッド ユー テイク マイ ピクチャー

トイレはどこですか？
Where is the bathroom?
ウェアー イズ ザ バスルーム

日本語が話せる人はいますか？
Is there anyone who can
speak Japanese?
イズ ゼアー エニィワン フー キャン
スピーク ジャパニーズ

両替はどこでできますか？
Where can I exchange
money?
ウェアー キャナイ エクスチェンジ マニー

\ もっとハワイになじむために！ /
ハワイ語一覧

店名や商品名など、ハワイ語は街中にあふれている。下の言葉も捜してみて！

ALOHA（アロハ）	こんにちは、愛する	LUANA（ルアナ）	くつろぐ、満足
HAU'OLI（ハウオリ）	楽しい	MAHALO（マハロ）	ありがとう
HONU（ホヌ）	ウミガメ	MANA（マナ）	魂、魂の力
HOLOHOLO（ホロホロ）	散歩	OHANA（オハナ）	家族、仲間
KANE（カネ）	男性	OLA（オラ）	人生、生きる
KEIKI（ケイキ）	子供	ONO（オノ）	おいしい
LANAI（ラナイ）	ベランダ、バルコニー	PUALANI（プアラニ）	美しい花
LANI（ラニ）	天国、天使	WAHINE（ワヒネ）	女性

ハワイの挨拶で覚えておきたいのが、小指と親指を立てる「シャカサイン」。「気軽に」「大丈夫」などの意味がある。

ハワイならではの行事を楽しむ

ハワイ年間イベントカレンダー

一年を通してハワイでしか見られないイベントは盛りだくさん。
気になる行事やイベントに合わせて、旅行の計画を立ててみてもいいかも！

1月	2月	3月
中旬	**上旬**	**中旬**
ソニー・オープン・イン・ハワイ	チャイニーズ・ニューイヤー・セレブレーション	ホノルル・フェスティバル
カハラ地区のワイアラエ・カントリークラブにて開催される、有名な全米ゴルフツアー。日本人選手も多く参加する。	中国の旧正月のお祝い。獅子やドラゴンが街を練り歩くパレードが見もの。屋台も出店する。この時期は中国人観光客が多い。	ハワイと環太平洋の国の交流を図るイベント。各国の出し物が見られる。日本からも和太鼓や民謡などの団体が参加。
	中旬	**中旬**
	グレート・アロハ・ラン	セント・パトリック・デイ・フェスティバル
	ハワイ最大級のチャリティーイベント。小さな子どもからシニアまで、ジョギングやウォーキングを楽しむ人でにぎわう。	聖パトリックの命日である3月17日の前後5日間にわたるイベント。ホノルル市長の指揮のもとパレードが行われる。

	ハワイ気温変化				
	23.0℃		23.0℃		23.7℃
ホノルル降水量	5.8℃ 東京降水量	東京気温変化	6.9℃		8.5℃
	49.6mm 52.3mm		52.3mm 56.1mm		49.9mm 117.5mm

7月	8月	9月
4日	**中旬**	**中旬**
アラモアナ・センター独立記念日スペシャルライブ&花火ショー	ハワイアン・スラックキー・フェスティバル	アロハ・フェスティバル
アメリカの独立記念日を祝して行われる、ハワイ最大の花火イベント。	スラックキーギターの演奏や伝統的な工芸品を販売。	ハワイ各島で開かれる文化イベント。フラやハワイの歴史を称えて、コンサートが開かれたり、フードブースが並ぶ。
下旬	**19～27日**	
プリンス・ロット・フラ・フェスティバル	デュークス オーシャン フェスト	
フラの復興に尽力したプリンス・ロットことカメハメハ5世の功績を称えるフラの祭典。ハワイで開催される最大規模のフラのイベントのひとつ。	デューク・カハナモクの誕生を記念したスポーツイベント。毎年、大勢の人が参加する人気のイベント。	**最終日曜**
		ホノルルセンチュリー・ライド
		ハワイ最大級のサイクリングイベント。カピオラニ公園をスタート、海沿いの道を走りながらオアフ島東海岸を北上する。

	27.4℃				27.6℃
	27.3℃		27.9℃ 26.4℃		22.8℃
	153.5mm		168.2mm		209.9mm
11.3mm		12.8mm		17.9mm	

※イベント開催日は、1～4月までは2024年、5～12月は2023年の予定。なお、内容や開催日は変更の可能性もあり。

4月

中旬

ホノルルハーフマラソン・ハパルア
年に一度開催されるハーフマラソン。ワイキキビーチをスタートし、ダウンタウン、ダイヤモンド・ヘッドを周回する。
※例年4月第2日曜。イースター祝日と重なる場合は前週に開催。

下旬

ワイキキ・スパム・ジャム
カラカウア通りが歩行者天国に。人気レストランの創作スパム料理が並び、スパムグッズを購入できる「スパムの祭典」。

5月

1日

レイ・デイ・セレブレーション
ハワイの伝統文化を称える日。街中がレイで彩られ、レイのコンテストも開催。

21日

ホノルル・トライアスロン
オアフ島最大のトライアスロンのイベント。世界中の人が参加し、日本人も多い。

29日

ランタン・フローティング・ハワイ
戦没者追悼日に合わせて、アラモアナ・ビーチで6千以上の灯ろうを海に流す。

6月

上～中旬

キング・カメハメハ・セレブレーション
カメハメハ大王の生誕を各島で祝うイベント。盛大なパレードやコンサートが実施される。

11日

キング・カメハメハ・フローラル・パレード
山車や馬、鼓笛隊などがイオラニ宮殿からカピオラニ公園までをパレードする。

9～11日

まつり・イン・ハワイ
日本をはじめ世界から参加者が集う一大イベント。日本の祭りがハワイで見られる。

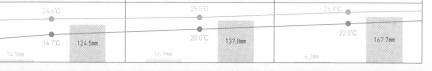

	4月	5月	6月
最高気温	24.6℃	25.5℃	26.9℃
最低気温	14.7℃	20.0℃	22.0℃
降水量	124.5mm / 14.9mm	137.8mm / 16.9mm	167.7mm / 6.2mm

10月

13日～11月5日

ハワイ・フード・アンド・ワインフェスティバル
世界中から著名なシェフやワイナリーが集まる祭典。

20～23日

フラ・ホオラウナ・アロハ
フラ発祥の地、ハワイで年に一度だけ開催されるフラのフェスティバル。

31日

ハロウィン・イン・ワイキキ
ハワイのハロウィンは夕暮れ頃から開始。カラカウア通りには、仮装姿の人たちが大集まる。コスプレコンテストも開催。

11月

16日

キング・カラカウア・バースデー・セレブレーション
11月16日のカラカウア大王の生誕を祝い、イオラニ宮殿で記念行事を開催。

下旬～1月中旬

ヴァンズ・トリプル・クラウン・オブ・サーフィン
3連戦行われる世界最高峰のサーフィン競技会。世界のトップレベルのサーファーが、冬のノース・ショアに集結する。

12月

上旬から約1カ月

ホノルル・シティ・ライツ
ダウンタウンエリアがクリスマスデコレーションで彩られる。美しく、幻想的なイルミネーションは見る価値あり。

中旬

JAL ホノルルマラソン
世界最大級の市民マラソン。制限時間がなく、初心者から上級者まで、幅広い層が楽しめる。

31日

ニュー・イヤーズ・セレブレーション
大晦日、カウントダウンと共に新年を壮大に祝う。毎年、アロハタワーで打ち上げられる、迫力満点の花火が有名。

	10月	11月	12月
最高気温	26.8℃	25.4℃	23.8℃
最低気温	16.8℃	11.9℃	6.6℃
降水量	197.8mm / 42.6mm	92.5mm / 62.2mm	51.0mm / 74.3mm

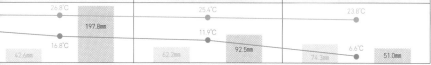

ハワイのベストシーズンは4～9月。雨が少なく晴れの日が続くので、常夏気分が一番感じられる時期。

全食制覇にチャレンジ！

名物グルメガイド

可愛いスイーツからアメリカンサイズのガッツリごはんまで、バラエティ豊富な
ハワイの「食」。南の国ならではの名物料理を思う存分楽しんで。

Food アサイボウル
Acai Bowl

ブラジル産フルーツのアサイは、ポリフェノールを豊富に含み、美容効果ばっちり。

スパムむすび
Spam musubi

スパムと白米は相性よし！

俵形のおむすびの上にアメリカで人気のスパムをオン。和×洋の合体メニュー！

マラサダ
Malasada

ハワイ版ドーナツ。元祖はポルトガルのお菓子。こってりしすぎず軽い食べ心地。

パンケーキ
Pancake

ハワイのパンケーキはもっちり食感が特徴。タロ芋粉を使用したものも多い。

エッグベネディクト
Egg Benedict

ニューヨーク発祥のブレックファスト。ロコモコと並ぶポピュラーなローカル料理。

ハンバーガー
Hamburger

ジューシーなパテで大満足！

本土アメリカに劣らずボリュームが自慢。特に、ハワイ発祥のお店はお見逃しなく！

ロコモコ
Loco Moco

ハワイが生んだ傑作料理！ 卵をぐしゃぐしゃにかき混ぜて食べるのが地元流。

プレートランチ
Plate Lunch

肉や魚、野菜などのおかずを盛り込んだセット料理。お弁当として持ち運んで♪

ガーリックシュリンプ
Garlic Shrimp

ハレイワ発祥のB級グルメ。みじん切りのガーリックが特徴のスタミナフード。

バーベキューチキン
BBQ Chicken

こんがり炭火の香りがする

お店により「フリフリチキン」と呼ぶ。炭火の上で回転させながら焼くチキンは絶品！

ポキボウル
Poke Bowl

代表的なのは「アヒ（マグロ）ポキ」。ごま油や醤油の味が日本人にも親しみやすい。

サイミン
Saimin

日系移民が生んだローカルフード。薄味なので、お疲れ気味の胃にも優しい。

ハワイならではの調味料もCKECK♪

料理と合わせて覚えておきたい、ハワイならではの4つの調味料。どれも、スーパーなどで簡単に手に入るのでお土産にもおすすめ！

モチコ
もち米を挽いた粉。日本では和菓子に使われるが、ハワイではモチコ・チキンをはじめ食材にまぶして使う。一般家庭でも使われる。

リヒムイ・パウダー
果物のプラムを塩漬けし粉末状に。甘酸っぱい味が特徴。お菓子やフルーツにまぶしたり、カクテルグラスの縁にまぶしたりする。

シーソルト
ハワイの海で取れたシーソルトはお土産用のミニサイズも。食塩として料理に入れるほか、バスタブに入れて入浴剤代わりにしても。

アロハ醤油
日本の醤油よりもまろやかさが強いのが特徴。店に並ぶポキボウルに使われる醤油のほとんどはこれ。照り焼き味や減塩の醤油も販売。

オックステールスープ
Oxtail Soup

ぶつ切りの牛テールを煮込んだスープ。あとからライスを入れて食べても美味。

マナプア
Manapua

（パンの中に具材がたっぷり）

昔からあるハワイの肉まん。今ではピザ味やココナッツ味など、中身は様々。

アメリカンステーキ
Steak

ハワイといえばアメリカ！　ダイナミックな熟成肉のステーキは必食メニュー。

シーフード料理
Seafood

海に囲まれたハワイは、魚介の天国。近年人気のシーフードボイルも要チェック。

リージョナル・キュイジーヌ
Regional Cuisine

一流シェフたちにより、各国料理とハワイ料理が融合。お店により異なる味をぜひ。

ハワイ伝統料理
Traditional Hawaiian Foods

ポリネシア人が食べていたハワイ固有の料理。日本ではめったに出会えないかも!?

シェイブアイス
Shave ice

今や定番スイーツだが、かつて農作業の合間の飲み物として愛されていた歴史も。

ジェラート
Gelato

（コーンも自家製のお店が多い！）

人気が定着した最旬スイーツ。健康に気を配ったヘルシーなフレーバーが人気。

`Drink` コナコーヒー
Kona Coffee

世界3大コーヒーのひとつ。しかし、生産量は世界全体の1%以下と超レア。

スムージー
Smoothie

ヘルシーな飲み応え。ハイカロリーなハワイごはんのバランス調整にGOOD。

ブルーハワイ
Blue Hawaii

（さわやかなブルーが涼しい）

エルビス・プレスリー由来のカクテル。

ラヴァフロウ
Lava Flow

（熔岩といえど味はスイート♪）

熔岩をイメージ。イチゴとココナッツが香る。

二次元コードのメニューからスマホで注文するスタイルのお店も増えている。

旅が最高のハレになる

ハワイ

HAWAII

本書をご利用になる前に

【データの見方】

- ♠ 住所
- ☎ 電話番号
- ⊛ 営業時間(オープンからクローズまでを表記しています。ラストオーダーや入館締切時間は異なります。また、店の都合により閉店が早くなることもあります)

- ⊛ 祝日、年末年始などを除く定休日
- ⑤ 大人の入場料、施設利用料ほか
- ⊗ 交通手段やワイキキからの所要時間
- ▶MAP 別冊地図上での位置を表示

【ご注意】

本書に掲載したデータは2022年11月〜23年3月のものです。内容が変更される場合がありますので、事前にご確認ください。祝日や年末年始の場合は、営業時間や休み等の紹介内容が大きく異なる場合があります。料金に関しては、すべて税・チップ抜きの価格を記載しています。ザ・バスやトロリー、車での所要時間は、道路状況により、大幅に異なる場合があります。本書に掲載された内容による損害等は弊社では補償しかねますので、あらかじめご了承ください。

CONTENTS
ハワイでしたい**102**のこと

やったことにCheck!

ハワイのハレ旅へようこそ！

♫ PLAY
遊ぶ

海に緑にカルチャー体験…ハワイは遊びの宝庫。太陽の下、はしゃぎまくって、日常の疲れを吹き飛ばそう！

🛒 SHOPPING
買う

鮮やかなドレスにトロピカルな香りのコスメ、可愛いお菓子まで。どれも日本に連れて帰りたい品々ばかり。

Waikiki Beach

Resort Clothing

🐚 世界一有名なビーチ！
ワイキキビーチ

ようこそハワイへ！　ワイキキに到着したなら、まずはハワイの象徴、ワイキキビーチへ迷わず直行。真っ青なビーチとダイヤモンド・ヘッドを背に、記念写真をパチリ。

ワイキキビーチ >>>P.26

🐚 ロコデザイナーオリジナル♪
リゾート服

常夏のビーチに合う、カラフルで涼しげなリゾートドレスはマストで買いたい！　どうせなら、ハワイをこよなく愛するロコデザイナーによる、ここだけのブランドを選びたい。

エンジェルズ・バイ・ザ・シー・ハワイ >>>P.74

旅は素敵な非日常（＝ハレ）。そんなハレの日が最高になる102のことをご紹介！
常夏の島ハワイは、観光はもちろん、ショッピング、グルメも大充実！
定番の過ごし方から思いがけない楽しみ方まで、あなたの"ぴったり"がきっとみつかる。
澄み切ったブルーの海へ繰り出せば、空はどこまでも快晴です。

EAT

食べる

洋・和・エスニック、移民の地ならではの食文化に恵まれたハワイ。食べたいものがありすぎて困りそう！

BEAUTY

磨く

ハワイは女性が美しくなれる場所。心身ともにリフレッシュできるスパ＆サロンで癒しの時間を堪能して。

Hamburger

Lomi Lomi Massage

🐚 ハワイだからこそ味わいたい

ハンバーガー

ハワイ産の食材にこだわったハンバーガーや、ザ・アメリカンなボリューム満点なものなど、お店によってさまざまなこだわりが。何軒か回って食べ比べしてお気に入り店を見つけよう！

ウォルバーガーズ >>>P.91

🐚 古より伝わるハワイ伝統の癒し

ロミロミ・マッサージ

ハワイ滞在中に一度は受けてみたい、ロミロミ・マッサージ。古代ハワイアンから伝わる伝統的な癒しを受けて、エネルギーをもらおう。美しさに磨きがかかるはず…！

ルアナワイキキ ハワイアン ロミロミ
マッサージ＆スパ >>>P.154

夢を叶えるエリアをリサーチ

ハワイ観光の中心オアフ島。観光客でにぎわうワイキキをはじめ、
この島には個性豊かなエリアがたくさん！　気になる街まで繰り出そう。

HONOLULU MAP
ホノルル

州都ホノルル。滞在中、多くはこのエリアで過ごすことに！

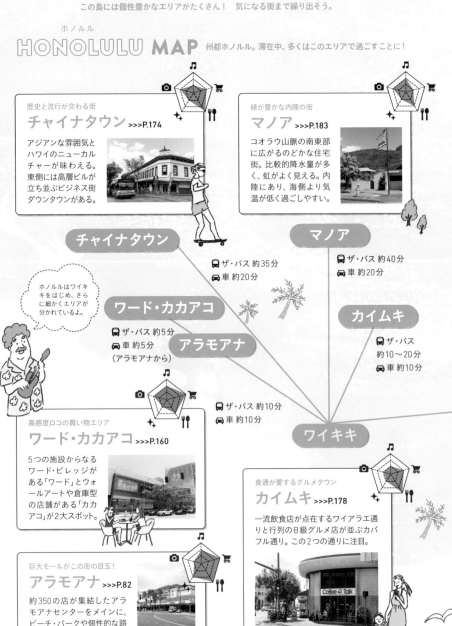

歴史と流行が交わる街
チャイナタウン >>>P.174

アジアンな雰囲気と
ハワイのニューカル
チャーが味わえる。
東側には高層ビルが
立ち並ぶビジネス街
ダウンタウンがある。

緑が豊かな内陸の街
マノア >>>P.183

コオラウ山脈の南東部
に広がるのどかな住宅
街。比較的降水量が多
く、虹がよく見える。内
陸にあり、海側より気
温が低く過ごしやすい。

チャイナタウン

マノア

🚌 ザ・バス 約35分
🚗 車 約20分

🚌 ザ・バス 約40分
🚗 車 約20分

ホノルルはワイキ
キをはじめ、さら
に細かくエリアが
分かれているよ。

ワード・カカアコ

アラモアナ

カイムキ

🚌 ザ・バス 約5分
🚗 車 約5分
（アラモアナから）

🚌 ザ・バス
約10〜20分
🚗 車 約10分

🚌 ザ・バス 約10分
🚗 車 約10分

高感度ロコの買い物エリア
ワード・カカアコ >>>P.160

5つの施設からなる
ワード・ビレッジが
ある「ワード」とウォ
ールアートや倉庫型
の店舗がある「カカ
アコ」が2大スポット。

ワイキキ

食通が愛するグルメタウン
カイムキ >>>P.178

一流飲食店が点在するワイアラエ通
りと行列のB級グルメ店が並ぶカバ
フル通り。この2つの通りに注目。

巨大モールがこの街の目玉！
アラモアナ >>>P.82

約350の店が集結したアラ
モアナセンターをメイン
に、ビーチ・パークや個性的な路
面店が点在するエリア。

Coffee Talk

知っとく ハワイの 基礎知識	✈ **日本から** 6.5〜8時間	🚗 **主な交通手段**	ワイキキトロリー、ザ・バス、レンタカー、タクシー
	⏱ **時差** −19時間		
	📘 **ビザ** ESTA申請で90日以内	🍷 **お酒＆タバコ**	21歳からOK
	💬 **言語／文字** 英語	🚽 **トイレ**	水洗トイレ

オアフ島
OAHU MAP

2大ローカルタウンは要チェック。ほか主要の都市はこちら。

古きよきハワイの面影を残す
ハレイワ >>>P.170

オアフ島北部ノース・ショアの中心地。ノスタルジックな街並みが有名。名物グルメが充実し、サーファーが多い。

カフク
エビの産地で知られるオアフ島最北の街。農場の見学ツアーも実施。

全米一のビーチがある街
カイルア >>>P.166

オアフ島屈指の美しさを誇るラニカイ・ビーチやカイルア・ビーチがある。タウンからビーチへは少し距離がある。

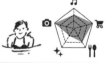

コオリナ
高級リゾート地。ゴルフ場やディズニーリゾートホテル(>>>P.196)がある。

HONOLULU

パール・ハーバー
現役のアメリカ海軍基地。戦艦や記念館があり、戦争について学べる。

ハワイ・カイ
閑静な住宅街が広がる南東部のエリア。海岸沿いのドライブは快適。

カハラ

🚌 ザ・バス 約20〜30分
🚗 車 約15分

言わずと知れた高級別荘地
カハラ >>>P.182

カハラホテルを中心に、高級別荘地が広がる。地元のセレブに人気のカハラモールには、ホールフーズ・マーケットも。

ハワイといったらまずここ！
ワイキキ

ハワイで最もにぎわいを見せるリゾートタウン。ワイキキビーチに沿って、たくさんのリゾートホテルや買い物施設が軒を連ねる。また、動物園や水族館もあり、遊ぶ・買う・食べる・泊まるのすべてが叶う場所。常に人であふれている。

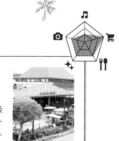

タウン別パロメータ
これを見れば何がイチ押しか早わかり！

🎵 遊ぶ
🛒 買う
🍴 食べる
✨ 磨く
📷 観光する

🏝 ホノルルとは、ハワイ語で「穏やかな海」の意味。波も緩やかで平和なこのエリアならではの名前だ。

ベストな時間にベストなコト
24時間ハッピー計画

せっかくのハワイ旅行だから、24時間楽しみたい！
ここではジャンル別に、各スポットのベストタイムを紹介。
朝から夜までハッピーになれる計画を立てよう。

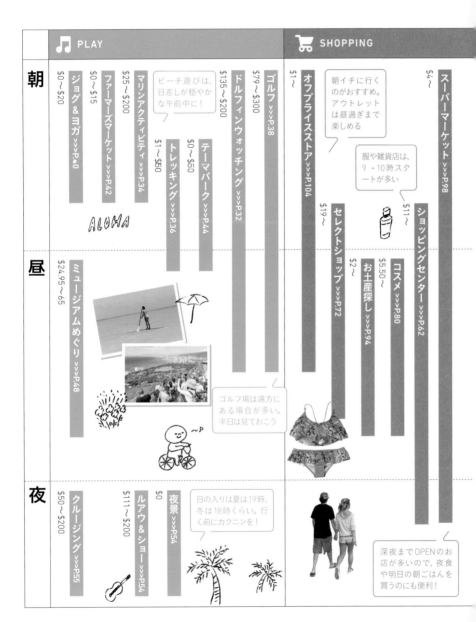

♪ PLAY

🛒 SHOPPING

朝

$0〜$20
ジョグ＆ヨガ >>>P.40

$0〜$15
ファーマーズマーケット >>>P.42

$25〜$200
マリンアクティビティ >>>P.34

$1〜$50
トレッキング >>>P.36

$0〜$50
テーマパーク >>>P.44

ビーチ遊びは、日差しが穏やかな午前中に！

$135〜$200
ドルフィンウォッチング >>>P.32

$79〜$300
ゴルフ >>>P.38

$1〜
オフプライスストア >>>P.104

朝イチに行くのがおすすめ。アウトレットは昼過ぎまで楽しめる

$4〜
スーパーマーケット >>>P.98

$19〜
セレクトショップ >>>P.72

服や雑貨店は、9‐10時スタートが多い

$11〜
ショッピングセンター >>>P.62

ALOHA

昼

$24.95〜65
ミュージアムめぐり >>>P.48

$2〜
お土産探し >>>P.94

$5.50〜
コスメ >>>P.80

ゴルフ場は遠方にある場合が多い。半日は見ておこう

夜

$50〜$200
クルージング >>>P.55

$111〜$200
ルアウ＆ショー >>>P.54

$0
夜景 >>>P.54

日の入りは夏は19時、冬は18時くらい。行く前にカクニンを！

深夜までOPENのお店が多いので、夜食や明日の朝ごはんを買うのにも便利！

祝祭日はアメリカ全州共通の祝日と、ハワイ独自の記念
日がある。ワイキキの多くの店は祝祭日も営業するが、
地方や小さな路面店は休日になることもある

※祝祭日は年によって変動

※祝日にはザ・バス等公共機関が土日ダイヤになる

※コロンブス記念日（10月第2月曜日）はアメリカの法
定祝日だが、ハワイでは祝日にならない

※イースター、感謝祭、クリスマスは多くの店が休業か
営業時間が短縮される

1月1日	ニューイヤーズ・デー	6月19日	ジューンティーンス
1月15日	キング牧師記念日	7月4日	独立記念日
2月19日	プレジデント・デー	8月18日	州立記念日
3月26日	プリンス・クヒオ・デー	9月4日	労働の日
3月31日	**イースター**	11月11日	ベテランズ・デー
5月29日	メモリアル・デー	11月23日	**感謝祭**
6月11日	キング・カメハメハ・デー	12月25日	**クリスマス**

1〜4月までは2024年、5〜12月までは2023年の予定です。日程は変更になる場合があります。

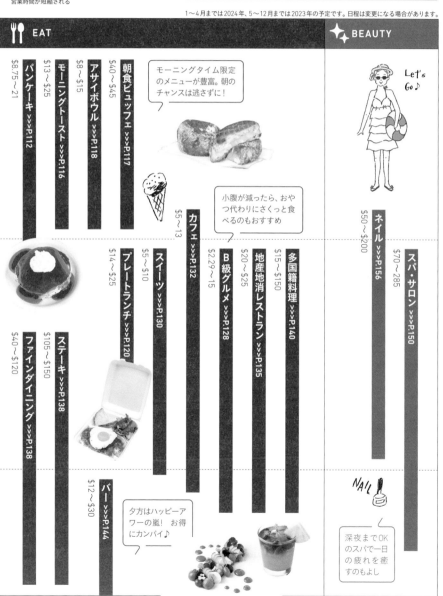

EAT

BEAUTY

朝食ビュッフェ >>>P.117 $40〜$45

モーニングタイム限定
のメニューが豊富。朝の
チャンスは逃さずに！

アサイボウル >>>P.118 $8〜$15

モーニングトースト >>>P.116 $13〜$25

パンケーキ >>>P.112 $8.75〜21

カフェ >>>P.132 $5〜13

小腹が減ったら、おや
つ代わりにさくっと食
べるのもおすすめ

スイーツ >>>P.130 $5〜$10

プレートランチ >>>P.120 $14〜$25

B級グルメ >>>P.128 $2.29〜15

地産地消レストラン >>>P.135 $20〜$25

多国籍料理 >>>P.140 $15〜$150

ネイル >>>P.156 $50〜$200

Let's Go♪

スパ・サロン >>>P.150 $70〜285

ファインダイニング >>>P.138 $40〜$120

ステーキ >>>P.138 $105〜$150

バー >>>P.144 $12〜$30

夕方はハッピーア
ワーの嵐！お得
にカンパイ♪

NAIL

深夜までOK
のスパで一日
の疲れを癒
すのもよし

王道3泊5日のモデルコースで
ハワイを200%楽しむ

ハワイを感じたい！ワイキキ市内を散策

オアフ島のメインタウン、ワイキキには、やりたいことがつまってる！ 時差ボケに負けず、早速南国ムード満点の街へ繰り出そう。

1日目

AM

9:30　ダニエル・K・イノウエ
　　　国際空港
　　　┃ エアポート・
　　　↓ シャトル40分

10:30　ワイキキ
　＜所要時間半日以上＞

─①フラ・グリル・
　　ワイキキ
　　>>>P.137

PM

─②アバサ・
　　ワイキキ・スパ
　　>>>P.150

─③ロイヤル・ハワイアン
　　・センター
　　>>>P.62

─④アイランド・
　　ヴィンテージ・
　　コーヒー
　　>>>P.118・133

─⑤インター
　　ナショナル
　　マーケット
　　プレイス
　　>>>P.64

─⑥ハウス
　　ウィズアウト
　　ア キー
　　>>>P.54

LUNCH ①ビーチを眺めて
ランチタイム

到着後まずはランチで腹ごしらえ。ビーチを一望できるテラスの特等席へ

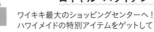

SPA ②長旅の疲れを
ロミロミで癒す

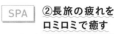

ハワイ伝統のマッサージ、ロミロミで癒しタイム♪

SHOPPING ③ここがセンター・オブ・ワイキキ！
ロイヤル・ハワイアン・センター

ワイキキ最大のショッピングセンターへ！ハワイメイドの特別アイテムをゲットして

POINT
スパは基本的に事前予約が必須。日本で予約、もしくは到着後すぐに現地で予約しよう

Shopping!

POINT
時間があれば、フラやレイなど無料のカルチャーレッスンもおすすめ

CAFE ④買い物の合間に
人気カフェへ

アイランド・ヴィンテージ・コーヒーでひと休み。名物のアサイボウルでエナジー補給！

SHOPPING ⑤IMP では
レア品を狙う

DINNER ⑥本場のフラショーで
ディナータイム

優雅なフラとハワイアン音楽にうっとり。明日からの滞在がますます楽しみに♪

ALOHA

ハワイの植物に囲まれたショッピングセンター内には日本未上陸店も

定番エリアは押さえたい、
でも旬な穴場スポットも見逃せない！
そんなワガママに応えてくれる
3泊5日プランをご紹介。

ショップ＆飲食店別

混雑状況リスト

店によって混み合う時間は違う。穴場タイムを狙い効率よく回ろう。

スポット	朝(10:00〜12:00)	昼(12:00〜17:00)	夜(17:00〜21:00)
ショッピングセンター	●●●	●●	●●
路面店	●●	●●	●●●
スーパー・コンビニ	●●	●●	●●●
レストラン	●●	●●●	●●●
カフェ	●●●	●●	●●
スパ・サロン	●●	●●●	●●

マリンスポーツに挑戦！
午後はカカアコ＆アラモアナ

2日目は朝イチからアクティブに！　せっかくならワイキキ以外のエリアへ足をのばして。

| YOGA | ⑦朝は早起き！ビーチ・ヨガへ |

\ YOGA in Waikiki! /

| MORNING | ⑧優雅な朝食タイム |

一日のスタートはビーチでの朝ヨガ。砂まみれになるので汚れてもOKな服装で

運動のあとはプチリッチな朝食♪　人気レストランの味に朝からお腹も大満足

| ACTIVITY | ⑨マリンスポーツにチャレンジ |

Let's paddling !

| LUNCH | ⑩青空の下のプレートランチ |

Lunch time /

ビーチは眺めるだけではもったいない。海に入ればまた違うハワイの魅力に気づくはず！

思いっきり遊んだあとの食事は格別。一日は長いのでここでしっかり栄養補給

| SHOPPING | ⑪バスを使ってワードエリアまでGO |

午後は街へ出てショッピング。お土産や自分へのご褒美を探そう

POINT

カカアコでは週末にファーマーズマーケットを開催。日程があればぜひ訪れたい

| WALKING | ⑫カカアコのアート街で思い出に残る記念撮影 |

滞在中は思い出写真もたくさん撮りたい。カカアコのウォールアートは、どこにカメラを向けても絵になる

POINT

倉庫街は壁面アートの宝庫。有名なものもあるので、散策ついでに記念撮影を！

---

2 日目

AM

6:50　ワイキキ
＜所要時間半日＞

⑦ヨガアロハ
>>>P.41
＜所要時間約90分＞

9:00
⑧デック
>>>P.116

11:00
⑨スタンド・アップ・パドル
>>>P.28
＜所要時間約60分＞

⑩ベアフット・ビーチ・カフェ
>>>P.27

　ザ・バス
15分

PM

14:00
⑪ワード・ビレッジ
>>>P.161
＜所要時間約80分＞

ノードストローム・ラック
>>>P.104

T.J.マックス
>>>P.104

　徒歩
10分

⑫**15:30　カカアコ**
＜所要時間約80分＞

レッドフィッシュ・ポケバー
by フードランド
>>>P.127

　ザ・バス
5分

PM

17:00
⑬アラモアナ
センター
>>>P.82

<所要時間約150分>

├ニーマン・マーカス
>>>P.84

├アンソロポロジー
>>>P.86

└⑭マリポサ
>>>P.91

トロリー
15分

20:00
ワイキキ周辺

└⑮イル・シェラート・
ハワイ
>>>P.102

SHOPPING

POINT
とにかく広いので、時間には余
裕を持とう。カフェやフードコー
トで休憩しながら買い物を

Shopping
time♪

🛍 ⑬買い物天国！
アラモアナセンター

店舗数はなんと約350店！　行きたい店
の見当をつけて、効率よく回るのがコツ

DINNER ⑭アラモアナ内の
展望レストラン

SNACK ⑮お口直しにさっぱり
ジェラート

Beautiful!

買い物が終わったら、イ
タリアンのダイニング
へ。テラスで新鮮な
シーフードをいただく

Gelato♪

ホテル近くの夜カフェに立ち寄って、アイ
スやドリンクを買って客室でのんびり
味わうのも贅沢なひと時

---

3 日目

AM 土曜日なら…

8:30
⑯KCC
ファーマーズ・
マーケット
>>>P.43

<平日なら、ボガーツ・
カフェP.129へ>

ザ・バス
40〜60分

11:00 ⑰カイルア

<所要時間半日>

├カイルア・ビーチ
>>>P.31

├ラニカイ・ビーチ
>>>P.30

PM

├⑱モケズ・ブレッド＆
ブレックファスト
>>>P.168

├⑲オリーブ・ブティック
>>>P.169

└ホールフーズ・マー
ケット・カイルア
>>>P.169

ちょっと足をのばして
ローカルタウンへ

楽しいバカンスもいよいよ後半戦に突入！
今日はワイキキを離れ、はるばるローカルタ
ウンへ。のんびりした時の流れに身を任せて。

MORNING FARMERS MARKET
⑯KCCでロコ気分♪

WALKING
⑰カイルアに到着!!

Like a
heaven

多くの人でにぎわう
ファーマーズマー
ケットへ。朝ごはん
はここで調達を

POINT 昼頃は混むので、早朝に
行くのがおすすめ。掘り出し物を見
つけ、ロコとの会話を楽しんで

ローカルな街並みやビーチを散策。ビ
ーチに売店はないので飲み物の調達を

LUNCH ⑱パンケーキが
おいしいお店へ

SHOPPING ⑲ローカルタウンの
ショップめぐり

Pancake

ハワイのパンケーキは必食！　激戦区のカ
イルアではソース系のパンケーキが豊富

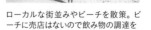

なかなか訪れにくいローカルタウンでは、お
気に入りを発見したら、即買いが基本！

DINNER	⑳ワイキキに戻って がっつりステーキ！	BAR	㉑最後の夜は ビーチ・バーでカンパイ

Special dinner in Hawaii

極上の熟成肉を堪能。少しオシャレしていただくディナーは気分も上がっておいしさ倍増

旅の締めくくりには、バーでトロピカルドリンクを片手に、旅の思い出にひたりたい

ザ・バス 35～60分

17:00　ワイキキ
＜所要時間約180分＞
─⑳ウルフギャング・
　ステーキハウス
　>>>P.138
─㉑ザ・ビーチ・バー
　>>>P.144

最後の最後まで楽しんで さよなら、ハワイ！

名残惜しいけれど、ハワイとはもうすぐお別れ。グルメやショッピングは、最後の最後まで満喫を！

MORNING	㉒ビーチは見納め！ ブレックファスト	SHOPPING	㉓ABCストアで 買い忘れ補充♪

French toast

最終日こそ、朝をしっかり有効活用したい。海の見えるテラス席で最後のビーチ観覧

最後のお土産探しは雑貨も食品も揃うABCストアで。買い忘れを補充しよう

4日目

AM

7:30　ワイキキ
＜所要時間約120分＞
─㉒ハウ・ツリー
　>>>P.117
─㉓ABCストア 37号店
　>>>P.94

エアポート・シャトル 40分

**10:30
ダニエル・K・イノウエ国際空港**

あと半日あったら？

まだまだやりたいことはたくさん！　帰国日はフライトまで時間があるなら、こんなところへ行くのもおすすめ♪

1 カネオヘサンドバーで 絶景ビーチに感動する >>>P.50

POINT
自分で行くのは困難なので、ツアーに参加しよう。前日までに予約を

干潮時にのみ出現する幻のビーチ。絶景を目に焼きつけて

2 ノスタルジックな ハレイワタウンへGO >>>P.170

サーファーが世界中から集まる、のどかなオールドタウンを散策

Rainbow shave ice

Garlic shrimp

3 ダイヤモンド・ヘッド 登頂に挑戦 >>>P.36

オアフ島のシンボル。山頂から見下ろすワイキキの景色に感動

4 チャイナタウンで歴史＆ 文化ウォーク >>>P.174

アジアンムードが漂う歴史的遺産保護区。ロコも注目のエリア

あと1日あったら？

丸一日分、何をしようか迷うなら、思いきってオアフ島を飛び出すのはいかが？

**ネイバーアイランドへGO
ハワイ島／マウイ島／カウアイ島ほか >>>P.198～**

オアフ島から1時間以内で、個性があふれるネイバーアイランドへ到着

オアフ島を走るH1、H2、H3と呼ばれる高速道路。すべて無料の「フリー・ウェイ」になっている。

これがあったら便利＆スマート

ハレ旅のお供を準備する

比較的、現地でも必要なものが手に入りやすいのがハワイのいいところ。
それでも事前準備は欠かせない！　現地で慌てることのないよう、持っていくものはしっかり確認しよう！

半分は空にして、
現地戦利品に
備える！

3泊5日用のスーツケース

荷物の仕分けには、ファスナーつき袋や圧縮袋を使うのが便利。機内への預け入れ荷物にはサイズと重量制限があるので注意。

COSMETICS

お泊りに欠かせない基礎化粧品や、日焼け止めはマスト。ただし、最低限用意すれば現地調達でもOK。

シャンプー＆リンス
クレンジング
メイク用品
基礎化粧品
日焼け止め
（規制あり）

海洋環境保護のため、ハワイでは日焼け止めの使用に規制がある。現地調達が安心。

FASHION

常夏の島とはいえど、冬もあるハワイ。山登りや海水浴のための準備も含め、時期に見合った格好を用意しよう。

衣類
1〜4月の雨季、9〜12月の冬の朝・夜は肌寒くなる。上着があると安心だ。

下着
突然のスコールに見舞われても平気なように水着を着用するという裏技も。

靴
スニーカーのほか、きれいめのパンプスがあると、レストランなどで使える。

バッグ
防犯面を考えて、体から離れることのない肩がけタイプがおすすめ。

【ビーチ用品】　水着
　　　　　　　　サングラス
　　　　　　　　帽子
　　　　　　　　レジャーシート

帽子やサングラスなど日よけ対策は必須。現地でも購入可能。

【室内着】　パジャマ
　　　　　　スリッパ

部屋着同様、ホテル客室で履くサンダルやスリッパがあると便利。

OTHER

そのほかなくては困るアイテムの確認を。日常生活を思い返して、必要なものを書き出していくと漏れがない。

エコバッグ
たくさんお土産を買う予定の人や、ちょっとした外出に使い勝手よし。

雨具
雨は一定時間のみ降ることが多い。小さく持ち運べるものがベスト。

変圧器
短時間なら日本製品でも変圧器なしで使えるが、あるとより安心。

常備薬
胃薬や鎮痛剤、風邪薬は、日本の生活で飲み慣れているものを準備。

生理用品
常備薬と同様、使い慣れたものを持っていくのがいいが現地購入も可。

お役立ち
アプリ

ハワイ旅行で役立
つツールを紹介し
ます。でもスマホの盗難
には注意を！

▶HAWAIICO

ハワイ旅行に特化し
たアプリ。最新情報や
クーポン、
チップ計
算機能が
付く

▶Open Table

レストランに直接予約
ができるアプリ。全ての
店舗に
対応はし
ていない
ので注意

▶Google マップ

ルート検索に加え交
通状況もわかるので、
ドライブ
にも便利

▶DaBus2

The Bus の運行状況
やバス停を検索でき
る。次のバスの時刻
もわかる
ので重宝！

MONEY

アメリカの通貨は($)ドル。特にチップ
や駐車場で使う1ドル紙幣や25セント
の貨幣は多めに用意しておこう。

> 予算は滞在日数
> ×
> 2万円

現金
現金は必要最低限の額を
両替して持つのがベター。

カード
多額の現金を持ち歩く
のは危険なので、支払
いはなるべくカードで
済ませよう。

運転免許証
通常国外免許証が必須だ
が、ハワイでは日本の運転
免許証とパスポートを携
帯していればOK。

機内持ち込みバッグ

預け入れるスーツケースとはま
た別に、機内持ち込み荷物にも多
数制限が設けられている。スー
ツケースのパッキングをする際
に一緒に確認しよう。

3泊5日の平均予算　約30〜50万円

◎ 出発前の予算	◎ 現地での予算
航空券 … 11万円〜 （サーチャージ別） ホテル … 12万円〜	🍴 … 2万5000円 🛒 … 5万円 🎵 … 2万5000円 📷 … 1万5000円 ✨ … 3万円

MUST ITEM

パスポートや財布、カメラなどの
貴重品はすべて手荷物へ。PCな
どの精密機械も手持ちになる。

e-チケット
購入済み航空券の予約
コードを印刷したもの

ESTA控え
ESTA（電子渡航認証シ
ステム）申請番号控え

パスポート

手荷物 NGの もの

火薬類、刃物類とスプレーなどは
NG。100ml以下の液体物は透明の
ファスナーつき袋に入れれば持ち
込み可。くわしくは国土交通省航空
局のHPをチェック。

デジタルカメラ　　　　スマートフォン

ハンカチ、ティッシュ　　リップクリーム

たいてい
これは<u>ホテル</u>に<u>アリ！</u>

各ホテルの設備はさまざま
なので、予約時に直接聞く
か、公式HPで確認をしよう。

忘れないでね！

加えてアイマスク
や首枕を手荷物と
して持っていると、
より機内での過ご
し方が快適に♪

ハレ旅

ドライヤー　　　　タオル　　　　アメニティー

これがあればハレ旅の証！
お宝戦利品を披露

WEAR これぞリゾートスタイルの主役！

□ ITEM 01 マキシワンピ

着るだけでリゾート感が味わえる
マキシドレスは、現地で1着は
ゲットしたい。ハワイではもちろ
んのこと、日本の夏でも、ヘビロテ
できるアイテム。

価格帯：$94〜175

🏠 **この店へGO!**

エンジェルズ・バイ・ザ・シー・ハワイ >>>P.74
ファイティング・イール >>>P.75

WEAR 自分用にもお土産用にもOK

□ ITEM 02 Tシャツ

何枚持っていても便利なTシャツ。
フルーツやヤシの木、虹など、ハワ
イらしいキュートなTシャツ
やシンプルなTシャツを購入した
い。友だちへのお土産に最適だ。

価格帯：$27〜120

🏠 **この店へGO!**

ホノルア・サーフ・カンパニー >>>P.65
88ティーズ >>>P.72

BEACH 南国ならではの鮮やかカラー

□ ITEM 03 水着

キュート系からセクシー系まで、
さまざまな種類の水着があるのも
ハワイのいいところ。上下で異な
るデザインの水着をピックアップ
して楽しむこともできる。

価格帯：$75〜360

🏠 **この店へGO!**

ワイキキ・ビーチボーイ >>>P.76
プアラニ・ハワイ・ビーチウエア >>>P.76

BEACH 足元のオシャレも欠かせない！

□ ITEM 04 サンダル

ハワイのサンダルはサイズが豊富
でとってもカラフル。普段よりも、
少しハデなデザインをチョイスし
て、足元のオシャレを楽しんでみ
よう。気分が明るくなりそう！

価格帯：$75〜150

🏠 **この店へGO!**

オーマイ・ソウル >>>P.77
アイランドスリッパ >>>P.77

GOODS 今話題のイチ押しアイテム

□ ITEM 05 クラッチバッグ

ロコガールに人気のクラッチバッ
グは、今、最も旬なファッションア
イテムのひとつ。ビーチやフルー
ツなど、ハワイらしいプリント柄な
らいつでも常夏気分になれそう。

価格帯：$40〜95

🏠 **この店へGO!**

ターコイズ >>>P.73
ジャナ・ラム >>>P.96

GOODS せっかくならハワイらしい柄で

□ ITEM 06 ポーチ

ロコデザイナーのハンドメイドから
有名ブランドのハワイ限定柄まで、
お店ごとの個性が楽しめるポーチ。
何店か回って、自分好みのデザイ
ンをチョイスしたい。

価格帯：$39〜60

🏠 **この店へGO!**

レスポートサック >>>P.63
アロハ・コレクション >>>P.71

JEWELRY ハッピーを呼び込む魔法の石

□ ITEM 07 パワーストーンアクセ

ヒーリングスポットが点在するハ
ワイは、神の力（マナ）が潜む場所。
そんな神秘の力が込められた、美
しいハワイで天然石のアクセを入
手すれば、ハッピーをつかめそう！

価格帯：$80〜300

🏠 **この店へGO!**

マシュカ・ジュエリー >>>P.79
ジンジャー13 >>>P.177

JEWELRY 涼しげで気分はマーメイド

□ ITEM 08 海モチーフのアクセ

ロコデザイナーが作るキラキラの
アクセサリーもマストバイ。サン
ゴや貝殻など、マリンモチーフの
涼しげなデザインは、日本でも友
だちに自慢できるアイテム！

価格帯：$20〜200

🏠 **この店へGO!**

エンジェルズ・バイ・ザ・シー・ハワイ >>>P.74

リゾートドレスにTシャツ、コスメ、マカダミア・ナッツだって外せない！
ハワイには、魅力的な商品がたくさんありすぎて困ってしまいそう。
ここではハワイに来たなら手に入れるべき厳選アイテムをピックアップ。
買い集めた戦利品を、トランクにめいっぱい詰め込んで帰国しよう！

COSME ハワイの恵みを肌で感じる

☐ ITEM 09 スキンケア用品

ハワイには、肌に優しく美容効果も期待できる自然派コスメが充実。ココナッツやプルメリアなど、上品でトロピカルな香りは、大人の女性にも大人気。

価格帯：$10～$50

🏠 この店へGO!

ノース・ショア・ソープ・ファクトリー >>>P.81
ベルヴィーハワイ >>>P.67

COSME 日本未発売コスメも充実

☐ ITEM 10 メイク用品

セレブ御用達で世界的に人気なブランドや、日本未上陸のアイテムがリーズナブルに手に入るハワイ。海外らしいポップなパッケージをお土産にしたい。

価格帯：$8～$155

🏠 この店へGO!

セフォラ >>>P.67
バス＆ボディ・ワークス >>>P.89

SWEETS お土産の定番はやっぱりこれ！

☐ ITEM 11 クッキー

持ち運びが便利なお土産の定番！ハワイの食材を生地に練り込んだクッキーなら、ハワイらしさも満点。もぐもぐと試食しながら好きなフレーバーを選んで。

価格帯：$6～40

🏠 この店へGO!

ホノルル・クッキー・カンパニー >>>P.94

SWEETS 濃厚で甘～いハワイのチョコ

☐ ITEM 12 チョコレート

ハワイ産カカオにこだわるチョコレート専門店のものは自分用に。スーパーでまとめ買いできるマカダミア・ナッツ入りのものはばらまき土産に重宝しそう。

価格帯：$6～40

🏠 この店へGO!

ダイヤモンドヘッド・チョコレート・カンパニー >>>P.95
ABCストア37号店 >>>P.94

FOODS お酒のおつまみにもおやつにも！

☐ ITEM 13 マカダミア・ナッツ

カリッとした歯ごたえが魅力のハワイアンフード。中でも一番有名なのが「マウナロア」のナッツ。カレーやガーリックなどフレーバーのバリエーションも豊富。

価格帯：$8～$30

🏠 この店へGO!

ABCストア37号店 >>>P.94
ホールフーズ・マーケット >>>P.98

FOODS 世界三大コーヒーに君臨する

☐ ITEM 14 コナコーヒー

ハワイ島で生産されているコナコーヒーは、爽やかな酸味が特徴。世界三大コーヒーのひとつでありながら、生産量は全世界の1％以下と、とっても貴重な逸品！

価格帯：$40～$130

🏠 この店へGO!

アイランド・ヴィンテージ・コーヒー >>>P.133
コナコーヒー・パーベイヤーズ >>>P.133

MEMORIES ロコアーティストの雑貨も

☐ ITEM 15 アート

ハワイの自然や文化をモチーフにした、ロコアーティストによる雑貨は、日本でもハワイを感じられるアイテム。特別なお土産と自分用に厳選して入手して。

価格帯：$20～180

🏠 この店へGO!

モリ・バイ・アート＆フリー >>>P.165
ロベルタ・オークス >>>P.177

MEMORIES 現地から自分宛に投函したい

☐ ITEM 16 ポストカード

ビーチの絶景写真やフラガールのイラストなど、アロハな雰囲気が漂うポストカード。お土産としてだけでなく、友人や自分宛に旅の便りを出してもステキ。

価格帯：$3～15

🏠 この店へGO!

ABCストア37号店 >>>P.94
ビショップ・ミュージアム >>>P.48

HARETABI NEWSPAPER

リゾート大国ハワイは、日々進化し続ける島。ここでは、ハワイに行くなら知っておくべき最旬ニュースをピックアップ。ハワイを存分に楽しもう！

SHOPPING

ワイキキも！アラモアナセンターも！新店オープンが止まらない

注目の新スーパーにグルメスポット！ ワイキキの最旬

ハワイのローカルスーパー、フードランド・ファームズ（>>>P.103）系列のスーパーマーケットがワイキキの中心に誕生。グルメスポットもあるのでワイキキ滞在がますます便利に！

ワイキキマーケット
Waikiki Market

カスタマイズできるボウルメニューやベーカリーなどのコーナーがある。グルメみやげもここで調達。

🏠 2380 Kuhio Ave. 2階
☎ 808-923-2022
🕗 8:00〜20:00
❌ 無休 📍 クヒオ通り沿い
ワイキキ ▶ MAP 別P.13 D-1

1階にはレストランも！

$17
地元野菜のファーム・フレッシュ

$22
地元産卵を使ったロコモコ

STAY

近代サーフィン発祥地前に新ホテルが登場

ハワイのサーフカルチャーを感じるニューウェイブ

改装＆リブランドで新しくなったホテルがワイキキに登場。ハワイらしいリゾート感あふれる滞在ができる新ホテルを紹介しよう。

ツイン フィン ワイキキ
The Twin Fin Wikiki

カラカウア通りに面して立ち、太陽、空、水、波をコンセプトにしている。アートは、ハワイの有名アーティストがデザインしたもの。

🏠 2570 Kalakaua Ave.
808-922-2511
📍 カラカウア通り沿い
jp.twinfinwaikiki.com
ワイキキ ▶ MAP 別P.13 F-2

TOPICS

アラモアナセンターも新店舗続々OPEN！

最近ではローカルがプロデュースするショップやレストランも数多く登場。ここでしか買えない＆味わえない特別な時間を過ごしてみては。

サンライズ・シャック
Sunrise Shack
>>>P.82

スイート・ハニー・ハワイ
Sweet Honey Hawaii
>>>P.82

TOWN
今のハワイのトレンドは
サスティナブルな"マラマ"精神

ハワイ観光の常識をアプデしておきたい！

ハワイではレスポンシブル・ツーリズム（責任ある観光）を進めている。美しいハワイを未来へつなげていこうという取り組みだ。

文化

メイドインハワイの食＆ギフトを買えるFM

TOPICS
ハワイ旅行の合言葉「マラマ」ってなに？

レスポンシブル・ツーリズムのスローガンとなっているのが「マラマハワイ」だ。マラマとはハワイ語で「思いやる心」。ハワイを思いやる、そんなツーリストでありたい。

マヒク・ファーマーズ マーケット
Mahiku Farmers Market

2022年6月から始まったマーケット。メイドインハワイなアイテムに出合えるから立ち寄ってみて。
>>>P.42,65

バルク

プラントベースのメニューを

プラント・ベースト・パラダイス・カイムキ
Plant Based Paradise Kaimuki

植物由来の食材を使ったロコモコやポキボウルなどを提供。カフェの横にはヨガウエアを扱うショップも。
>>>P.181

地球にも人にも優しいショップ

キープ・イット・シンプル
Keep It Simple

ゴミゼロを目指すショップで、シャンプーなどはボトル持参の量り売り。ハワイ産の自然素材を使ったソープをお土産に。
>>>P.96

ビーガン

NICE

$13.95
バッファロー・カリフラワー・ラップ

ハレとときどきタビ

ハレ
頼れる相棒。
物知りで
きらりと光る
アドバイスが得意

タビ
運命の女性を求めて
世界中を旅する犬
臆病者だけど
好奇心いっぱい！

シェイブアイスは恋の味　の巻

❶ハワイの神話で虹は、バナナの黄色やシダの緑色など、妖精のメネフネが集めた6つの虹のもとにつけた矢を放って生まれたといわれているよ。
❷シェイブアイスの有名店ハレイワのマツモト・シェイブ・アイス（>>>P.172）。65年以上前から、虹色のシェイブアイスを販売していたよ。

PLAY

ハワイの「遊ぶ」事件簿

楽園ハワイにも、訪れるなら知っておくべき厳しいルールや危ないワナが潜んでいる!? 日本では当たり前のことが意外と通用しないケースもあるので注意しておこう。

🖊 事件ファイル1

ビーチにコインロッカーがない！貴重品が盗まれてしまうかも??

解決！ グループのうち一人は浜辺で待機！見張り役をつけよう

ハワイのビーチは貴重品を置く場所がない場合がほとんど。またコインロッカーがあっても壊れていることも多く、あまり使用をおすすめできない。交代で荷物番をしながら遊ぶのが安全。

> こんな便利品を使うのもアリ

見張り番をつけるのが難しい場合に重宝するのが、ABCストアや日本の100円ショップで売られている防水ケース。中にお金や鍵を入れて首からぶら下げておけば、そのまま海に入って遊べる。

大切なお金や鍵をIN！

🖊 事件ファイル2

無計画が災いした!? 明日の予定がノープラン（涙）

NO PLAN

解決！ 当日でも申し込み可能なオプショナルツアーを利用！

予定が空いてしまった時は、半日や一日コースで遊べるオプショナルツアーを現地で申し込むのが賢明。催行会社にもよるが、空きさえあれば、ツアー当日でも参加できるプランも多い。

> 申し込みはここで可能！

1 ホテルのカウンター

宿泊先がリゾートホテルであれば、観光客向けのツアーデスクがある可能性が高い。ロビー付近にあるカウンターのほか、ANA、JTBなど日本企業の窓口があることも！

ツアー以外には、こんな過ごし方！
王道に飽きた人に、こんな通なプランはいかが？

1時間コース	ハワイアンネイルを施す（>>>P.156）／カピオラニ公園を散策
3時間コース	カピオラニ公園でBBQする／シェアサイクルでワイキキをめぐる
5時間コース	パール・ハーバーを訪れる（>>>P.7）／セグウェイでホノルル市内を観光

2 ツアー紹介会社

ワイキキにあるツアー紹介会社のラウンジを訪ねるのもアリ。担当員が丁寧に話を聞いてくれるので、自分にぴったりのツアーが見つかる。カード会社のラウンジ。

🖊 事件ファイル3

水着をベランダに干していたらホテルの人に注意された！

解決！ 「景観を損ねる」ため禁止行為
水着は部屋の中で干そう

ラナイ（ベランダ）の縁や外のイスの背などに水着をかけるのは、観光地としての景観を損ねるという理由から禁じられている。日本にいれば普通にやってしまいそうな行為なのでご注意を！

濡れた水着はどうすればいいの？

洗濯物はコインランドリーを利用するか、浴室にある引き出し式のロープを利用して。物干しラックが置いてあればそれを使って。ハンガーや洗濯ばさみを日本から持参しておくと便利かも。

🛫 [うっかりじゃすまされない！ハワイルール]

まだまだ知るべきハワイの常識はたくさん！
せっかくの楽しいバカンスでイヤな思いをしないために、この地のルールをきちんと把握！

飲酒 21歳未満は飲酒禁止

飲酒は21歳から。アルコールを購入する際には、身分証明書（ID）を求められることがある。また、ビーチや路上などの公共の場での飲酒は不可。

子ども 12歳以下を一人にしてはいけない

アメリカには、「12歳以下の子どもを一人にしてはいけない」という法律がある。客室やレンタカーの中に子どもを置いて離れるのももちろんNG！　通報されたり、場合によっては保護者が逮捕されてしまうこともある。

喫煙 公共の場でのタバコはタブー

タバコについては日本よりも制約が多い。2006年に定められた禁煙法により、ホテルのロビーや飲食店、バスのほか、多くの公共施設で禁煙となった。禁煙エリアで吸った場合、最大$100（初回）の罰金となってしまう。

交通 "Jaywalking"は禁止。横断歩道を

歩行者が横断歩道のない車道を横断することを「Jaywalk」といい、これを行った場合、罰金の対象となってしまう。必ず横断歩道を渡ること！

動物 野生動物への接近はNG

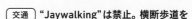

ハワイでは自然保護のため、ウミガメは10フィート（約3m）、イルカは50ヤード（約45m）以内に近付くことは法律で禁止されているので要注意！

ビーチ 日焼け止めも制限アリ！

海洋環境保護のため、オキシベンゾンなど化学物質を含む日焼け止めが販売・使用禁止に。ABCストア（>>>P.94）でも購入できるので日焼け止めは現地調達で。

交通 横断歩道でのタブレット端末使用は禁止

横断歩道を歩きながらスマホやタブレット端末、デジカメ、携帯型ゲーム機などの画面を見ることが条例で禁止されている。地図を見ていても、違反すると罰金が課せられるので、道路を歩く時は要注意！

時間 ハワイアンタイムがある

注文した料理が出てくるのが遅かったり、バスが定刻に来なかったり…。予定通りにことが進みづらいのはハワイの土地柄。大らかな気持ちで構えていよう。

いまPLAYで一番話題なしたいこと！♪

一日中人気アクティビティで遊ぶ！

話題の乗り物から注目のジップラインまで、陸・空・海でハワイを体感してみたい。
そんな欲張りな方におすすめ。朝から晩まで、一日中アクティブに楽しもう！

ハワイを体感した後は絶景とパチリ！

Super fun!

ハワイ初上陸の最旬バイク

アービー・ハワイ
URB-E HAWAII

アメリカ生まれの新しい電動二輪車のアービー。ダイヤモンド・ヘッドやカカアコエリアなどをめぐるツアーもある。

☎ 808-285-0674　※日本語対応可能
🕐 8:00〜18:00　休 無休
urb-ehawaii.com

アービー	TIME
$25〜	60分〜

ツアーは2時間$139〜。完全プライベートで日本語の話せるガイド同行

MORNING
9:00A.M.

最旬の乗り物で大地をめぐる!!

絶景スポットをスイスイ快適走行！

HAPPY

ワイキキ周辺の観光スポットへ

セグウェイ・オブ・ハワイ
Segway of Hawaii

体重移動のみで動く乗り物、セグウェイ。立った姿勢で乗車し発進・停止・方向転換も慣れれば簡単。

🏠 2552 Kalakaua Ave.
☎ 808-941-3151　🕐 9:00〜21:00
休 無休　ワイキキ・ビーチ・マリオット・リゾート&スパ内
jp.segwayofhawaii.com
ワイキキ ▶MAP 別 P.13 F-2

セグウェイ	TIME
$99〜	30分〜

ダイヤモンド・ヘッド&ワイキキツアーは2時間$195〜。サンセットやダウンタウンをめぐるツアーも開催

🚩 ダイヤモンド・ヘッド&ワイキキツアー

レクチャーを受ける	ツアーSTART！	絶景スポットへ	GOAL！

ガイドによる事前講習を受ける。レクチャーは日本語だから安心。	さっそく乗車。先頭のガイドに続いて走行しよう。	絶景スポットで撮影タイム！選べるコースは全8種類。	海沿いなどを優雅に散策。ハワイの絶景を堪能してワイキキへ。

♫ PLAY

ビーチ

自然

スポーツ

マーケット

テーマパーク

歴史＆カルチャー

ナイト

DAYTIME
☀
1:00P.M.

海or空中から
ハワイを満喫

サーフィン

TIME
🕐
150分〜

$85〜

サーフィンデビューをハワイで実現！波に乗れると気分爽快！

初めてでも波に乗れちゃうと評判！

アンプサーフハワイ
AMP SURF Hawaii

全員プロの日本人インストラクターが教えてくれるサーフレッスン。泳げない人でも受講可能。

🏠 1888 Kalakaua Ave. C312
☎ 808-772-3089
🕐 8:00〜20:00　㊡ 無休
🚗 ワイキキから送迎あり
www.ampsurf.biz

ワイキキ ▶ MAP 別P.10 B-2

ジップライン

TIME
180分

$179〜

自然の中に張られたワイヤーを滑車で滑り降りる注目アクティビティ

海を眺めながら
ハワイの自然を
大滑走！

スリル満点のジップラインツアー

クライムワークス・
ケアナファーム
CLIMB Works Keana Farms

ガイド付きツアーで楽しむジップラインは150〜800mの8コースがあり、吊り橋なども体験できる。

🏠 1 Enos Rd. Kahuku
☎ 808-200-7906
🕐 8:00〜（最終時間は日により異なる）　㊡ 日曜
🚗 イーノス通り沿い
www.climbworks.com

カフク ▶ MAP 別P.3 D-1

ALOHA

NIGHT
🌙
6:00P.M.

NICE

眼下に広がる夜の
ハワイに大興奮！

上空からの眺めは最高！

ワシンエア
Washin Air

ワイキキ上空の夜景が楽しめるナイトツアーが人気。遊覧飛行だけでなく、中日は操縦体験コースもある。

🏠 112 Nakolo Pl.
☎ 808-836-3539　㊡ 催行日・料金はHPのフォーム、電話で確認、問い合わせを　⊗ 無休　※2023年7月現在休業中　www.washin-air.com

ホノルル ▶ MAP 別P.3 D-3

一〇〇万ドルの
夜景にうっとり♡

遊覧飛行
催行日・料金事前確認

TIME
🕐
20分〜

煌びやかに輝く絶景ポイントを大空からゆったり堪能

日差しがかなり強いハワイ。屋外でのアクティビティの際は薄手の長袖とサングラス、もちろん日焼け止めを忘れずに！

PLAY

01

ハワイへ行ったらまずはここ！

ワイキキビーチへGO

This is
WAIKIKI BEACH!

ハワイを象徴するビーチ

ワイキキビーチ
Waikiki Beach

約3kmにわたる8つのビーチの総称。
エリアごとに特徴が異なり、海水浴はも
ちろん、サーフィン、ウインドボードな
どのアクティビティも体験できる。目的
にあわせてビーチのエリアを選ぼう。

⊗ カラカウア通り沿いの海側

| シャワー有 | トイレ有 | 駐車場有 |

ワイキキ ▶ MAP 別 P.13 E-2

WAIKIKI
BEACH
MAP

シャワー　　トイレ

徒歩5分
カラカウア通り

ロイヤル・　モアナ　サーフライダー
ハワイアン

シェラトン・
ワイキキ

ヒルトン・ハワイアン・ビレッジ　　ハレクラニ

ヒルトン
ラグーン

デューク・
カハナモク・ビーチ

カハロア＆
ウルコウビーチ

三日月形のビーチ。
観光客でにぎわう。
砂浜は狭く、木陰
や芝生はない

グレイス・ビーチ

砂浜が狭い最古のビーチ。カ
ヴェヘヘへ（>>>P.51）がある

フォート・デ・ルッシー・
ビーチ・パーク

波は穏やかで広々と
した砂浜が続く。家族
連れが多い

アメリカ人率が高い穴場。芝
生エリアや木陰もあるので快適

26

左手にダイヤモンド・ヘッド（>>>P.36）を望むワイキキビーチは、一年中たくさんの観光客でにぎわう。
まずは浜辺周辺をゆっくりとお散歩し、南国らしさを肌で感じてみよう。

活用したい便利なスポット

 ココに行けば何でも揃う！

ABCストア 37号店 >>> P.94

品揃え豊富なハワイのコンビニ。ビーチアイテムも安く手に入るので、海へ行く前に寄って必要なものを揃えよう。

$3.99〜

カラフルな浮き輪は現地でゲットが正解！

$3.99〜

ビーチマットがあれば砂浜でも快適。

$12.99〜

魚が見たい人はシュノーケルセットを。

$24.99〜

サングラスは日差しを防ぐ強い味方。

 $12.79〜

日焼け止めは規制あり。現地調達が賢い。

 1　各種サーフレッスンが受けられる

ワイキキ・ビーチ・サービス
Waikiki Beach Services

ビーチで活躍するパラソルやチェア、ボディーボード、サーフボードなどのレンタルが可能。ロイヤルハワイアンホテル近くにもある。>>>P.28

パラソル＋チェア２つレンタルは $95

 2　小腹が空いたらここへGO

アイランド・ヴィンテージ・シェイブアイス
Island Vintage Shave Ice

新鮮なフルーツを使用した、手作りシロップが人気のシェイブアイス店（スモール$6.95〜）。

$10.95

ヘブンリー・リリコイ

🏠 ロイヤル・ハワイアン・センターB館1階
☎ 808-922-5662
🕙 10:00〜21:00　休 無休

ワイキキ　▶ MAP 別P.18

3　ビーチを眺めてランチタイム

ベアフット・ビーチ・カフェ
Barefoot Beach Café

ビーチの目の前にあるプレートランチのお店。絶好のロケーションとお手頃価格がウリ。

$16

ロイヤル・ロコモコ

🏠 2699 Kalakaua Ave.
☎ 808-924-2233
🕙 8:00〜20:30　休 無休
🚏 カピオラニ公園前

ワイキキ　▶ MAP 別P.11 F-3

クヒオ・ビーチでは、夜にフラショーを開催。>>>P.52

ALOHA〜

魔法石

デューク・カハナモク像

クヒオ・ビーチ

防波堤があって波は穏やか。トイレ＆シャワー完備で安心

クイーンズ・サーフ・ビーチ

初心者サーファーに人気。広い芝生エリアでのんびりくつろげる

ママラ湾

カイマナ・ビーチ

人が比較的少ない静かなビーチ。木陰にはベンチがある

🌺 ワイキキビーチの中心に立つ銅像、デューク・カハナモク像は世界中にサーフィンを広めたサーフィン界のレジェンド。

27

♪ PLAY

ビーチ

自然

スポーツ

マーケット

テーマパーク

歴史＆カルチャー

ナイト

アクティブ派も、のんびり派も
ワイキキビーチを遊びたおす

TIME 🕐
約**75**分
$90〜

（アクティブ派は）
🏄 カハロア＆ウルコウ
ビーチで

スタンド・
アップ・パドル

サーフィンより気軽に挑戦できる
人気のスポーツ。サーフボード
の上に立ち、パドル（オール）を
使って漕ぐ。陸や浅瀬でイメージ
トレーニングして、海へGO！

🚩 このサービスを体験！
丁寧に教えてくれるから安心

ワイキキ・ビーチ・サービス
Waikiki Beach Services

スタンド・アップ・パドルには、2名以上
のプライベートグループレッスンとマン
ツーマンレッスンを用意。レベル別の
サーフィンレッスンや、アウトリガーカ
ヌーサーフィンも体験できる。

🏠 2259 Kalakaua Ave.
☎ 808-388-1510
🕐 7:00〜17:00 ㉻ 無休
◉ ロイヤルハワイアンホテル近く
www.waikikibeachservices.com
（ワイキキ）▶ MAP 別 P.12 B-2

サーフィンの
レッスンもあり！

足を肩幅に開いて、
バランスをとるの
がうまく立つコツ

START

スタンド・アップ・パドル LESSONの流れ

STEP 1
まずは砂浜でトレーニング！
動作をマネしてコツを掴む

ビーチで、海に出たときをイメージ
しながら、パドルの使い方を学ぶ。

STEP 2
ライセンスを持った
プロの先生と一緒に海へ！

サーフボードとパドルを持って海
へ。浅瀬でボードの上に立つ練習。

STEP 3
慣れてきたらいよいよ
ボードに立ってパドリング

イメージトレーニングはOK。ゆっ
くりと沖へ向かい、ボードに立つ。

ひと口にワイキキビーチといっても、マリンスポーツや昼寝など、過ごし方によっておすすめのビーチは違う。P.26のマップとあわせて確認して、やりたいことに適したビーチをチョイス。

ウミガメ発見！

PLAY

ビーチ

自然

スポーツ

マーケット

テーマパーク

歴史＆カルチャー

ナイト

TIME フリータイム

子どもと一緒もOK！

🏄 クイーンズ・サーフ・ビーチで
シュノーケリング

色とりどりの魚たちと出会える浅瀬の小さなビーチ。水中メガネ＆シュノーケルをつけて海の中を覗こう。

長時間遊泳する場合は、日焼け対策にラッシュガードを着用！

wow!!

TIME 60分〜 $68.80〜

軽〜く動きたい人は

🏄 ヒルトンラグーンで
アクアサイクル

浮き輪の車輪が付いた三輪車に乗って海上を走る。見た目以上に漕ぐのは大変だけど、海を走る爽快感は格別！

Awesome!

🚩 このサービスを体験！
レンタルなら何でもおまかせ！
ワイキキ・ビーチ・アクティビティーズ
Waikiki Beach Activities

アクアサイクルをはじめ、浮き輪、カヤックなど何でもレンタル可能。ビーチで行うサーフレッスンなども実施。

🏠 ヒルトン・ハワイアン・ビレッジ・ワイキキ・ビーチ・リゾート内
☎ 808-904-4088 🕐 9:00〜18:00（レンタル受付は〜15:30）🈳 無休
waikikibeachactivities.com
ワイキキ ▶MAP 別P.10 B-3

TIME フリータイム

のんびりしたい人は

🏄 フォート・デ・ルッシー・ビーチ・パークで
お昼寝＆読書

比較的観光客の少ない静かなビーチでのんびり。潮風に吹かれ、波の音を聞きながら、贅沢な時間を過ごそう。

so good!!

①ゆっくり過ごしたいならビーチパラソルは必需品 ②寝転んで日焼けを楽しむ人の姿も

TIME 約120分 $109〜

大人の時間を過ごすなら

🏄 沖から夜景を堪能
サンセットクルーズ

豪華クルーズの船上から見る、太平洋に沈む夕日やダイヤモンド・ヘッドは格別！ 豪華なディナーも用意。

①美しいインテリアの豪華な客船で優雅に食事を堪能 ②きらびやかな夕日に心が洗われる

🚩 このサービスを体験！
全米でも評価の高い
一流クルージングツアー
スター オブ ホノルル
>>> P.55

☂ **お散歩しながらビーチの表情の移り変わりを感じる**

訪れる時間帯によって異なる姿が見られるのもワイキキビーチの醍醐味。

MORNING
お散歩をするなら、人が少なく、空気の澄んだ早朝がおすすめ。朝イチでサーフィンを楽しむ人たちも。

DAYTIME
人気ビーチのにぎわいを肌で感じよう。お昼にはランチをTo Goして、浜辺で食べるのがハワイ通！

NIGHT
立ち止まって、水平線に沈む幻想的な夕日をカメラに。静かな夜のビーチでゆっくり過ごすのもいい。

🐢 かつて水田が広がっていたワイキキ。ビーチの砂は、実はノース・ショアや本土のマンハッタン・ビーチから運ばれてきた。　29

一生に一度は見たい景色がある
少し遠くの絶景ビーチへ

王道ワイキキビーチもいいけれど、少し足をのばせば、穴場ビーチが点在しているオアフ島。
海の色や棲んでいる生き物など、ビーチごとの環境の違いを見比べるのも楽しい。
自分の心が、一番ときめくビーチを探しにいこう。

🔭 **WATCH**

カイルアの象徴 モクルア・アイランド

沖合にある双子の島、モクルア・アイランド。正面に島が並ぶ光景は、このビーチならでは。

穏やかな「天国の海」でのんびり
① ラニカイ・ビーチ
Lanikai Beach

ワイキキから
🚗 車で約**40分**

のんびりとしたローカルな雰囲気が漂う閑静なビーチ。白砂と海水が混じり合って生まれる青く美しいグラデーションは、人々を魅了してやまない。全米ベストビーチランキングで1位に選ばれるほどの、オアフ島屈指の絶景スポット。

🅐 モクルア通り沿い。アラモアナセンターからザ・バス67番を利用、カイルア・ショッピング・センター前で671番に乗り継ぎ

シャワー無 トイレ無 駐車場無
カイルア ▶MAP 別 P.7 F-3

🔭 **WATCH**

永遠に続く エメラルド色の海

目の前には、淡いエメラルドグリーンに輝く遠浅の海。水の透明度が高く、波も穏やか。

🔭 **WATCH**

真っ赤に燃え沈む夕日

水平線にゆっくりと沈む夕日が眺められる。遮るものは何もなく、壮大な風景が見もの。

Amazing!

車で約**70分**

ドラマチックな夕日を眺める
② サンセット・ビーチ
Sunset Beach

毎年、大規模なサーフィンの世界大会が開かれることで知られるサーファーの聖地。夏は波が穏やかで、子どもでも安心して海水浴が楽しめる。夕日が有名だが、昼間の青い海も美しい。冬には5〜12mもの高波が押し寄せることも。

🅐 カメハメハ・ハイウェイ沿い。アラモアナセンターからザ・バス60番を利用

シャワー有 トイレ有 駐車場有
ノース・ショア ▶MAP 別 P.6 C-1

🔭 **WATCH**

どこまでも続く砂浜

周辺のビーチの中でも特に広い砂浜に圧倒される。ここに腰掛け、サンセットを待とう。

ワイキキから
🚗 車で約30分

Sleeping

ワイキキから
🚗 車で約35分

安定した穏やかな波のビーチ
③ マカプウ・ビーチ
Makapuu Beach

ボディボードや、サーフィンをする若者が集まる岩場のビーチ。群青色の海が美しい。

🚏 カラニアナオレ・ハイウェイ沿い。ザ・バス23番を利用
[シャワー有] [トイレ有] [駐車場有]
[ハワイ・カイ] ▶ MAP 別 P.7 F-1

全米が魅了される美しい海
④ カイルア・ビーチ
Kailua Beach

全米ベストビーチランキングでの上位常連。エメラルドグリーンの海と白浜に心奪われる。

🚏 カワイロア通り沿い。ザ・バス67番を利用、カイルア・ショッピング・センター前で671番に乗り継ぎ
[シャワー有] [トイレ有] [駐車場有]
[カイルア] ▶ MAP 別 P.7 F-3

ワイキキから
🚗 車で約55分

Wow!!

ワイキキから
🚗 車で約60分

"飛び込み岩"からダイブに挑戦
⑤ ワイメア・ベイ・ビーチ・パーク
Waimea Bay Beach Park

ノース・ショアきっての人気ビーチ。水深が深く、大きな岩からのダイブにもチャレンジできる。

🚏 カメハメハ・ハイウェイ沿い。ザ・バス60番を利用
[シャワー有] [トイレ有] [駐車場有]
[ノース・ショア] ▶ MAP 別 P.6 C-1

ハナウマ湾に次ぐ海洋生物保護区
⑥ ププケア・ビーチ・パーク
Pupukea Beach Park

ハナウマ湾に並ぶ、代表的なシュノーケリングスポット。運がよければウミガメに会える。

🚏 カメハメハ・ハイウェイ沿い。ザ・バス60番を利用
[シャワー有] [トイレ有] [駐車場有]
[ノース・ショア] ▶ MAP 別 P.6 C-1

ビジターに人気の高いビーチは、ワイキキ周辺と北部のハレイワ、東部のカイルアに集中！

② サンセット・ビーチ
⑥ ププケア・ビーチ・パーク
⑤ ワイメア・ベイ・ビーチ・パーク

BEACH MAP

OAHU BEACH
オアフ島のビーチを楽しむPOINT

● ザ・バスで行くなら、8番で行けるアラモアナ・ビーチや23番で行けるマカプウ・ビーチが便利。

● サーフィン初心者は、まずは波が穏やかなワイキキビーチ周辺で楽しもう。上級者なら冬のノース・ショアの海に挑戦したい。

● ビーチ周辺やサンセット後のビーチは治安があまりよくないので、防犯対策は万全に。

Where is the Beach?

④ カイルア・ビーチ
① ラニカイ・ビーチ
● ワイマナロ・ビーチ
③ マカプウ・ビーチ
● サンディ・ビーチ

アラモアナ・ビーチ・パーク

WAIKIKI BEACH

🩴 ラニカイとは、「ラニ」＝天国、「カイ」＝海を意味するハワイ語。まさに天国と呼ぶにふさわしいビーチだ。

♫ PLAY
ビーチ
自然
スポーツ
マーケット
テーマパーク
歴史＆カルチャー
ナイト

夢に見た瞬間！ 海の生き物との出会い

イルカや熱帯魚に会いに行く

美しい海に囲まれたハワイには、イルカや熱帯魚、カメにクジラもいる。
水着やウェットスーツに着替えて準備ができたら、
楽園の海が育ててくれた貴重な海の仲間たちに、会いに行ってみよう。

イルカと思い出を作ろう

WITH イルカ

TIME 約7時間
$159～

オアフ島の西海岸は、野生のイルカたちが多く生息。船上からイルカを見物できるツアーが多数催行されている。愛らしいイルカたちとの触れ合いは、忘れられない思い出になるはず。

このツアーを体験！
キュートなイルカと遊ぼう

イルカ中学／イルカ大学
Iruka Chugaku ／ Iruka Daigaku

オアフ島西部のワイアナエからボートで出航して野生のイルカに会いに行けるツアー。船上からのイルカ・ウォッチングに加え、サップなどのマリンアクティビティも楽しめる。ワイキキ7時30分発と12時発の2つのツアーがある。

☎ 808 636 8440（日本語対応）
🕐 8:00～18:00（予約受付） 🈵 無休
www.iruka.com

ワイアナエ ▶MAP 別 P.2 B-2

Hello!

START ドルフィン・ウォッチ
TOURの流れ

※イルカ大学の場合

STEP 1
双胴船カタマランに乗り
準備を整えて出港！

船内では安全に関する説明とハワイの伝統セレモニーを体験。

STEP 2
イルカを発見したら
レッツ・ドルフィン・ウォッチ♪

数十頭のイルカがボートを囲むように泳いでくれることも！

STEP 3
イルカをウォッチしたあとは
マリンアクティビティ体験も！

サップやシュノーケリングを楽しんで、絶景を眺めながらのランチ。

♪ PLAY

ビーチ

自然

スポーツ

マーケット

テーマパーク

歴史＆カルチャー

ナイト

カラフルな魚たちと泳ぐ
🐚 WITH 熱帯魚

透明度が高く、波が穏やかなハナウマ湾には、チョウチョウウオやスズメダイなど、たくさんの種類の色鮮やかな熱帯魚が暮らしている。一緒に泳げば、まるで人魚になったような気分に♪

ボクたちに会いにきて！

オアフ島屈指のシュノーケルポイント
ハナウマ湾
Hanauma Bay

遠浅の海にサンゴ礁が広がり、450種類以上の生物が生息する。

🏠 100 Hanauma Bay Rd.
☎ 808-768-6861
🕐 6:45〜16:00（入園は13:30、ビーチ利用は15:15まで） 休 月・火曜
🚗 ハナウマ湾通り沿い。ワイキキから車で約20分
💲 $25（12歳以下は無料）、駐車場 $3（現金のみ）
※入園は事前予約が必要 pros.hnl.info

シャワー有 トイレ有 駐車場有
ハワイ・カイ ▶ MAP 別 P.7 E-2

こんなに美しい海が広がる！

映画『ブルーハワイ』の舞台にもなった馬蹄形の入り江。ありのままの自然が残る素晴らしい海で貴重な場所

ビーチに行く前に、自然保護に関するビデオ学習が義務づけられている。完全予約制なので事前に公式HPを確認して

⚠ CAUTION

ハナウマ湾には厳しいルールが存在

自然保護区に指定されている湾内では、飲酒や魚の餌づけ、サンゴ礁の上に立つこと・座ること、動植物の持ち帰りなどはすべて禁止。ビデオでしっかりと規則を学び、楽しい時間を過ごそう。

泳ぐ前に、海洋保全について学ぼう！

Slowly...♪ 🌴 一緒には泳げないけど ハワイならではの海の生き物に大接近!!

⭐ WITH ウミガメ

ハワイでは、古くから海の守り神とされるホヌ（ウミガメ）。晴れの日なら、高確率で出会える。10ftの距離を保とう。

🐋 WITH クジラ

冬になると、アラスカ沖からザトウクジラの群れが集まる。クジラたちの豪快なパフォーマンスを見るチャンス！

Zappan!!

1年を通してウミガメに会える！
ラニアケア・ビーチ
Laniakea Beach

ハレイワ・タウンの隣に位置する小さなビーチ。波が穏やかで、ウミガメの生息地として有名。

🚗 カメハメハ・ハイウェイ沿い。ザ・バス52番を利用、ハレイワ・ビーチ・パークで60番に乗り継ぎ

シャワー有 トイレ無 駐車場無
ノース・ショア ▶ MAP 別 P.6 B-2

🚩 このツアーを体験！
ダイナミックなクジラに感動
スター オブ ホノルル
Star of Honolulu

>>> P.55

最新モノから定番まで爽快気分♪

海のアクティビティをチョイス

絶景を空の上から感じるなら
パラセイリング

約60分
$67.50～

モーターボートが牽引するパラシュートで、空中散歩を楽しむ人気のスポーツ。鳥になった気分で、はるか上空から美しい海を見下ろそう。

▶このサービスを体験!
ハワイの青空に舞い上がる
エクストリーム・パラセイル
X-treme Parasail

ダイヤモンド・ヘッドの全景を上空から眺めるなど、テンションMAXの空中散歩が体験できる。高度は700～1000ftの中の3種から選択でき、フライトは2～3人1組で行う。水着など濡れてもいいスタイルで参加しよう。

🏠 1085 Ala Moana Blvd.
☎ 808-737-3599
🕐 7:00～18:00 ㊡ 無休
📍 アラモアナ通り沿い
www.xtremeparasail.com
ワード ▶MAP 別P.9 D-3

START
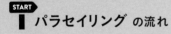

パラセイリング の流れ

STEP 1
ボート上でパラシュートを装着
ボートが進むとフライト開始!

まずはボートに乗り、機材を装着してシートに座る。ボートが走り出す。

STEP 2
ボートのスピードと共に
徐々に高度が上がっていく

シートと連結しているロープが伸び、徐々に高度が上がっていく。

STEP 3
ロープが伸びきったら
念願の空の世界をエンジョイ

ロープが伸びきったら、事前に申し込んだ高度に到達。景色は最高!

ハワイへ行ったら、海で思いっきり身体を動かしてアクティビティを満喫したい！
王道もバッチリ押さえつつ、一度は体験してみたい旬なスポーツにも注目。
スリルを感じるものから優雅なものまで。自分にピッタリのプランを選ぼう。

水着ナシでOKの乗り物

潜水艦は普段着のまま買い物の途中でもOK。カタマランは乗り降りに足元は濡れるけれど、泳ぎが苦手な人でも安心。海中＆海上でワイキキを堪能！

潜水艦 海底に沈んだ船や鮮やかな熱帯魚を観察。潜水艦で快適に海中の世界を楽しもう。

海の中を進むアドベンチャーツアー
アトランティス・サブマリン
Atlantis Submarines

水深30mの世界を約45分間にわたり探検。沈没船などの魚礁も神秘的で興味深い。

🏠 252 Paoa Pl.
☎ 800-381-0237
🕐 7:30〜18:00（予約受付）
🈳 無休　💲 $140
🚏 パオア・プレイス終点　www.atlantisadventures.com
`ワイキキ` ▶MAP 別 P.10 B-3

カタマラン ワイキキビーチから出航するカラフルな双胴船。沖から眺めるワイキキも格別。

1日6便好きな時間にクルーズ
ナ・ホクⅡ
NA HOKUⅡ

日中は約60分、サンセットタイムは約90分、カクテルを飲みながらクルージング。

🏠 2335 Kalakaua Ave.
☎ 808-386-7422
🕐 10:00〜16:00、17:30〜（サンセットセイル）
🈳 無休　🚏 アウトリガー・ワイキキ・ビーチ・リゾート前
💲 $40〜 nahoku2.com　`ワイキキ` ▶MAP 別 P.12 C-2

🚣 知る人ぞ知るレア体験なら
カヤックで無人島へ上陸

カヤックでカイルアの沖合に浮かぶポポイア島を目指し約20分パドリング。島では動植物観察などプチ冒険も！

TIME 🕐 約120分
$179〜

🚩 このサービスを体験！
日本語ガイド付きで安心
カイルア・ビーチ・アドベンチャーズ
Kailua Beach Adventures

13歳以上で泳げる人なら誰でも体験可能。料金には送迎、昼食なども含まれ、ツアー全体は所要約8時間。

🏠 130 Kailua Rd.#J01B
☎ 808-262-2555
🕐 8:00〜17:00　🈳 無休
🚏 ワイキキからの送迎あり（火・木・金曜）
www.kailuabeachadventures.com
`カイルア` ▶MAP 別 P.7 E-3

🌊 大勢でワイワイ楽しむなら
アウトリガー・カヌー・サーフィン

TIME 🕐 約30分
$35（3人〜）

浮きの付いた大型のカヌーで波に乗る。転覆の恐れが少なく、泳げない人も安心。最少催行人員3人で最大6人まで乗船できる。

🚩 このサービスを体験！
ビーチでできるスポーツが豊富
ワイキキ・ビーチ・サービス >>> P.28

おすすめなのがプアラニ・ハワイ・ビーチウエア（>>>P.76）の水着。激しく動いてもずれにくく、サーフィン好きのロコガールも愛用♪

x

PLAY ／ ビーチ ／ 自然 ／ スポーツ ／ マーケット ／ テーマパーク ／ 歴史＆カルチャー ／ ナイト

緑の大自然 に囲まれる

大地の恵みを感じるトレッキング＆牧場へ！

ダイヤモンド・ヘッドをはじめ、ハワイには、山や森の絶景スポットがたくさん。大自然の中、緑と触れ合って、マイナスイオンを感じてみてはいかが？

山頂からのパノラマビューは格別

ダイヤモンド・ヘッド
Diamond Head

TIME 🕐 約120分

約30万年前に噴火したきりの火山。標高232mの山頂からは、オアフ島の大パノラマを望むことができる。入園は予約必須で、登山30日前からHPで予約可能。

⏰ 6:00〜18:00（最終入山16:30）
🈷 無休 💲 入山料$5、駐車料$10
🚃 ワイキキトロリー・グリーンラインまたは、ブルーラインでダイヤモンド・ヘッド・クレーター（内側）下車
gostateparks.hawaii.gov/diamondhead
ダイヤモンド・ヘッド ▶MAP別P.35

Beautiful

No Smoking Fires

🚩START **Let's Go to ダイヤモンド・ヘッド**

STEP 1

準備は万端にしていざ出発！

トレッキングスタート。途中、販売所やトイレはないので事前に入口で済ませよう。

STEP 2

自分のペースで焦らず歩こう

序盤の緩やかな坂道を進んでいくと、徐々に曲がりくねった砂利道へと変わる。

STEP 3

展望台で小休憩早くも眺めは爽快！

中腹にある休憩所でひと休み。ここにも展望台があり、ワイキキの街が一望できる。

STEP 4

階段を上れば頂上はあと少し！

頂上に近づくと、最大の難所である99段も続く階段が現れる。足元に気をつけて。

Trekking style

これで完璧‼

帽子：日除けのため、ツバのあるキャップなどを。

鞄：両手が空くナップザック、ウエストバッグなど。

服：通気性や伸縮性に優れたTシャツ、短パンなど。

靴：未舗装道路もあるので、履きなれたスニーカーで。

日の出を見るならツアーもあり

頂上から神秘的な日の出を眺めるハイキングツアー。水平線から昇り、街を赤く染める太陽が美しい。

ツアーに参加すれば、登頂の記念に『登山証明書』がもらえる。個人で登っても発行されないレアグッズ。

🚩 こんなツアーもあり！
ダイヤモンド・ヘッド日の出ハイキングツアー

ホテルから車でダイヤモンド・ヘッドへ移動し、5:00〜6:00頃から登頂開始。朝食付きツアーもある。ほかにも、リーズナブルなツアーがたくさん。
各種ツアーデスクやホテルカウンターへ >>>P.22

PLAY

ビーチ

自然

スポーツ

マーケット

テーマパーク

歴史＆カルチャー

ナイト

START Let's Go to マノア渓谷

こんな植物に出会える
CHECK

STEP 1
ゲートを抜けて
ハイキング開始

山道入口からスタート、整備されたトレイルコースを進む。往復で約3kmの距離だ。

レッド・ジンジャー

STEP 2
しばらく進むと
木々が茂る広場へ

5分ほど進んだ大木エリアは、米国の人気ドラマ『LOST』のロケ地として知られる。

バナナの葉

STEP 3
木でできた
トンネルを通過

バニヤンツリーのトンネルをくぐり、15～20分歩けば、いよいよ滝にたどり着く。

ゴクラクチョウカ

生い茂る原生林の中をハイキング

TIME
約90分

マノア渓谷
Manoa Valley

亜熱帯雨林の植物が生い茂る自然豊かなエリア。トレイルの終点に落差約50mのマノア滝がある。

⌂ 3860 Manoa Rd.　㉄ 日の出から日没まで　㊡ 無休
※天候により変動あり　㉃ マノア通り終点
`マノア` ▶ MAP 別P.3 E-3

ハイキングツアーで行く！

ネイチャー＆ユー
Nature & You

日本語ができるガイドと一緒にマノアの滝と、ホノルルを見下ろせるタンタラスの丘へ。

☎ 808-696-4414
㉄ 5～15時（日本時間）
㊡ 無休　㉃ ワイキキから送迎付き
andyoucreations.com/ja/nature
`マノア` ▶ MAP 別P.3 E-3

START Let's Go to クアロア・ランチ・ハワイ

STEP 1
受付と支払いを
済ませよう

まずはカウンターで受付を済ませる。同意書にサインが必要なので、しっかり確認を。

STEP 2
乗り方などの
レクチャーを受ける

馬の乗り方などの講習を受講したら、相棒となる馬をスタッフが選んでくれる。

STEP 3
スタッフの先導で
乗馬スタート

馬にまたがり、平坦な小道からスタート。スタッフのうしろをついて行こう。

Nice View!

馬に乗って大自然を体感

TIME
半日

クアロア・ランチ・ハワイ
Kualoa Ranch Hawaii

映画『ジュラシック・ワールド』のロケ地としても知られる。乗馬やラプターなどが体験できる。

⌂ 49-560 Kamehameha Hwy.
☎ 808-237-7321　㉄ 7:30～18:00
㊡ 無休　㉃ パッケージプランにはワイキキからの送迎付きなどあり　www.kualoa.jp
`クアロア` ▶ MAP 別P.3 D-2

名物グルメも忘れずに
CHECK

$15～

本場でガブリ！

牧場で育った牛を使用したジューシーなビッグサイズのハンバーガーが看板フード！

UTV Raptor

四輪駆動車で大自然めぐり

2～6人乗りUTVラプターで広大な自然や映画のロケ地を駆け抜ける迫力満点のツアーも用意。

🌋 ダイヤモンド・ヘッドは、かつて西欧の探検家が噴火口にある石をダイヤと間違えたことから名が付いたなど、諸説あり。

PLAY
07

心地いい気候と絶景ですから！
ハワイでゴルフデビューする

Let's Play Golf!

HOW TO

予約方法

予約方法は2つ

❶ 個人で申し込む
ゴルフ場の公式HPから、もしくは直接電話で予約。英語の場合が多いが料金は安く済む。

❷ ツアーで申し込む
日本語OKで送迎・レンタル付きがほとんど。料金はやや高めだが、予約代行のみも可能。

初心者はツアーが一番
送迎、レンタル、レッスン、ランチなどが付き、コースを回るレッスンツアーがおすすめ。

プロゴルファーによる個別レッスンも実施！ イチから丁寧に教えてくれるので、女性や小さな子どもでも楽しめる

オーシャンビューの爽快コース
コオリナ・ゴルフクラブ
Ko Olina Golf Club

LPGAロッテ・チャンピオンシップが開催された場所としても有名。リゾートゴルフコースが多数ある。

🏠 92-1220 Aliinui Dr.
☎ 808-676-5300
🕐 6:00〜18:00（10月15日〜3月14日は6:30〜） 🈺 無休 💲 $130〜（コオリナ・リゾート宿泊者$115〜）
🚗 ワイキキから車でH-1を西の終点まで走り、コオリナ・リゾートへ（ワイキキから送迎サービスあり）
www.koolinagolf.com

`コオリナ` ▶MAP 別P.2 B-3

ゴルフウェアやグッズも
CHECK

オリジナルのヘッドカバー

$45

$10〜15

コオリナ・ゴルフクラブオリジナルのバッグタグ

💡 **プレイ前に知っておこう！** ゴルフを始める前に、気をつけておくべきポイントを確認しておこう

❶ 道具はレンタル可能
ほとんどのゴルフ場にレンタルクラブがある。シューズのレンタルもできるが、日本から自分のサイズに合う履きなれた靴を持っていくのが安心だ。

❷ 置き引きには注意
被害報告が増えている。カートやコースに貴重品を置いたままにしない、大金を持ち歩かないなど細心の注意を。バッグは肌身離さず持ち歩こう。

❸ マナーは守ろう
コースは所要時間があるため、スロープレイにならないように注意。キャディはおらず、セルフでプレイ。コース内での喫煙、大声で騒ぐなどはもちろんNG。

PLAY

ビーチ

自然

スポーツ

マーケット

テーマパーク

歴史＆カルチャー

ナイト

温暖で心地よい気候に恵まれたハワイ。地形を生かした素晴らしい景観のコースがあり、日本よりも手頃な料金でプレーが楽しめるハワイは、ゴルフの楽園。初心者向けのレッスンも多彩なのでデビューにも最適。気軽に挑戦してみよう！

 こちらもおすすめ！ レッスンのあるゴルフ場

カートに日本語GPSを装備

NICE

ロッカールームやショップが入ったクラブハウスの敷地半分を占めるレストラン。ロコモコなどおいしい食事が味わえる

池を巧みに配置したコース

カポレイ・ゴルフクラブ
Kapolei Golf Club

初心者でも楽しめるゴルフ場。グリーンの全景が見えないブラインドホールがひとつもない。

🏠 91-701 Farrington Hwy.
☎ 808-674-2227
🕐 6:00〜18:00
休 無休
$ $130〜
🚗 ファーリントン・ハイウェイ沿い
www.kapoleigolf.com
カポレイ ▶ MAP 別 P.2 C-3

新緑で覆われたコース

Lesson!

池とバンカーの巧みなレイアウト

ハワイ・プリンス・ゴルフクラブ
Hawaii Prince Golf Club

エヴァ平原に位置する。アーノルド・パーマー氏デザインの広大で美しいコースが人気。

🏠 91-1200 Fort Weaver Rd.
☎ 808-944-4567
🕐 6:30〜18:00
休 無休
$ $96〜（ホテル宿泊者$90.05〜）
🚗 フォート・ウェイバー通り沿い
jp.princewaikiki.com
エヴァ ▶ MAP 別 P.2 C-3

プロゴルファーによる初心者向けレッスンも

 まだある！ 初心者でも楽しめるおすすめのゴルフ場

ゴルフデビューに最適のコース

ハワイ・カイ・ゴルフ・コース
Hawaii Kai Golf Course

上級者向けと初級者向けのショートコースがある。平坦なフェアウェイと広々としたグリーンは初心者向き。

🏠 8902 Kalanianaole Hwy.
☎ 808-395-2358
🕐 7:00〜日没
休 無休
$ $115〜（エグゼクティブコース$40〜）
🚗 カラニアナオレ・ハイウェイ沿い
hawaiikaigolf.com
ハワイ・カイ ▶ MAP 別 P.7 F-2

海に面した風光明媚なグリーン

タートル・ベイ・ゴルフ
Turtle Bay Golf

アーノルド・パーマー氏とジョージ・ファジオ氏によるデザイン。トロピカルな雰囲気の中でプレイができる。

🏠 57-091 Kamehameha Hwy.
☎ 808-293-8574
🕐 7:00〜日没（季節により異なる）
休 無休
$ $159〜
🚗 カメハメハ・ハイウェイ沿い
www.turtlebayresort.com
カフク ▶ MAP 別 P.2 C-1

パール・ハーバーの美しい景色

パール・カントリー・クラブ
Pearl Country Club

眼下にパール・ハーバーの絶景を望みながら、ゴルフが楽しめる。あらゆるレベルのゴルファーが集う。

🏠 98-535 Kaonohi St.
☎ 808-487-3802
🕐 6:00〜日没（季節により異なる）
休 無休
$ $95〜
🚗 カオノヒ通り沿い
pearlcc.com
パール・ハーバー ▶ MAP 別 P.3 D-3

日本では9コースのあとに休憩が入るが、ハワイでは途中休憩を挟まずに18コースを一気に回るのが一般的。

PLAY **08** 気持ちのいい朝にやってみたい！

ロコに交じってジョグ＆ヨガ

旅先での目覚めを、よりスッキリさせてくれるジョギング＆ヨガ。
ビーチ沿いの道や緑が豊かな公園など、開放的な空間で行うスポーツは爽快。
イベントやレッスンに参加して、スポーツ仲間との出会いを楽しもう。

TIME 約60分

走ってハワイを感じよう
JOGGING

12月に行われるホノルルマラソンで知られるハワイ。イベント時以外でも、日頃からジョギングを楽しむ人々をあちこちで見かける。ワイキキビーチ沿いやカピオラニ公園周辺をローカルランナーと走るイベントなどもある。

⚑ このサービスを体験！

ハワイのスポーツ情報が集結
スポナビハワイ
Sports Navigator Hawaii

ジョギングはもちろん、ハワイのスポーツに特化した最新情報を発信。旅行者でも参加可能なワイキキ周辺のグループランを開催したり、マラソンなどの大会のエントリー代行もしてくれる。オアフ島以外でもOK！

ハワイのスポーツならおまかせ！

SPORTS NAVIGATOR HAWAII

☎ 808-923-7005
www.sponavihawaii.com

ワイキキのおすすめジョギングコース

ホノルル動物園からスタートし、カピオラニ公園を一周するコース。海沿いの道や緑の多い歩道など、異なるロケーションをさくっと楽しめる約3.6km、約30分のコース。

毎年12月には
ホノルルマラソン開催！

約3万人が参加する世界最大級の市民マラソン。風光明媚なシーサイドコースが特徴で、時間制限がないので初心者や子ども、年配の方でも楽しみながら参加できる。

42.195kmを完走し続々ゴール！

⚑ 詳細はここでチェック

www.honolulumarathon.jp

SHOPPING

ランナー向けの可愛いアイテムが豊富

ランナーズ・ルート
Runners Route

オアフ島内に2店舗あるランニングアイテムの専門店。最新シューズを低価格で販売。

🏠 1322 Kapiolani Blvd.
☎ 808-941-3111
🕙 10:00～19:00（日曜～18:00）
休 無休
📍 カピオラニ通り沿い
run808.com
アラモアナ ▶ MAP 別P.9 E-2

大地のパワーを吸収！

YOGA

TIME 🕐 約**90**分

ハワイの澄んだ空気は、ヨガをする場所として
もぴったり。ビーチ、公園などシチュエーション
にあわせた様々なレッスンが開催されており、
大自然との一体感が味わえる。旅行者向けや
初心者が楽しめるプランも豊富。

Feel Aloha!!

🏴 このサービスを体験！

自然の中で朝ヨガを体験

ヨガアロハ
Yogaloha Hawaii

日本語によるクラスは予約不要なので、思い
立ったときにいつでも参加できる気軽さが魅
力。短期間で資格が取得できるプログラムを
用意しているので、ヨガインストラクターを目
指す人からの指示もアツいショップだ。

気軽に参加して！

㊡ 火・水・木・日曜6:50〜
（ホノルル動物園
正面ゲート前集合）
⑤ 大人$25、子ども（11歳まで）$15
www.yogaloha.jp
`ワイキキ` ▶ MAP 別 P.11 F-3

TIPS

動きやすい服装（ひざが隠れる
パンツ）がおすすめ。日差しが
強くなるので、日焼け止めや飲
料水、バスタオルなどは、ある
ほうがいい。

話題のサップ・ヨガに挑戦！

「サップ」とはStand Up Paddleの略。専
用のロングボードの上でバランスをとりつ
つ、ポーズをとるヨガ。コツさえ掴めば簡
単！ 心地いい波に揺られながら呼吸を整
えて、海の上での開放感をたっぷり感じて。

🏴 このサービスを体験！

波に揺られながらのヨガ体験

カパリリ・ハワイ
Kapalili Hawaii

日本人のサップ・ヨガインストラ
クターShokoさんによるレッス
ン。自然に体幹が鍛えられ、エ
クササイズ効果も期待大。

㊡ 月・水・金・日曜10:00〜11:00
（アラモアナ・ビーチ・パーク）
⑤ $78〜 kapalili.com
`ワイキキ` ▶ MAP 別 P.12 C-2

SHOPPING

ナチュラルテイストの
ヨガウエアが揃う

ルルレモン
Lululemon

アスレティックウエアブラン
ド。ハイデザイン＆高機能ウ
エアが揃う。ワイキキ・ビジ
ネス・プラザにもオープン。

🏠 アラモアナセンター2階A
☎ 808-946-7220
㊡ 10:00〜20:00（日曜〜19:00）
㊡ 無休
shop.lululemon.com
`アラモアナ` ▶ MAP 別 P.15

♪♪ PLAY

ビーチ

自然

スポーツ

マーケット

テーマパーク

歴史＆カルチャー

ナイト

☀ 早起きが得意なロコたち。公園やビーチ沿いは夜明け前から、ジョギングする人たちでにぎわう。　41

PLAY
09

定番KCC＆最新スポットへ繰り出そう

いざファーマーズマーケットへ

Farmers' Market!!

地元農家が集まり、自分たちの自慢の野菜やスイーツ、名産品などを直売するファーマーズマーケット。地産地消がブームのハワイでは、とてもメジャーなマーケットで、外せない観光スポットだ！

🛒 今、注目のFARMERS MARKET　　ワイキキからアクセスしやすい旬の2軒をチェック！

夕方開催なのでアクティビティやビーチの帰りに立ち寄れるのもうれしい

各$6

スイート・ブラウン・ハワイのキャラメル

ワイキキーの好立地で開催

マヒク・ファーマーズマーケット
Mahiku Farmers Market

木曜
16:00〜

ショッピングセンターの中庭にテントが並ぶ。ローカルグルメやフルーツのほか、ハワイメイド土産が充実している。
>>>P.65

$40

アイカネ・プランテーションのピーベリーコーヒー

アラモアナ通りを挟んで2カ所で開催されている

ファラフェルをアレンジしたファワッフル

$14

$12

人気シェフのオムレツ

ロコにも観光客にも人気

カカアコ・ファーマーズマーケット
Kakaako Farmers Market

土曜
8:00〜

ウォールアートで有名なカカアコ地区で開催されている。ビーガンや無添加のヘルシーなフードやお土産が多い。

🏠 919 Ala Moana Blvd. & 210 Ward Ave.
☎ 808-388-9696
🕐 土曜 8:00〜12:00
🚶 アラモアナ通り沿い

カカアコ　▶MAP 別P.8 C-3

♪ PLAY

ビーチ

自然

スポーツ

マーケット

テーマパーク

歴史＆カルチャー

ナイト

生産者が自ら販売を行うファーマーズマーケット。新鮮な野菜や果物、手作りジャムなどが揃う。オアフ島だけでも10カ所以上で開催されるので、旅のスケジュールに合わせて行きやすい場所に足を運んでみて。

ハワイ最大級の FARMERS MARKET

オアフ島最大規模で観光客にも人気

KCC ファーマーズ・マーケット
KCC Farmers' Market

土曜 7:30〜

ハワイ最大規模のマーケット。バズるロコグルメの宝庫で、ここから超人気店になることも。お土産も見逃せないものばかり！

🏠 4303 Diamond Head Rd.
☎ 808- 848-2074
🕐 土曜7:30〜11:00
📍 ダイヤモンド・ヘッド登山入口手前、カピオラニ・コミュニティ・カレッジ内
hfbf.org

`ダイヤモンド・ヘッド` ▶ MAP 別 P.5 E-3

FOOD

ノース・ショア・ファームズのピザ

$7

完熟トマトとモッツァレラがたっぷりのピザ

コナアバロニに焼きアワビ

$14.99

ソースは5種類から。サイズにより個数は異なる

尾辻ファームのオリジナルマラサダ

$8

バナナの周りに紫イモのピュレを重ねて揚げている

GOOD!

SOUVENIR

アカカフォールズ農園のホノム産ジャム

$8

ほんのりした甘みと酸味のパッションフルーツ味

ホーファームのヘチマスポンジ

$3

食器洗いや掃除に使えるロコに話題の品

ハワイアン・ハッピー・ケーキのケーキ

$10

ナッツとパイン、ココナッツが入ったケーキ

遠くても行くべき FARMERS MARKET

少し足をのばして、より地元感のあるFMへ！

地域密着型でのんびり

カイルア・タウン・ファーマーズマーケット
Kailua Town Farmers Market

日曜 8:00〜

カイルアの中心から少し離れた、ロケーションで開催。地元食材のほか、プレートランチなどのフードが揃う。

🏠 640 Ulukahiki St. ☎ 808-388-9096 🕐 日曜8:00〜12:00 📍 アドベント・ヘルス・キャッスル・ホスピタル横

`カイルア` ▶ MAP 別 P3 E-3

大自然の中で市場を満喫

ハレイワ・ファーマーズマーケット
Haleiwa Farmers' Market

木曜 14:00〜

お土産向けアイテムやローカルフードが人気。ダイニングエリアもある。

🏠 59-864 Kamehameha Hwy.
☎ 808-388-9696 🕐 木曜14:00〜18:00 📍 カメハメハ・ハイウェイ沿い、ワイメア渓谷ピカケ・パビリオン

`ノース・ショア` ▶ MAP 別 P.6 C-1

$5

スイカのフローズンドリンク

FARMERS MARKET
WEEKLY SCHEDULE

MON

マヒク・ファーマーズマーケット（ハイアット）
🏠 ハイアット リージェンシー ワイキキ ビーチ リゾート＆スパ敷地内
🕐 16:00〜20:00
※水曜も開催

`ワイキキ` ▶ MAP 別 P.13 D-2

ワイキキ・ビーチ・ウォーク・オープンマーケット
🏠 ワイキキ・ビーチ・ウォーク
🕐 16:00〜20:00

`ワイキキ` ▶ MAP 別 P.20

TUE

マノア・マーケットプレイス・ファーマーズマーケット
🏠 マノア・マーケットプレイス敷地内
🕐 7:00〜14:00
※木・日曜も開催

`マノア` ▶ MAP 別 P.5 D-2

WED

ホノルル・ファーマーズマーケット
🏠 NBC敷地内
🕐 16:00〜19:00

`アラモアナ` ▶ MAP 別 P.9 D-2

THU

マヒク・ファーマーズマーケット（インターナショナルマーケットプレイス）
>>> P.42

ハレイワ・ファーマーズマーケット
>>> P.43

カイルア・ファーマーズマーケット
>>> P.168

マキキ・ファーマーズマーケット
🏠 聖クレメンツ教会前
🕐 16:30〜19:00

`マキキ` ▶ MAP 別 P.9 F-1

SAT

カカアコ・ファーマーズマーケット
>>> P.42

KCC ファーマーズ・マーケット
>>> P.43

SUN

カイルア・タウン・ファーマーズマーケット
>>> P.43、168

家族、カップル、友だち同士、みんな満足！
テーマパークでエンジョイ

カヌーショー

生物との触れ合い

Cute!

ドルフィン・エクスプロレーション

ポリネシアの島々を再現

ポリネシア・カルチャー・センター
Polynesian Cultural Center

ハワイを含むポリネシアの島々の文化を体感。フラや火おこしが体験でき、ショーも見られる。

Show time

🏠 55-370 Kamehameha Hwy.
☎ 808-924-1861
🕐 12:30〜21:00 🈺 水・日曜
💲 入園$79.95〜
🚗 カメハメハ・ハイウェイ沿い ワイキキから車で約70分
polynesia.jp
ライエ ▶ MAP 別 P.3 D-1

イルカやアシカと遊ぼう

シーライフ・パーク・ハワイ
Sea Life Park Hawaii

イルカと触れ合えるアクティビティやイルカショーが充実。アシカの餌づけなどのプログラムも。

🏠 41-202 Kalanianaole Hwy.#7
☎ 808-259-2500
🕐 10:00〜16:00 🈺 無休 💲 入園$44.99
🚗 カラニアナオレ・ハイウェイ沿い。ワイキキから車で約30分
www.hawaiisealifepark.jp
ハワイ・カイ ▶ MAP 別 P.7 F-1

楽しみ方いろいろ！

ハワイ村 | ビュッフェ・ディナー
ファイヤーナイフ | ポリネシアンショー

楽しみ方いろいろ！

ハワイアン・オーシャン・シアター・ショー | ドルフィン・フィン・シェイク
カメの餌づけ | ギフトショップ

🚩 こんなツアーもあり！

ゲートウェイ・ビュッフェ
内容：ビュッフェ・ディナー、ナイトショー
🕐 12:30〜21:00 💲 大人$139.95、子ども（3〜11歳）$111.96

スーパー・アンバサダー
内容：プライベートガイド、各村でのVIP席用意、ルアウ・ディナー、ナイトショーほか
🕐 12:30〜21:00 💲 大人$269.95、子ども（3〜11歳）$215.96

※価格変更の予定あり、その他パッケージあり ※往復送迎バス料金別途$26

🚩 こんなツアーもあり！

ドルフィン・エンカウンター
内容：イルカに触れる、餌づけほか
🕐 9:45〜、11:00〜、14:00〜
💲 大人・子ども（4歳以上）$188.47（入園料・写真込）

ドルフィン・エクスプロレーション
内容：イルカと触れ合い、遊ぶ、餌づけほか（少人数制）
🕐 9:45〜、11:00〜、14:00〜
💲 大人・子ども（8歳以上）$272.24（入園料・写真込）

いろいろなハワイ名物を一度に楽しみたい人におすすめなのが、テーマパーク。
ハワイの魅力がぎゅっと凝縮されたスポットだ。
目的に合わせてチョイスして、自然や動物と触れ合いながら一日中遊びたおそう！

♪♫ PLAY
ビーチ
自然
スポーツ
マーケット
テーマパーク
歴史＆カルチャー
ナイト

農園見学

\Many fish!/

水族館

パイナップル尽くしのひと時

ドールプランテーション
Dole Plantation

世界的に有名なブランド「ドール」のパイナップルの実験農場。世界最大級の迷路などアトラクションも。

採れたてパインの名物ドールホイップ

🏠 64-1550 Kamehameha Hwy.
☎ 808-621-8408
🕐 9:30～17:30　㊡ 無休
💲 入園無料（アトラクション有料）
🚗 カメハメハ・ハイウェイ沿い
ワイキキから車で約50分
doleplantation.com/jp
ワイアワ ▶ MAP 別P.2 C-2

パイナップル・エクスプレスで農園見学！

ハワイの豊かな海を実感

ワイキキ水族館
Waikiki Aquarium

ハワイアン・モンクシール（アザラシ）など、ハワイ固有種の展示が見どころ。ダイバーが見る海の世界を再現。

500種以上の海の生き物を展示

🏠 2777 Kalakaua Ave.
☎ 808-923-9741
🕐 9:00～17:00（最終入館16:30）
㊡ 無休
💲 大人$12～、子ども（4～12歳）$5
🚗 カラカウア通り沿い
www.waikikiaquarium.org
ワイキキ ▶ MAP 別P.5 E-3

貴重なハワイアン・モンクシール

動物園

| Like Safari /

プール

約220種類の動物たちに会える

ホノルル動物園
Honolulu Zoo

約17万㎡もの敷地に広がる、島内唯一の動物園。夜の動物たちを観察するトワイライト・ツアーも人気。

人気のサバンナエリアや野鳥園も必見

🏠 151 Kapahulu Ave.
☎ 808-971-7171
🕐 9:00～16:00（最終入園15:00）
㊡ 無休　💲 大人$19、子ども（3～12歳）$11　🚗 カラカウア通りとカパフル通りの角
www.honoluluzoo.org
ワイキキ ▶ MAP 別P.11 F-3

家族で遊べる水のテーマパーク

ウェット＆ワイルド・ハワイ
Wet 'n' Wild Hawaii

多彩なプールやスライダーなど全25種類ものアトラクションが揃う。日本にない絶叫系ライドも楽しい。

\ Hi /

🏠 400 Farrington Hwy.
☎ 808-440-2914（日本語可）
🕐 10:30～15:00（週末、夏季は時間延長あり）
㊡ 月～水曜（夏季は無休）
💲 1日パス大人$78.52～、子ども（3～11歳）$68.05～　🚗 ファーリントン・ハイウェイ沿い。ワイキキから車で約35分
www.jpwetnwildhawaii.com
カポレイ ▶ MAP 別P.2 B-3

ドールプランテーションには、ギネスブックで世界最大の迷路と認定されたことがある約5kmもの長さを誇る巨大迷路がある。

45

知ればもっと好きになる！
ハワイ王朝
激動の歴史

約100年の栄枯盛衰
ハワイ王国のヒストリー

世界有数のリゾート大国ハワイ。毎年800万人が訪れるこの地に、かつて王朝があったことをご存知だろうか？

もともとハワイ諸島には、文字を持たないポリネシア人が古くから暮らしていた。そこに1795年、ハワイ王国を建国した人こそ、童謡「南の島のカメハメハ大王」のモデルにもなった初代カメハメハ大王。彼は風貌・体力に秀で、人の心をつかむカリスマ性に優れた天才だった。

初代カメハメハ大王の死後、ハワイ王朝は、8代約100年にわたってこの南国を統治していた。しかし、次第にキリスト教などの海外の影響を受け、白人が権力を握る世界へと変貌していく。そしてしまいにはクーデターにより、滅びてしまったハワイ王朝。ここでは、その激動の約100年の歴史の中で、特に主要な人物を紹介。各人物ゆかりの地を巡り、歴史散策をしてみるのもおすすめだ。

ハワイのことを勉強しましょう

イオラニ宮殿を見守り続ける、ホノルルにあるカメハメハ大王像。毎年6月に迎える祝日、キング・カメハメハ・デーの前になると、長さ4m以上あるたくさんのレイで飾られる。

① 初代カメハメハ大王（1代）

南の島の大王！　この人なしに今のハワイは生まれなかった

ハワイ王国の建国者で初代国王。ハワイ島のカパアウで生まれた。武術に長け、知力に優れ、多くの人に愛された英雄。秀でた外交手腕によって独立を守り続けた。その功績を称える銅像は、ハワイに3体、ワシントンに1体の計4体が置かれている。偉業を記念した祝日も制定されている。

ハワイ統一の偉業を称える
カメハメハ大王像
King Kamehameha Statue

🏠 417 S.King St.　🚶 サウス・キング通り沿い、アリイオラニ・ハレ前
ダウンタウン ▶ MAP 別 P.4 C-1

② カメハメハ大王3世（3代）

新しい制度を次々に導入！30年在位した賢い王様

初代カメハメハ大王の息子であり、王朝3代目の国王。2代目の急死後、10歳で即位。ハワイ憲法を制定し、ハワイを立憲王国に。首都をホノルルに遷都し、近代国家の体裁を整えた。またハワイ初の学校も建設。文字すらなかったハワイは、この30年で世界有数の識字率を誇る国になった。

外壁がサンゴでできた美しい建物
カワイアハオ教会
Kawaiahao Church

1820年創立、1842年に建設されたオアフ島最古のキリスト教会会。カメハメハ3世が日曜礼拝に訪れたほか、多くの王族が訪れた由緒ある場所。王家専用の席もある。

🏠 957 Punchbowl St.
☎ 808-469-3000
🕐 8:00〜16:00　㊡ 無休
🚶 パンチボウル通り沿い
ダウンタウン ▶ MAP 別 P.8 B-2

♪ PLAY

ビーチ

自然

スポーツ

マーケット

テーマパーク

歴史＆カルチャー

ナイト

1845	1874	1891	1893	1894	1898	1959
首都をマウイ島・ラハイナからオアフ島・ホノルルへ遷都	→ カラカウア大王3（ハワイ王朝7代）が即位	→ リリウオカラニ女王4（ハワイ王朝8代）が即位	→ クーデターによりハワイ王国滅亡	→ 共和制のハワイ共和国樹立	→ アメリカ合衆国によるハワイ併合、アメリカ合衆国領になる	→ アメリカ合衆国の50番目の州に昇格

❸ カラカウア大王（7代）

ハワイ文化をこよなく愛しユーモアにあふれた人物

選挙で選ばれた7代目の国王。経済や政治面でアメリカが権力を握り出したため、アジアと手を組もうと考えたが、志半ばで死去。ハワイの伝統文化を愛し、ハワイの創世神話を自ら出版したが、税金の無駄遣い、などという意見もあったそう。

カピオラニ王妃

慈悲の心にあふれた母のように穏やかな人

カラカウア大王の妻。モットーは「Kulia I Ka Nu'u（最善を尽くす）」。ハワイの女性のためにカピオラニ産院を建設し、ハンセン病患者のために寄付金を集めるなど福祉に貢献した。56歳で夫を亡くし、ワイキキの別荘で64年の生涯を閉じた。

兄妹

歴史深いアメリカで唯一の宮殿
イオラニ宮殿
Iolani Palace

カラカウア大王の命により建設。住居として使用され、クーデター後は政府の公邸に。1882年の竣工当時から、電気設備を備えた。

🏠 364 S.King St.
☎ 808-522-0832
🕐 9:00～16:00（完全予約制）
休 日・月曜 💲 $26.95～（日本語ツアー水・木曜15:30～$32.95）
🚗 サウス・キング通り沿い
www.iolanipalace.org
ダウンタウン ▶ MAP 別P.4 C-1

❹ リリウオカラニ女王（8代）

姫

音楽を愛した最後の王

王政復古主義を掲げた第8代女王。クーデターにあい、王政が廃止されてしまう。反乱の首謀者として逮捕され、イオラニ宮殿に幽閉。女王廃位後も人々の敬愛を受け、今でも広く愛される「アロハ・オエ」を作詞・作曲したことでも知られる。

カイウラニ王女

王朝の終焉を見た姫

ハワイ王朝最後の王位継承者。スコットランド人の父を持つ。カラカウア王の命で1889年からイギリスに留学。王朝の崩壊を知って渡米し、クーデターの不当性を訴えた。1897年に帰国しハワイ併合後の1899年、23歳の若さで死亡した。

悲劇の女王が余生を過ごした家
ワシントン・プレイス
Washington Place

リリウオカラニ女王の邸宅。彼女の死後、2002年まで知事公舎として使用された。現在は博物館になっており、彼女が愛用したピアノやギターを見られる。

🏠 320 S.Beretania St. ☎ 808-586-0248
🕐 木曜 10:00～（完全予約制） 💲 無料
🚗 サウス・ベレタニア通り沿い
ダウンタウン ▶ MAP 別P.8 B-2

館内には歴史的展示物が並ぶ
シェラトン・プリンセス・カイウラニ
Sheraton Princess Kaiulani

ワイキキにあるリゾートホテル。カイウラニ王女が幼少期を過ごした地に建設されたため、彼女の名が付いた。ロビーには肖像画がたくさん飾られており、ハワイ王朝時代を偲ばせる。
>>>P.194

ハワイをもっと知りたいなら

博物館&美術館が一番!

ハワイの文化や歴史を知りたいならミュージアムがおすすめ。
施設そのものが魅力的で、一日中楽しめる。新たなハワイを発見しよう。

Let's learn
Hawaiian culture!

総大な資料が並べられた
ハワイアンホール

ハワイの文化・歴史

太平洋地域の自然や文化を学ぶ

ビショップ・ミュージアム
Bishop Museum

ハワイ&ポリネシアの歴史をたどる文献、工芸品など2500万点以上のコレクションを所蔵するハワイ最大の博物館。太平洋地域に関する世界一の研究機関とされている。フラレッスンやレイメイキングなどの体験プログラムも開催している。

🏠 1525 Bernice St.
☎ 808-847-8291 (日本語)
🕘 9:00～17:00　🅿 無休
💲 $26.95 (土・日曜・祝日 $28.95)
🚗 バニース通り沿い
www.bishopmuseum.org

カリヒ ▶MAP 別P.4 A-2

【館内の見どころ】

王朝時代の歴史が学べる本館1階のカヒリルーム

博物館オリジナル
マグネット

$6.99～

お土産もCHECK!

$6.99～

ミュージアムのロゴ入りマグカップ

ハワイの自然を学べるサイエンス・アドベンチャー・センター

ポリネシア人の航海術も学べるプラネタリウム (別料金)

キャッスルビルディング
ビショップホール
パキホール
本館
ハレ・ヴァア
ハレキニ
アサートンハラウ
プラネタリウム
カフェ・バイ・ハイウェイン
ギフトショップ・チケット売場
正面入口
駐車場
サイエンス・アドベンチャー・センター

🚩 こんなプログラムもあり!

ラ・クレア (フラレッスン)

内容:館内日本語ツアー、フラレッスン、レイメイキング。初心者でも可
🕘 隔週木曜9:15～ (要予約)
💲 $95 (入館料込み)

東洋・西洋・ハワイアンアート

世界の名画が間近で見られる

世界の美術品をじっくり鑑賞

ホノルル美術館
Honolulu Museum of Art

ゴッホやピカソをはじめ、アメリカやヨーロッパ、アジアから収集した美術品を展示。

🏠 900 S. Beretania St.
☎ 808-532-8700
🕐 10:00～18:00
（金・土曜～21:00）
㊡ 月～水曜　$ $20
🚇 サウス・ベレタニア通り沿い
www.honolulumuseum.org

ダウンタウン ▶ MAP 別 P.9 D-1

ハワイ独特の建築。館内の庭園も必見

19世紀の貴重なアート展示が並ぶハワイアート

印象派コレクションのコーナーでは、モネやゴッホなども

イスラム風邸宅

理想郷の名を持つ別荘

シャングリラ
Shangri La Museum

ハワイに恋した大富豪、ドリス・デュークの邸宅。3500点以上のイスラムアートを展示。

🏠 900 S. Beretania St.
☎ 808-532-3853
🕐 9:00～、11:00～、13:00～、15:00～（完全予約制）
㊡ 日～水曜　$ $25
🚇 ホノルル美術館からのツアーのみ
shangrilahawaii.org

繊細で美しいイスラムアート

Doris Duke Foundation for Islamic Art, Honolulu, Hawai'i,

緑陰が広がるプレイハウス

ハワイの過去～今がわかる

ハワイ州立美術館
Hawaii State Art Museum

ハワイ在住アーティストの作品がメイン。絵画、写真、陶磁器などジャンルは多彩。

🏠 250 S.Hotel St.
☎ 808-586-0900
🕐 10:00～16:00
㊡ 日曜
$ 無料
🚇 ワイキキトロリー・レッドラインでハワイ州政府庁前下車
hisam.hawaii.gov

チャイナタウン ▶ MAP 別 P.4 C-1

3つの部屋で構成され企画展も開催

東洋・ハワイアンアート

建物はアメリカの国家歴史登録財

"マナ"(神秘の力)をもらいに

ヒーリングスポットを訪ねる

世界有数のヒーリングスポットが点在するハワイ。
古くから祭事が行われてきた聖域など、神秘のエネルギー「マナ」が宿るスポットを訪ねて、
心も身体もリフレッシュしよう！ 神話も知っていれば、効果も倍増するはず！

Fantastic View!

癒し

エメラルドに輝く幻の絶景
アフ オ ラカ（カネオヘサンドバー）
Ahu o Laka (Kaneohe Sandbar)

カネオヘ湾に出現する、砕けた珊瑚
の白砂でできた遠浅の海。フラの女
神ラカが火の女神ペレにフラを捧げ
た聖地。カネオヘサンドバーの端は
水深が急に深くなるため、まるで海に
浮かんでいるような感覚が味わえる。

⊗ ヘエイア・ケア・ボート・ハーバー
から出航
`カネオヘ` ▶MAP 別P.3 D-2

安産祈願

オアフ島中央の王族生誕の地
クカニロコ・バースストーン
Kukaniloko Birthstones

オアフ島中央にある、王族の女性たち
が出産に使用したパワースポット。新
たな生命にパワーを授ける場所とさ
れる。閉門している場合もある。

⊗ ワイキキから車で約40分。H-1〜
H-2と走り、EXIT8で降りてカメハメハ・
ハイウェイへ。ウィットモア通り付近
`ワヒアワ` ▶MAP 別P.2 C-2

生命力UP

火の神ペレのパワーが宿る場所
ペレの椅子
Pele's Chair

マカプウ岬の岸上にある巨大な溶岩。
火の女神ペレが旅の途中で腰掛けた
椅子だといわれている。新しく物事を
始める際にパワーをもらえる場所。

⊗ ワイキキから車で約30分。カラニ
アナオレ・ハイウェイ沿い。マカプウ
灯台の駐車場からさらに徒歩20分
`ハワイ・カイ` ▶MAP 別P.7 F-1

治療

古代ハワイのヒーリング寺院
ケアイヴァ・ヘイアウ
Keaiwa Heiau

かつて、メディカルカフナと呼ばれる
祈祷師が病人の治療をしていた場所。
薬草作りを伝える訓練所の役割もあっ
た。州立公園の中にある。

⊗ ワイキキから車で約30分。H1でパー
ルシティ方向へ。13Aで降りてアイエ
ア・ハイツ通りで右折した州立公園内
`アイエア` ▶MAP 別P.3 D-3

PLAY

ビーチ

自然

スポーツ

マーケット

テーマパーク

歴史＆カルチャー

ナイト

🏴 このツアーを体験！

キャプテン・ブルース
天国の海®ツアー
Captain Bruce

日本人ガイドがエメラルドグリーンの海を案内してくれる。シュノーケリングなどの体験や船上からウミガメを観察するタートルウォッチングも付く。

☎ 808-922-2343
🕐 オフィス 8:00〜16:30（日曜9:00〜）
🈳 無休
🚗 ワイキキから送迎あり
💲 大人$139〜、
　子ども（2〜12歳）$129〜
www.tengokunoumi.com

`カネオヘ` ▶MAP 別 P.3 D-2

私がしっかりナビします！

Let's Go カネオヘサンドバー

STEP 1 ボート・ハーバーからいざ出航！

カネオヘからボートで出航。青い海と広大なコオラウ山脈を楽しみつつクルーズ。

STEP 2 間もなく到着！ボートから降りる

乗船時間15〜20分でカネオヘサンドバーに到着。ボートを停めたら、梯子で降りる。

STEP 3 まさにそこは天国！海の生き物を発見

透明度の高さに感激するはず。運がよければ、間近でウミガメを見られることも。

STEP 4 希望者はその後シュノーケリングへ

ジャケットとシュノーケルマスクを装着してシュノーケリングへレッツ・ゴー。

STEP 5 船上でいただくランチはひとしお

ランチは船上で。提供されるのはドリンクのみなので、サンドイッチなどを持ち込んで。

STEP 6 フリータイムで遊び尽くす！

フリータイムでギリギリまで美しい海を堪能！　インスタ映えショットを狙おう！

癒し

治癒力の集まる癒しスポット
魔法石
Wizard Stones of Waikiki

ワイキキ交番のすぐ横にある、柵で覆われた4つの石。治療力と癒しの力が宿る魔法の石とされており、柵にはたくさんのレイが供えられている。

📍 ハイアット リージェンシー ワイキキ ビーチ リゾート＆スパ向かい
`ワイキキ` ▶MAP 別 P.13 D-2

癒し

病を和らげるとされる癒しの海
カヴェヘヴェヘ
Kawehewehe

病気や痛みを和らげる治癒能力を持つといわれている海。ハレクラニ前の海底から淡水が湧き出るエリアを指す。水はひんやりと冷たい。

📍 ハレクラニとアウトリガー・リーフ・ワイキキ・ビーチ・リゾートの間
`ワイキキ` ▶MAP 別 P.12 B-3

癒し

古来より気の流れがいいとされる岬
ライエ・ポイント
Laie Point

岬の先端から望む穴の開いた岩は、悪さをした大トカゲが成敗され、切り裂かれた尻尾の部分という伝説がある。今では海の守り神ともいわれている。

📍 ワイキキから車で約70分。H-1〜リケリケ・ハイウェイを走り、カネオヘへの街を抜けカメハメハ・ハイウェイへ
`ライエ` ▶MAP 別 P.3 D-1

🌺 パワースポットに行く時は、神々への畏敬を忘れるべからず。石や植物に触れたり持ち出すのはNG。

踊る＆作る＆奏でる♪のアロハな時間
ハワイアン・カルチャーを体験

日本でも人気の高いハワイアン・カルチャーを、本場ハワイで学ぼう。
無料＆予約不要でOKなものもたくさん！　手や身体を動かして文化に触れてみよう。

Hula フラ

意思の伝達手段として使用されてきたフラ。ハワイアンミュージックにあわせてゆったりと踊る。基礎から学んでロコガール気分に。

ポーズの意味を学びましょう

🚩 ここで体験！

ロイヤル・ハワイアン・センター
Royal Hawaiian Center
無料

開放的な中庭で開催される。有名なフラの先生が、1時間しっかり基礎から指導してくれる。
>>>P.62

ビショップ・ミュージアム
Bishop Museum

館内ツアーなどとセットになったお得なレッスン。現代フラか古典フラレッスンが選べる。
>>>P.48

愛　両手を広げたあと、左手を下にして胸の前でクロスする

花　手のひらを上に向けてすぼめ、花のつぼみをイメージする

海　ひじを曲げて力を抜き、やわらかく手のひらで波を描く

無料で楽しめるフラショーも必見！

ハワイアン・エンターテイメントショー（ほか）
Hawaiian Entertainment

火・水・金・土曜の夕方に開催されるプロによる本格ショー。買い物帰りに立ち寄ってみて。

火・水・金・土 17:30〜

ロイヤル・ハワイアン・センター
>>>P.62

クヒオ・ビーチ・フラ・ショー
Kuhio Beach Hula Show

野外ステージでトーチを灯して行う、フラ学校の生徒によるショー。

火・土 18:30〜

🏠デューク・カハナモク像近くの野外ステージ　☎808-843-8002
🕐18:30〜19:30（冬季は18:00〜19:00）　㊡悪天候時
ワイキキ ▶MAP 別P.13 E-2

Lei レイ

お守りや魔除けとして誕生したレイ。近年は愛情表現として、子どもの卒業式や誕生日の贈り物にも使われる。花のほか、リボンや貝殻、海草でできたレイも。

🚩 ここで体験！

ロイヤル・ハワイアン・センター
Royal Hawaiian Center
無料

大人気のレイ作りは、1時間の無料レッスンでお得。クイメソッド（長さ25cm）の針を使って季節の生花に糸を通していく。10歳以上先着24名まで。
>>>P.62

ホク・クラフト
HOKU CRAFT

好きな色で作れるリボンレイ

リボンや毛糸を縫う・編むなどして作るリボンレイが制作できる。レイのほか、携帯ストラップなども作れる。

🏠307 Lewers St. #802
☎808-520-1111
🕐10:00〜17:00（最終レッスン受付16:00）　㊡土・日曜　$15〜
www.hokucraft.com（要予約）
ワイキキ ▶MAP 別P.12 B-1

Ukulele
ウクレレ

ポルトガルのブラギーニャという楽器が起源。ハワイアンミュージックに使用され、やわらかく明るい音色が特徴。

持ち方から丁寧に教えますよ！

🚩 ここで体験！

ハーブ・オオタ・ジュニア・ウクレレ・レッスン
Herb Ohta Jr. Ukulele Lesson

プロのウクレレ奏者ハーブ・オオタ・ジュニア先生によるレッスン。オンラインで行っている。
Ⓢ 30分 $65
www.herbohtajr.com
✉info@herbohtajr.com（要予約）

ウクレレぷあぷあ
Ukulele Puapua 【無料】

毎日16時から5名限定で無料レッスンを行っている。1回で1曲弾けるようになる。
🏠 シェラトン・ワイキキ内
☎ 808-923-9977
Ⓗ 11:00〜19:00 Ⓗ 無休
GCEA.com（要予約）
【ワイキキ】 ▶MAP 別 P.12 B-2

Hawaiian Quilt
ハワイアンキルト

ハワイ独自のパッチワークキルト。左右対称のパターンを基本としていて、花やパイナップル、海の生物など自然をモチーフにしたデザインはどれも鮮やか。

🚩 ここで体験！

メア・アロハ
Mea Aloha 【無料】

ホテルのロビーで出張レッスンを行う。本格的なハワイアンキルト作りのほか、リボンレイ作りも教えている。日本では入手困難な材料も格安で販売。要事前予約。問い合わせや予約はメールで（日本語可）。
✉meaaloha0@yahoo.co.jp
instagram.com/
ribbonlei_meaaloha

ハワイを代表する植物のジンジャーがモチーフ。葉の形がユニーク

Lauhala Weaving
ラウハラ編み

ハワイ語でラウは葉、ハラはハワイ固有の木の名前。ハラの葉を乾燥させて編んだマットは古くから王族の寝具などに使われていた。雌木にはパイナップルに似た実がなる。

🚩 ここで体験！

ロイヤル・ハワイアン・センター
Royal Hawaiian Center 【無料】

やわらかいのに強く耐久性に優れたラウハラは、うちわやバスケット、サンダルなどに加工されている。レッスンでは無染色と染色されたラウハラを使って編み上げ、ブレスレットに仕上げる。10歳以上先着24名まで。>>>P.62

ラウハラ編みは枯れて落ちた葉を使うのが一般的。格子編みや三つ編みなどの編み方がある

ROYAL HAWAIIAN CENTER 🚩

ロイヤル・ハワイアン・センターは無料イベントの宝庫！

イベントのメニューは曜日によって異なる。ショーはロイヤルグローブ、カルチャー体験は館内各所で開催されるので公式HPでチェックして。>>>P.62

MON
11:00〜12:00 ウクレレ・レッスン

TUE
11:00〜12:00 フラ・レッスン
17:30〜18:30 ハワイアン・エンターテインメント

WED
11:00〜12:00 ラウハラ編みレッスン
17:30〜18:30 ハワイアン・エンターテインメント

THU
12:00〜13:00 ケイキフラ・レッスン

FRI
12:00〜13:00 レイメイキング・クラス
17:30〜18:30 マルヌイ・プロダクションズ

SAT
17:30〜18:30 フラ・カヒコ

♪ PLAY
ビーチ
自然
スポーツ
マーケット
テーマパーク
歴史＆カルチャー
ナイト

夜景に花火、伝統のショー,etc.…

スペシャルな夜にうっとり♪

A

Hula Show

🌙 EVERY NIGHT 17:30〜

Waikiki's night view

華やかなポリネシアン・ショーを鑑賞

Luau Show

🌙 SUN-THU 17:00〜

フラ界の巨匠が出演することも

A

海を背景に優美なフラを鑑賞

ハウス ウィズアウト ア キー

House Without A Key

華麗なハワイアンショーが楽しめる、オーシャンフロントのレストラン。料理、カクテル共にバラエティ豊か。

- 🏠 ハレクラニ1階
- ☎ 808-923-2311
- 🕐 7:00〜10:30、11:30〜20:30
- 🈺 無休

ワイキキ ▶MAP 別P.12 B-2

B

ハワイ一美しい百万ドルの夜景

タンタラスの丘

Tantalus

オアフ島の南東部180度の大パノラマを満喫できる美しい夜景スポット。展望台までは道が狭くわかりづらく、治安もよくないので、ツアーに参加するかタクシーを利用しよう。

- 🏠 ワイキキからプナホウ通りを進み、ワイルダー通りへ。マキキ通りを経由し、ラウンド・トップ・ドライブに入り道なりに進む

タンタラス ▶MAP 別P.4 C-2

C

星空の下で伝統的な宴を堪能

ワイキキ・スターライト・ルアウ

Waikiki Starlight Luau

ハワイやサモア、タヒチの伝統的なダンスショーと、フリフリチキンなどハワイ伝統料理がビュッフェ形式で楽しめる。

- 🏠 ヒルトン・ハワイアン・ビレッジ・ワイキキ・ビーチ・リゾート内
- ☎ 808-941-5828 🕐 17:00〜20:00
- 🈺 金・土曜 💲 $170〜
- hiltonhawaiianvillage.jp

ワイキキ ▶MAP 別P.10 B-3

ビーチや街で存分に遊んだらゆったりロマンチックな夜を過ごそう。
海上からサンセットを眺めるクルーズは、特に人気が高い。
ハワイアンショーや花火鑑賞もハワイを満喫するのにピッタリ。
ハワイのスペシャルな夜を楽しもう。

ほかにはこんな過ごし方も！

★ オン・ザ・ビーチ・バーでカクテルを嗜む >>>P.144
★ ハワイアンミュージックでディナー >>>P.142

Night View
🌙★ EVERY NIGHT 17:30〜

ダウンタウンや太平洋まで一望できる

Tribute Show
🌙★ SAT-THU 20:00〜（Show Time）

Dancing!

見た目もマイケル・ジャクソンそのもの

Night Cruising
🌙★ EVERY NIGHT 17:30〜

豪華客船に乗って優雅なクルージング

大輪の花火が約5分間で打ち上がる

Fireworks
🌙★ FRI 19:45〜

D
赤く染まる海と街を目に焼きつけて
スター オブ ホノルル
Star of Honolulu

サンセットを眺めながらディナーを楽しめる人気のクルーズ。ポリネシアンショーなどイベントも充実。ロブスターやステーキ付きの豪華なプランから、お手軽なカジュアルプランまで選べる。

☎ 808-983-7879（日本語対応）
⏰ 8:00〜18:00（予約受付）
㊡ 無休
www.starofhonolulu.com/jp
`ダウンタウン` ▶MAP 別P.8 A-2

E
ワイキキ最大のハワイアンショー
ロック・ア・フラ®
Rock-A-Hula®

ハワイアンとロックンロールが融合した新しいエンターテインメントショー。マイケル・ジャクソンやエルビス・プレスリー似のパフォーマンスや、手に汗握るファイヤーナイフダンスに注目！

🏠 ロイヤル・ハワイアン・センターB館4階
☎ 808-629-7458 ㊡ 金曜 ⑤ $76〜
コースにより異なる
www.rockahulahawaii.com/jp
`ワイキキ` ▶MAP 別P.19

F
夜空に咲く大輪の花火に感激
ヒルトン・フライデー・花火ショー
Hilton Friday Fireworks

毎週金曜の夜にヒルトンの目の前のビーチから打ち上げられる花火ショー。ダイナミックな花火がワイキキの夜空を彩る至福のひと時をぜひ。

🏠 ヒルトン・ハワイアン・ビレッジ・ワイキキ・ビーチ・リゾート
⏰ 毎週金曜 19:00〜
hiltonhawaiianvillage.jp
`ワイキキ` ▶MAP 別P.10 B-3

🔭 「ロック・ア・フラ」や「スターオブホノルル」のオプショナルツアーを用意する旅行会社も多い。

PLAY

ビーチ

自然

スポーツ

マーケット

テーマパーク

歴史＆カルチャー

ナイト

ハレときどきタビ

かがやく太陽！まぶしい彼女！の巻

SHOPPING

🛒 HOW TO SHOPPING

ハワイの「買う」事件簿

ハワイはまさに買い物天国。でも、ショッピングにも、知らなきゃソンの落とし穴がある!? 買ったあとで後悔、なんてことがないようにハワイの買い物事情を勉強しておこう。

✏️ 事件ファイル1

前のお客さんが何か提示してる！
私も何か出さなきゃいけないの!?

解決！ 提示するだけで割引になるカードやクーポンあり！

フリーペーパーや店発行の割引券など、提示するだけで商品が割引になるお店がワイキキには多数ある。賢く活用しよう。

こんなところに割引特典があり

1 現地のフリーペーパー
空港や街角のラックに置かれているフリーペーパーは、割引やギフト贈呈のあるクーポンがついている。

2 割引カード
パスポートやホテルのキー、クレジットカードなどの提示で、旅行者限定の割引があるお店も。

3 ネットクーポン
無料クーポンサイトも必見。クーポンページやクーポン掲載画面を提示すると割引になる場合も。日本で事前にサイトを確認しておきたい。

SALE ハワイのセール期間

ハワイのセール期間は大きく分けて夏と冬の年2回！ 加えて、不定期に実施することもあるので要チェック。	1月1日	アラモアナセンターをはじめ、ワイキキ周辺のショッピングモールで福袋を販売する。	ブラック・フライデー	11月第4木曜の感謝祭の翌日に行われる年一番のセール。この日は0時開店の店も！
	独立記念日	主に独立記念日の7月4日から8月上旬あたりにかけて行われる、夏のセールの代表。	アフター・クリスマス	年末の売りつくしセール。値引率も高く、クリスマス用品の余りなど掘り出し物が多い。

🛍️ ショッピングは現金よりカード

国境を越えても一枚で支払いできる魔法のカード。今や、海外旅行にカード（クレジット、デビット、トラベルプリペイド）は必須アイテム。しかも、カード支払いの方がお得な場合も。カードを活用してハワイを快適に楽しもう。

💳 カードのメリット

◎現金よりスピーディでスマート
慣れない現金に苦戦するより、カード1枚の会計が断然スマート。ハワイはカード社会なので、ペットボトル1本でもカード払いOK。

◎カードなら優待も
カードで支払うだけでプレゼントがもらえたり、提示するとクーポンブックがもらえたり。出発前に、カード会社のHPをチェックしよう。

◎現金よりカードがお得！
決済額に応じてポイントがついてくるクレジットカードなら、たまったポイントを商品やサービスに変えられるので、実質お得！

知っているとお得なカード Info

JCBカード
ワイキキトロリーが乗車無料！
JCBカードの掲示でピンクラインが無料で乗車できる。本人と家族大人1名、子ども2名(11歳以下)まで同伴可能

エポスカード
海外旅行傷害保険が自動付帯！
旅行中、万が一病院へ行った場合の治療費、入院費などに支出した金額に対して保険が補償される

楽天カード
同伴者のラウンジ利用も無料！
ドリンクの提供やフリーWi-Fi、ベビーカーの貸出しなどが、インターナショナル マーケットプレイス1階とアラモアナセンター エヴァウィング3階にある専用ラウンジで受けられる

まだある！

@カードの支払いはドル払いを選択！
買い物の会計時、クレジットカード決済で「円払い」か「ドル払い」かを聞かれたときは、手数料のお得なドル払いを選ぼう

@チップや割り勘の支払いもできる！
レシートにチップの金額記入をすればカードで支払える。また、Spilt the bill please？と人数分のカードを店員に渡せば割り勘も可能

🖊 事件ファイル2

小柄な友人にTシャツをプレゼント。
でもお店にあるSサイズが大きすぎ！

洋服のお直しがしたいときは…

お店によるが、無料で裾上げしてくれる場合もあるので聞いてみよう。また、有料だがクリーニング店でも可能。現地ですぐに着たい人は活用を！

解決！ アメリカサイズには注意！ 2サイズ下を目安に！

日本とアメリカでは、同一のサイズでもメーカーによってはバラつきがあるので注意。また、サイズ表記自体が異なる場合も多い。下の表を参考にジャストサイズを把握しておこう。

サイズ早見表をCHECK

👕 レディス服（トップス）size

日本	5	7	9	11	13	15	17
ハワイ	2	4	6	8	10	12	14

👠 レディス靴 size

日本	22	22.5	23	23.5	24	24.5	25
ハワイ	5	5.5	6	6.5	7	7.5	8

👔 メンズ服（シャツ）size

日本	36	37	38	39	40	41	42
ハワイ	14	14.5	15	15.5	16	16.5	17

👞 メンズ靴 size

日本	24	24.5	25	25.5	26	26.5	27
ハワイ	6	6.5	7	7.5	8	8.5	9

💍 指輪 size

日本	7	8	9	10	11	12	13
ハワイ	4	4.5	5	5.5	6	6.5	7

🖊 事件ファイル3

買った商品に汚れやほつれを発見。
できれば返品したい・・・！

解決！ ほとんどの店で返品は可能 不良品でなくてもOK

アメリカは返品がしやすい国であり、購入後90日以内であれば多くのお店で受けつけてくれる。迷ったら取りあえず購入して不要なら返品、という手も。レシートは必ず保管を！

プライス・アジャストメント制度もあり

「プライス・アジャストメント」とは、購入した品が後日、セールなどでさらに安く売られていた場合、その差額が返金される、消費者に優しい制度。大手デパートや人気ブランドではレシート裏面にこの制度の記載がある場合も多い。

ショッピングのマナーを守ろう

◎ **ブランド品に勝手に触れるのはNG**

高級品を扱うブランド店では、お店の商品を勝手に触るのはマナー違反。必ず店員に許可をもらってから手に取って。

◎ **お店に入ったら挨拶を忘れずに**

アメリカに限らず海外では、お店に入ったら「Hello！」「Hi！」など笑顔で挨拶するのがマナー。恥ずかしがらず元気よく挨拶しよう。

⚠ **CAUTION**
購入時に確認！

□ おつりはレシート額と同様か
□ 商品に目立つシミや汚れはないか
□ 飛行機の持ち込み制限を守れているか

HAWAII CASE FILES

いまSHOPPINGで一番話題なしたいこと!

"ハワイでしか買えない"を狙う

ほかでは買えないハワイ限定アイテムは自分用はもちろん、
お土産に買って帰れば喜ばれること間違いなし！ 最旬ハワイを持ち帰ろう！

\ALOHA/

$35

$5

$4〜

$5.50〜

ヴィンテージタッチ
のイラストがとっても
キュート！

© 2023 Peanuts Worldwide LLC

ハレイワ内で移店！最旬スポット
スヌーピーズ・サーフ・ショップ
Snoopy's Surf Shop

ほぼすべての商品がここでしか買えない限定
デザイン。お土産探しにぜひ！ >>>P.170

ハワイに上陸！ バケーションテイストキャラ

北欧のキャラがハワイへ上陸
ムーミン・ショップ・ハワイ
Moomin Shop Hawaii

ハワイでくつろぐキャラクターたちが
可愛いらしいと評判の公式ショップ。

🏠 アラモアナセンター3階B
☎ 808-945-9707
🕚 11:00〜19:00(日曜〜18:00)
㊡ 無休

アラモアナ ▶MAP 別 P.16

$15

ME KE ALOHA

$14

$20〜

MAHALO

iPhoneケースやタオ
ルなど実用的なグッ
ズが揃う

アメリカンデパートの限定グッズはコレ！

N.Y.発の高級デパート
ブルーミング デールズ
Bloomingdale's

デパートオリジ
ナルバッグのハ
ワイ限定デザイ
ン。サイズやス
タイルも豊富で
ポーチやバッグ
形キーリングも
ある。>>>P.85

各 $30〜

little hawaii bag

人気のトート形。
ビニール素材でビ
ーチバッグにもOK

オリジナル商品が勢揃い
エピキュア
Epicure

人気お菓子とコラボした商品や
オリジナルパッケージはここで
手に入れよう。

🏠 アラモアナセンター ニーマン・
マーカス2階(アラモアナセンター3階)
☎ 808-951-8887
🕚 11:00〜18:00(金・土曜〜19:00、
日曜12:00〜18:00)
㊡ 無休

アラモアナ ▶MAP 別 P.16

各 $6〜

ニーマン・マーカスのオリ
ジナルパンケーキミックス

各 $22〜

チョコでコーティングされ
たポテトチップスが人気

60

SHOPPING

ショッピングセンター
ファッション
ジュエリー
コスメ
アラモアナセンター
お土産
スーパー
アウトレット&スワップミート

Made in Hawaiiの
ロコアイテムをGET！

（右）ショウワタナベのグ
リーンルーム限定アート
（左）オアフ島在住のニック・
カッチャーの作品

お気に入りアートを自宅へ持ち帰ろう
グリーンルーム・ハレイワ
Green Room Haleiwa

ハワイの人気アーティスト作品を扱うギャラリー
ショップ。オリジナルのアパレルや雑貨も揃う。

🏠 ハレイワタウンセンター内
☎ 808-637-4618
🕐 11:00〜17:00
❌ 無休
ハレイワ ▶別 P.6B-3

ハワイメイドのホーム雑貨専門店
ソーハ・リビング
SoHa Living

ハワイをモチーフにおしゃれに
デザインされたインテリア雑貨
や食品を扱う。囲まれているだ
けでリゾート気分にひたれそう。
>>>P.97

各$9.80

リヒンムイ、マンゴー、コ
コナッツなどハワイフレー
バーのタフィーキャンディ

心ときめくペーパーアイテム
サウス・ショア・
ペーパリー
South Shore Paperie

上質な紙で作られたノートやカー
ドなどの文房具を販売する直営
店。じっくりお気に入りを探そう。

🏠 1016 Kapahulu Ave.
☎ 808-466-5881
🕐 9:00〜17:00
❌ 日〜月曜 🚗 カパフル通り沿い
カパフル ▶MAP 別 P.11 E-1

$12

$4

①箔押しカード6枚セット
②トロピカル柄ミニノート

$138

JANA LAM

ハワイらしさあふれるデザイン
ジャナ・ラム
Jana Lam Hawaii

ハワイ出身のデザイナーによるファブリッ
クバッグのブランド。プリント、裁断、縫製
まですべてハンドメイド。>>>P.96

（上）デザイナーの
ジャナ・ラムさん
（下）マチもあって
使いやすいクロス
ボディバッグ

まずは何でも揃うここに行く！

大型ショッピングセンターへ

SHOP 1 ワイキキのショッピングの中心といえばココ！ ロイヤル・ハワイアン・センター

Royal Hawaiian Center

道路側から見て、右側から順にA・B・C館の3棟で構成されているワイキキ最大のショッピングセンター。カラカウア通りに面する好立地で、110以上のショップ＆レストランが並ぶ。フラやフラワー・レイの無料レッスンやエンターテインメントショーも充実。

🏠 2201 Kalakaua Ave.
☎ 808-922-2299
🕙 10:00〜22:00（店舗により異なる）
🈺 無休
🚶 カラカウア通り沿い
jp.royalhawaiiancenter.com
ワイキキ ▶MAP 別P.12 B-2

Wi-Fi Wi-Fiスポット

全館1〜3階で1日2時間まで無料でWi-Fiが利用できる。ブラウザを開き利用規約に合意するだけでOK。

Let's go shopping

A館 ハワイメイドの逸品をゲット

ローカルメイドの良質ギフトが揃う
ハウス・オブ・マナ・アップ
House of Mana Up

ローカルデザイナーやアーティスト、ハワイの起業家の製品のみを集めたセレクトショップ。食品、ファッション、ホーム、ビューティ、アートなど取り扱う製品は多岐にわたっている。

🏠 ロイヤル・ハワイアン・センターA館1階
☎ 808-425-4028 🕙 10:00〜21:00 🈺 無休
ワイキキ ▶MAP 別P.18

$20

各$8〜

①レインボーカラーのマステ6色セット ②コットンと蜜蝋で作られた食品ラップ ③ハワイ島産コーヒーシングルサーブ

①
②

③

各$4〜

$1250 $時価

好きな文字を彫れるゴールドのリング

花・葉・波模様の可憐なバングル

セレブ御用達ハワイアンジュエリー
ラキ・ハワイアン・デザイン
Laki Hawaiian Design

ロコにも人気のハワイアンジュエリーが揃う。ハワイで唯一、L.A.ブランドの「キングベイビー」も扱う。

🏠 ロイヤル・ハワイアン・センターA館3階
☎ 808-923-2201
🕙 11:00〜21:00 🈺 無休
ワイキキ ▶MAP 別P.19

SHOPPING

ショッピングセンター

ファッション

ジュエリー

コスメ

アラモアナセンター

お土産

スーパー

アウトレット&スワップミート

ロコブランドから最先端ファッションまでハワイで人気のアイテムが一堂に揃う大型ショッピングセンター。事前に注目ショップをチェックして効率よく買い物天国をエンジョイしよう！

RHC MAP

B館 高感度なショップをクルーズ

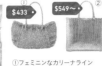

$433 ①
$549〜 ②

①フェミニンなカリーナライン
②人気のイントレッチオライン

手作りワイヤーバッグが大人気
アンテプリマ・ワイヤーバッグ
Anteprima Wirebag

輝くワイヤーを編み込んだバッグはすべて職人の手作り。日本未発売や限定アイテムに注目！

🏠 ロイヤル・ハワイアン・センターB館1階
☎ 808-924-0808 🕙 11:00〜21:00 🈂 無休
ワイキキ ▶MAP 別P.18

各$14.85〜

ビーガン＆グルテンフリーのマフィンミックス

お土産の大本命セレクトショップ
ディーン＆デルーカ
DEAN & DELUCA

DEAN & DELUCA HAWAII
$36 ①

大人気のトートバッグのほか、センスのいいハワイグルメが充実。こだわり派へのお土産選びに最適。

🏠 ロイヤル・ハワイアン・センターB館1階
☎ 808-492-1015 🕙 7:00〜21:00 🈂 無休
ワイキキ ▶MAP 別P.18

①大人気のハワイ限定トート ②ロイヤル・ハワイアン・センター限定トート$29〜、クッキー10個入り$10〜、マグ$9〜

サスティナブルなライフスタイルストア
ブルームストリート・ジェネラルストア
Broome Street General Store

上質でミニマルな暮らしを実現するアイテムを扱う。雑貨、アパレル、コスメ、フードなどが並ぶ。

🏠 ロイヤル・ハワイアン・センターB館1階
🕙 11:00〜21:00 🈂 無休
ワイキキ ▶MAP 別P.18

カジュアルなナイロンバッグ
レスポートサック
LeSportsac

$120

N.Y.発のバッグブランド。毎月新柄が追加され、ハワイ限定アイテムもたくさん揃う。

🏠 ロイヤル・ハワイアン・センターB館1階
☎ 808-971-2920
🕙 11:00〜21:00
🈂 無休
ワイキキ ▶MAP 別P.18

$39
ハワイでしかゲットできないトートバッグとポーチ

C館 おしゃれセレブ御用達店へ

ハワイ発のユーズドウエアショップ
ハーバーズ・ヴィンテージ
Harbors Vintage

$100
レアなヴィンテージTシャツ

70年代以降の、アパレルやシューズを扱う。SNSで話題で世界中にファンをもつ。

🏠 ロイヤル・ハワイアン・センターC館1階
🕙 11:00〜21:00(金・土曜〜22:00) 🈂 無休
ワイキキ ▶MAP 別P.18

世界が注目するN.Y.発ブランド
キス
KITH

メンズ、レディース、キッズのシューズ＆アパレルを展開している。コカコーラやBMWなど、企業とのコラボ商品も話題。

🏠 ロイヤル・ハワイアン・センターC館1・2階 🕙 11:00〜22:00
🈂 無休
ワイキキ ▶MAP 別P.18

ハワイ店オープン時にNIKEとの限定コラボを発売した

SHOP 2 **ワイキキのド真ん中！** # インターナショナル マーケットプレイス

100軒ほどのショップとレストランが入るモール。敷地中央にある樹齢160年超のバニヤンツリーがシンボルで、休憩スペースも多い。ハワイ初上陸ブランドなど、ここだけにしかない個性派ショップもある。

🏠 2330 Kalakaua Ave.
☎ 808-921-0536
🕙 10:00〜22:00　🈶 無休
🚃 カラカウア通り沿い
ja.shopinternationalmarketplace.
com
ワイキキ ▶MAP 別P.12 C-1

🛍 LEVEL1 最旬ショップ

$35
自然由来の素材なので敏感肌の人にもおすすめ

$15
防臭効果があるレディース＆メンズソックスも快適

究極の肌触りの衣類が並ぶ
カリロハ
Cariloha

自社で栽培した竹からできたバンブー・レーヨンを使った衣料品などが揃う。綿よりソフトで風通しがよい。

🏠 インターナショナル マーケットプレイス1階 ☎ 808-900-4046
🕙 10:00〜20:00　🈶 無休
ワイキキ ▶MAP 別P.21

1個$2200〜
24Kヴィンテージコインのペンダントヘッド

$5500
カイウラニ王女をモチーフにしたカフブレスレット

世界にひとつ！ハンドメイドの逸品
マノア・ラブ・デザイン
Manoa Love Design

ネーム入りのジュエリーが評判を呼んだブランド。細部までこだわったネックレスやブレスレットはギフトに最適。

🏠 インターナショナル マーケットプレイス1階 ☎ 808-462-8808
🕙 11:00〜19:00　🈶 無休
ワイキキ ▶MAP 別P.21

$280
甲の部分が広めで快適なフラットタイプのサンダル

$375
スカート部分は裏地付きなので透ける心配はなし

洗練されたタイムレスウエア
ヴィンス
Vince.

年齢や流行に左右されないスタイルで人気の西海岸発のブランド。カジュアルさと上品さを併せ持っている。

🏠 インターナショナル マーケットプレイス1階 ☎ 808-206-7174
🕙 11:00〜20:00　🈶 無休
ワイキキ ▶MAP 別P.21

SHOPPING

ショッピングセンター

ファッション

ジュエリー

コスメ

アラモアナセンター

お土産

スーパー

アウトレット&スワップミート

LEVEL2 ロコ溺愛ブランド

シンプルな最旬アイテムを
プライマル
PRML

ホノルル生まれのアパレルブランド。モノトーンやニュートラルなカラーで「ミニマリスト」を表現している。

$38

🏠 インターナショナル マーケット プレイス2階 ☎ 808-450-9472
🕐 11:00〜19:00 🈚 無休
ワイキキ ▶MAP 別P.21

インナーとして透け感のある素材に合わせたい

素敵デザインのスポーツウエア
ファブレティックス
Fabletics

女優ケイト・ハドソンが立ち上げたヨガウエアブランド。着心地のいい素材のアイテムはハワイ限定品も。

$54.95

🏠 インターナショナル マーケット プレイス2階 ☎ 808-582-1889
🕐 11:00〜20:00 🈚 無休
ワイキキ ▶MAP 別P.21

ヨガ＆ランニング兼用のパンツ。色のバリエも豊富

ローカルアーティストとコラボ
ココ・ネネ
Coco Nene

各$8

スワップミート（>>>P.105）から始まった店。オーナー作のアイテムのほか、ローカルアーティストとのコラボも。

🏠 インタナショナル マーケットプレイス2階 ☎ 808-739-7500
🕐 11:00〜21:00 🈚 無休
ワイキキ ▶MAP 別P.21

珍しい木製のラゲージタグ。旅行鞄の目印にぜひ

マウイ島発のサーフ・ブランド！
ホノルア・サーフ・カンパニー
Honolua Surf Co.

$26.95

水着やボードショーツなど、ビーチ映えするアイテムや、Tシャツ、アロハシャツなどのカジュアルタウンウエアを展開。

🏠 インターナショナル マーケットプレイス2階 ☎ 808-923-4146
🕐 10:00〜20:00 🈚 無休
ワイキキ ▶MAP 別P.21

レディースのボートネックタンクトップはハワイらしさ全開

&MORE イベントも要チェック

真珠貝をカットして彩色したアクセ

メイドインハワイが勢揃い！
マヒク・ファーマーズマーケット
Mahiku Farmers Market

バニヤンツリーを囲むようにお店が並ぶ。ウエアやアートのほかに、新鮮なカットフルーツやジュースもある。

🏠 インターナショナル マーケットプレイス1階
☎ 808-921-0536
🕐 木曜16:00〜20:00
ワイキキ ▶MAP 別P.21

華やかなダンスに魅了される

文化を学び、フードを楽しむルアウショー
クイーンズ・ワイキキ・ルアウ
Queens Waikiki Luau

伝統的なハワイアン・フードを味わい、フラやタヒチアンダンスなどが楽しめる。神聖な古典フラは圧巻！

🏠 インターナショナル マーケットプレイス1階 ☎ 808-291-3255
🕐 火・土・日曜17:00〜20:00
💰 $155〜
ワイキキ ▶MAP 別P.21

ワイキキの中心地にあるヤシの木は、ヤシの実の落下事故を防ぐため、実はすべて除去されている。

3

吹き抜けのアトリウムが南国気分 ## プアレイラニ・アトリウム・ショップス

 MUST ひとつは持っておきたいブランドのお店

ハイアット リージェンシーの中にあるモール。世界のブランドショップやお土産店など60店舗以上が揃う。モール中央の滝と熱帯植物が植えられたゾーンは、リゾートムード満点。

⌂ ハイアット リージェンシー ワイキキ ビーチ リゾート & スパ内1〜3階
☎ 808-923-1234
⊗ 店舗により異なる
㉔ 無休
www.pualeilaniatriumshops.com
ワイキキ ▶MAP 別P.13 D-2

赤のほか紺、茶など様々なカラーが揃う「DAKOTA」

シープスキンブーツはマスト
アグ・オーストラリア
UGG Australia

オーストラリア発シューズブランド。定番のムートンブーツのほか、バッグやウエアも。

⌂ プアレイラニ・アトリウム・ショップス1階
☎ 808-926-7573 ⊗ 9:00〜23:00 ㉔ 無休
ワイキキ ▶MAP 別P.13 D-2

$100

$120

ウエスタン調のデザインがクールな「RAYIN」

お気に入りが見つかるジュエリーショップ
アラメア
Alamea

ハワイの自然にインスパイアされたジュエリーが美しい。ハワイらしいデザインが光るアイテムはひとつ持っておきたい。

⌂ プアレイラニ・アトリウム・ショップス1階
☎ 808-926-2288 ⊗ 8:30〜22:30 ㉔ 無休
ワイキキ ▶MAP 別P.13 D-2

$380〜
②

$260〜
①

①シグネチャーラインのブレスレット ②3匹のイルカが可愛らしいネックレス

 & MORE 定番のおすすめショップ

限定やレアアイテムの宝庫
セレクト・バイ・ロイヤル・セレクション
Select by Royal Selection

アンティーク西洋陶磁器やドールハウス、キルトバッグなどのセレクトショップ。薬丸秀美さんプロデュースのアロヒラニジュエリーも扱う。

⌂ プアレイラニ・アトリウム・ショップス1階 ☎ 808-923-0009
⊗ 9:00〜22:00 ㉔ 無休
ワイキキ ▶MAP 別P.13 D-2

$45

ディズニーコラボのキルトバッグ

ロコデザイナーとのコラボ商品も揃う
アーバン・アウトフィッターズ
Urban Outfitters

都会的なセンスが光るN.Y.発のセレクトショップ。アパレルだけでなく、雑貨やコスメも充実。

⌂ プアレイラニ・アトリウム・ショップス1・2階 ☎ 808-922-7970
⊗ 9:00〜23:00 ㉔ 無休
ワイキキ ▶MAP 別P.13 D-2

$69

$64
②

①キムチブルーのワンピース ②リバーシブルバッグ

SHOP 4
SHOPPING
ショッピングセンター
ファッション
ジュエリー
コスメ
アラモアナセンター
お土産
スーパー
アウトレット＆スワップミート

ワイキキの中心街にどんと構える **ワイキキ・ショッピング・プラザ**

🛍 MUST　レアなコスメが充実のお店

Hawaiian Cosmetics

ワイキキの中心地に位置し、ファッションやコスメ、ユニークなお土産店などバラエティ豊かなショップとレストランが並ぶ。日系のトラベルラウンジやツアーデスクもあって便利。

🏠 2250 Kalakaua Ave.
☎ 808-923-1191
⊘ 店舗により異なる
㋺ 無休　🚶 カラカウア通り沿い
waikikishoppingplaza.com
`ワイキキ` ▶MAP 別 P.12 B-1

自然派ドクターズコスメが人気
ベルヴィーハワイ
Belle Vie Hawaii

ハワイの植物から生まれた「ハワイアン・ボタニカルス」が大好評。セレブ御用達コスメも。

🏠 ワイキキ・ショッピング・プラザ1階
☎ 808-926-7850　⊘ 10:00〜22:30　㋺ 無休
`ワイキキ` ▶MAP 別 P.12 B-1

$26〜

モロッカンオイルのモイスト・リペア・シャンプー 250ml。傷んだ髪を修復

ハワイアンな香りの肌に優しいクレンジングオイル

各$5〜

見た目もキュートな優秀コスメ
セフォラ
SEPHORA

セフォララインをはじめ、「ナーズ」や日本未発売の「スティラ」などのコスメがずらり。

🏠 ワイキキ・ショッピング・プラザ1階
☎ 808-923-3301　⊘ 10:00〜23:00　㋺ 無休
`ワイキキ` ▶MAP 別 P.12 B-1

$33
$5.50
②
③
$22
①

①「ミルクメイクアップ」のリップ兼チーク ②マスク ③「アーバン・ディ・ケイ」のアイカラー

🛍 & MORE　コスメ以外のおすすめショップ

セクシーランジェリーを安価に
ヴィクトリアズ・シークレット
Victoria's Secret

キュート＆セクシーなアメリカン・ランジェリーブランド。水着やコスメ、フレグランスも揃う。

🏠 ワイキキ・ショッピング・プラザ1階
☎ 808-922-6565
⊘ 10:00〜23:00　㋺ 無休
`ワイキキ` ▶MAP 別 P.12 B-1

①清楚な雰囲気の水色のブラ
②小悪魔風なキャミソール

②
①
$45
$72

ロコブランドを手に入れよう
ハイライフ
HiLife Store

デザイナーのカイル・シマブクロ氏が手掛けるアパレルブランド。ハワイの島々を枝葉に見立てたロゴが目印。

🏠 ワイキキ・ショッピング・プラザ1階　☎ 808-922-1173
⊘ 11:00〜20:00　㋺ 無休
`ワイキキ` ▶MAP 別 P.12 B-1

①パインイラストのタンクトップ ②ロゴTシャツ

HiLife

$38
$29

🌺 プアレイラニ・アトリウム・ショップではフラやハワイアンミュージックなどのイベントを行っている。

67

SHOP 5

ビーチ帰りにそのままGO！ ## ワイキキ・ビーチ・ウォーク

ヤシの木が並ぶルワーズ通りに沿ってショップとレストランが並ぶリゾート感満点のショッピングモール。雑貨やジュエリーなどのローカルショップが多い。月曜の夕方からはファーマーズマーケットを開催（>>>P.43）。

♠ 226~227 Lewers St.
☎ 808-389-1312
㊗ 店舗により異なる
㊡ ルワーズ通り沿い
jp.waikikibeachwalk.com
`ワイキキ` ▶MAP 別P.12 B-2

 MUST 女性向けがメインのアパレル店

$58
爽やかなリーフ柄のロング丈ロンパースは着心地抜群

$54
イエローが印象的なミニワンピ

ガーリー＆ハワイらしさ満点
マヒナ
Mahina

リーズナブルなドレスやバッグが豊富なマウイ島発のセレクトショップ。帽子などの小物もおしゃれ。

♠ ワイキキ・ビーチ・ウォーク1階
☎ 808-924-5500
㊗ 11:00～21:00 ㊡ 無休
`ワイキキ` ▶MAP 別P.20

$37

ポイントキャップもロゴ入りがおすすめ

$32

ユニークなクリバンキャットのTシャツ

ハワイ生まれの老舗Tシャツ専門店
クレイジーシャツ
Crazy Shirts

1964年創業。ハワイをモチーフにしたアートワークと、ブランドアイコンのクリバンキャットデザインで知られる。

♠ ワイキキ・ビーチ・ウォーク1階
☎ 808-971-6016
㊗ 10:00～22:00 ㊡ 無休
`ワイキキ` ▶MAP 別P.20

各$14.99

ハワイらしい柄のフリンジ付きクラッチ

$99

エンジェルズ・バイ・ザ・シー・ハワイのパームツリー柄ドレス

フレンチスタイルのリゾートウエア
ココマンゴー
Coco Mango

フランス人オーナーのセンスが光るセレクトショップ。ハワイや世界各国から選ばれたおしゃれアイテムを揃える。

♠ ワイキキ・ビーチ・ウォーク1階
☎ 808-388-0115
㊗ 10:00～22:00 ㊡ 無休
`ワイキキ` ▶MAP 別P.20

SHOPPING

ショッピングセンター

ファッション

ジュエリー

コスメ

アラモアナセンター

お土産

スーパー

アウトレット＆スワップミート

ショッピングセンターを徹底活用しよう！

ワイキキエリアに点在するS.C.（ショッピングセンター）。位置関係を事前に把握しておけば、何かと便利。
周辺エリアの散策にも活用できる。

\ まずは位置を把握 /

S.C.をとことん活用するテクニック⑩

① 無料Wi-Fiスポットとして使える！
現地での情報収集やマップチェックに、スマホは欠かせない。
ほとんどのS.C.で無料Wi-Fiが使えるので上手に活用しよう。

② スマホ・携帯の充電ができる！
S.C.は身近な充電スポット！ 鍵付きのボックスに預けられる
ほか、ベンチ横にACアダプターやUSBジャックも。

③ 清潔なトイレスポット！
S.C.内にあるトイレは清潔なだけでなく、比較的広くて快適。
治安の面から、公衆トイレの利用は避けるのが懸命。

④ 無料フラショーなどのイベントが充実！
RHCでは、フラ鑑賞のほかに、フラの体験レッスンやレイ
メイキングなどのカルチャーイベントを無料で開催している。

⑤ 充実のフードコートでいつでも食事ができる！
フードコートなら、ランチタイムを気にせずいつでも食事が可
能。人気店が出店していることもあり、味もおいしい。

⑥ キッズに優しい！
ベビーカーのレンタルやゆったりと遊べるキッズスペースがあ
るS.C.も。買い物に飽きた子どもたちから大好評。

⑦ ディナー後の空いている時間帯に買い物！
ワイキキのS.C.内の店舗は、22時以降も営業しているショップ
も。ワイキキ内ならディナー後も買い物を安心して楽しめる。

⑧ 無料でアート鑑賞＆自然に癒される
草間彌生のアート作品を鑑賞したり、樹齢100年を超えるバニ
ヤンツリーを眺めたり、無料で楽しめる癒しスポットも充実。

⑨ 薄手の上着を1枚持っていこう！
S.C.内は、冷房が強めに設定されていることが多いので、肌寒
く感じることも。薄手の上着が1枚あれば安心。

⑩ 郊外への観光はトロリーやバスを利用しよう！
大型S.C.の目の前がトロリーやバスの停留所になっているとこ
ろも多いので、上手に利用して移動時間の短縮に。

"コレクション オブ ワイキキ"でホテルをホッピング
ハイクラス・ギフトが素敵♡

1 ピンクの上質アイテム

The Royal Hawaiian a Luxury Collection Resort
ロイヤル ハワイアン ラグジュアリー コレクション リゾート

🏠 2259 Kalakaua Ave.
☎ 808-923-7311
ワイキキ ▶MAP 別P.12C-2
>>>P.188

$349
ディフューザー。ピンクプルメリアの香り

$6.50
甘い香りのカスタード・クロワッサン

$6.50
酸味ほんのり、グァバ・バントケーキ

$4.50
ピンクパレス・スノーボール

$9.99
ピンクのグラデーションがきれいなスモールポーチは自分用にも

$42
ピンクプルメリアのソイキャンドル

品のあるピンクがかわいい
TRH インスパイアード
TRH Inspired

ホテルカラーにちなんだピンクのアイテムがいろいろ揃う。ハワイの植物で作ったコスメやインテリア雑貨が人気。

🏠 ロイヤル ハワイアン ラグジュアリー コレクション リゾート
1階 ☎ 808-926-7680 ⏰ 9:00〜21:00 ㊡ 無休
ワイキキ ▶MAP 別P.12 C-2

イートインスペースも
ロイヤル・ハワイアン・ベーカリー
Royal Hawaiian Bakery

可愛らしいピンクをモチーフにしたパンやペストリーを焼きたてで提供するお店。イートインスペースもある。

🏠 ロイヤル ハワイアン ラグジュアリー コレクション リゾート
1階 ☎ 808-923-7311 ⏰ 6:00〜12:00 ㊡ 無休
ワイキキ ▶MAP 別P.12 C-2

2 デザイナーズブランド

Sheraton Princess Kaiulani
シェラトン・プリンセス・カイウラニ

🏠 120 Kaiulani Ave. ☎ 808-922-5811
ワイキキ ▶MAP 別P.13 D-1 >>>P.194

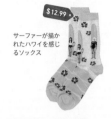

$12.99
サーファーが描かれたハワイを感じるソックス

$12.99
ハワイならではのスパムソックス。アイ・ラブ・スパム

おもしろ靴下でハワイ気分
ジャスト・ファン・ソックス
Just Fun Socks

おもしろソックスならここ。サーフィンやヤシの木などハワイらしい柄が揃う。メンズ、レディース、キッズがある。

🏠 シェラトン・プリンセス・カイウラニ1階
☎ 808-924-7870 ⏰ 9:00〜22:30 ㊡ 無休
ワイキキ ▶MAP 別P.13 D-1

ホテルのロゴアイテムやホテルならではのブティックが扱うアイテムは、ギフトにぴったり。ファッションからグルメまでハワイを感じるショッピングを楽しんで。

ホテルクオリティを持ち帰り
コレクション オブ ワイキキ
Collections of Waikiki

ワイキキ中心部の4つのホテル内にあるショッピングモールの総称。それぞれが独立したモールだが、注目のお店が目白押し！

3 ハワイの憧れホテルグッズ
Moana Surfrider, A Westin Resort & Spa
モアナ サーフライダー ウェスティン リゾート＆スパ

🏠 2365 Kalakaua Ave.
☎ 808-922-3111
ワイキキ ▶MAP 別 P.13 D-2
>>>P.189

$26
$62
$21.99
シーソルト・オブ・ハワイの詰め合わせ
$48
ルアウ・パンチ・コレクションのトート
$13.99
$64

ロゴ・コーヒーマグでハワイのコーヒーをいただこう
保冷効果があるコークシクルボトル
ほどよい酸味がおいしいリリコイ・バター
Holsamos コレクションのトートバッグ

ブルーがホテルカラー
モアナ・バイ・デザイン
Moana by Design

ロゴやシンボルツリーのモチーフで、ホテルカラーの青のアイテムが中心。
🏠 モアナ サーフライダー ウェスティン リゾート＆スパ1階 ☎ 808-924-5516
🕐 12:00〜18:00(金〜日曜11:00〜19:00) 🈂 無休
ワイキキ ▶MAP 別 P.13 D-2

メインダイニングの紅茶も
アクセンツ
Accents

メインダイニング「ザ・ベランダ」の紅茶などここでしか買えない味がある。
🏠 モアナ サーフライダー ウェスティン リゾート＆スパ1階
☎ 808-923-3996
🕐 10:00〜21:00 🈂 無休
ワイキキ ▶MAP 別 P.13 D-2

機能性もデザインも満点！
アロハ・コレクション
ALOHA Collection

ハワイらしいデザインと、軽くて機能性にすぐれたバッグやポーチが充実。
🏠 モアナ サーフライダー ウェスティン リゾート＆スパ1階
☎ 808-763-1347
🕐 9:00〜22:00 🈂 無休
ワイキキ ▶MAP 別 P.13 D-2

4 ハワイを感じる品
Sheraton Waikiki
シェラトン・ワイキキ

🏠 2255 Kalakaua Ave. ☎ 808-922-4422
ワイキキ ▶MAP 別 P.12 B-2 >>>P.193

ファミリーに朗報！夫婦時間を充実
ポピンズ・ケイキ・ハワイ
Poppins Keiki Hawaii

ファミリー旅行だけど、大人だけで過ごしたい時は、子どもは託児施設へ。日本のポピンズなので安心。
🏠 シェラトン・ワイキキ1階 ☎ 808-931-8086 🕐 予約制 🈂 無休
ワイキキ ▶MAP 別 P.12 B-2

日本で感じるハワイ文化
ウクレレぷあぷあ
Ukulele Puapua

ハワイの楽器といえばウクレレ。初心者用が買いやすい価格のものからプロ仕様まで様々。
🏠 シェラトン・ワイキキ1階
☎ 808-923-9977
🕐 11:00〜19:00
🈂 無休
ワイキキ ▶MAP 別 P.12 B-2

$349

三つ葉楽器ハワイのマイレレイ G.C.E.A.

🌴 モアナサーフライダー1階のロンハーマンは、ロコデザイナーとコラボしたアイテムも扱っている。

SHOPPING
ショッピングセンター
ファッション
ジュエリー
コスメ
アラモアナセンター
お土産
スーパー
アウトレット＆スワップミート

オシャレで個性的な路面店も外せない！

セレクトショップめぐり

Window shopping

ロコガールのクローゼットのよう

レイン・ホノルル
Laine Honolulu

ロコガールのレインさんが作る
ジュエリーが人気となり実店舗
をオープン。彼女が着たいウエ
アやファッション小物を揃える。

🏠 アラモアナセンター3階B
☎ なし
🕙 10:00～20:00　㊡ 無休
アラモアナ　▶MAP 別P.16

COORDINATION 1

タウンとビーチでテイストを揃える
オリジナルドレスのレトロな雰囲気に合わせ
た膝のバッグ。水着もレトロなデザインに

レインさんのセンスが光るセレクションが楽しめる。
キュートなハンドメイドアクセもコーデのポイントに

定番のヤヤちゃんアイテム

88ティーズ
88 Tees

オリジナルキャラクターTシャ
ツが人気のハワイ発ブランド。
アロハシャツなどもぎっしり。

🏠 2168 Kalakaua Ave.
☎ 808-922-8832
🕙 13:00～18:00　㊡ 火曜
🚶 カラカウア通り沿い
ワイキキ　▶MAP 別P.12 B-1

COORDINATION 2

$45

$19

気分が華やぐ元気×キュートコーデ
白×フローラルの切り替えデザインのワン
ピースは、麦わら帽子との相性もバツグン

広い店内には、毎週入荷のオリジナルTシャツがなん
と約2000枚！　ヤヤちゃんデザインもゲットしたい

ハワイで絶対に着こなしたいリゾートファッション。いたる所に日本人の女子にも
人気のセレクトショップが点存。南国スタイルを完成させよう。

自由なスタイルを手に入れる
フリー・ピープル
Free People

アメリカ生まれのカジュアルブラ
ンド。ボヘミアン、ビーチカジュ
アル、ガーリーなどバラエティに
富んだスタイルを展開する。

🏠 インターナショナル
マーケットプレイス2階
☎ 808-800-3610
🕙 10:00〜20:00　🈺 無休
`ワイキキ` ▶ MAP 別P.21

$58
$20
$68

ビーチスタイルをセンスアップさせる
タンクトップ&ショートデニムに個性的なトッ
プを羽織るだけで主役級の着こなしが完成!

セレクトショップのアーバンアウトフィッターズ運
営のオリジナルブランド。セレブにもファンが多い

L.A.発信の最新ファッション
ターコイズ
Turquoise

「サンドリー」や「サーフ・バザー
ル」などファッション誌注目の
ブランドを揃えるL.A.拠点の店。

🏠 333 Seaside Ave.
☎ 808-922-5893
🈺 公式インスタで要確認　🈺 無休
🈺 シーサイド通り沿い
`ワイキキ` ▶ MAP 別P.12 C-1

$45
$29
$55
$62
$240

ハワイを感じるトータルコーデ
Tシャツをメインにしたコーデなら、小物を
コンパクトにするとスッキリとした印象に

上質な生地を使った肌触りのよさが自慢のアイテムが
豊富。アイランドスリッパとのコラボ商品も!

人気アウトドアブランドのハワイ店
パタゴニア・ホノルル
Patagonia HONOLULU

ブランド名とアロハを掛け合わせ
た「パタロハ」ラインが有名。毎年
新作デザインが販売される。

🏠 535 Ward Ave.
☎ 808-593-7502
🕙 10:00〜19:00(日・月曜は18:00)
🈺 無休
🈺 ワード通り沿い
`ワード` ▶ MAP 別P.9 D-2

$35
$35

普段使いも限定アイテムでプレミア感
ハワイ限定ロゴ「パタロハ」アイテムの中でも
Tシャツやトートバッグは日本でも大活躍

1986年にサーフライン「パタロハ」がスタート。アロハ
シャツをはじめ、様々な限定アイテムがある

SHOPPING
ショッピングセンター
ファッション
ジュエリー
コスメ
アラモアナセンター
お土産
スーパー
アウトレット&スワップミート

リラックスハワイを演出する
ロコデザイナーアイテムをゲット

ハワイの美しい自然をイメージした優しい色味が魅力

B

B ハワイの海や空に映えるカラフルドレスが並ぶ

A

ロコBRANDS

Angels by the Sea
エンジェルズ・バイ・ザ・シー

モデルも務めるニーナ・タイさんプロデュース。天然素材の一点ものアクセサリーやビーチに似合うウエアが人気。

$94

涼しげな印象のネックレスは存在感も抜群
$95

$100

ストライプ×パイナップルのハワイらしいデザイン

コーデの主役級！ 羽とシェルがあしらわれたハンドバッグ

ハワイの風を感じるデザイン
A エンジェルズ・バイ・ザ・シー・ハワイ
Angels by the Sea Hawaii

オーナーのニーナさん自らデザインしたオリジナルブランド。ハワイの小物や雑貨も充実。

🏠 シェラトン・プリンセス・カイウラニ1階
☎ 808-921-2747
🕐 10:00～21:00　🈺 無休
🚇 カラカウア通り沿い
ワイキキ ▶MAP 別 P.13 D-1

ロコBRANDS

GILLIA
ジリア

サオリ・サントスさんが2012年にスタート。オリジナルのプリント、カラー、スタイルが引き立つ生地選びは秀逸。

ビタミンカラーのトップスで垢抜けコーデを楽しみたい

$178

$168

1枚で気軽に着られるドレスはカラーバリエが充実

元気カラーのドレスに着替えよう
B ジリア
GILLIA

おしゃれタウン・カイルアにあるお店。リゾートでもタウンでも楽しめる洗練されたデザインが特長。

🏠 131 Hekili St. #113
☎ 808-888-0413
🕐 10:00～17:00
（日曜～16:00）　🈺 無休
🚇 ヘキリ通り沿い
カイルア ▶MAP 別 P.7 D-3

SHOPPING

ショッピングセンター

ファッション

ジュエリー

コスメ

アラモアナセンター

お土産

スーパー

アウトレット&スワップミート

ハワイに来たからには、リゾート感のあるアイテムが欲しい！
ここでは、ハワイらしさが詰まった人気のロコデザイナーブランドと
ブランドの取り扱いのある人気ショップを紹介。

WHAT IS

ロコデザイナー

ハワイ出身・在住のデザイナーのこと。ハワイ産のファブリック素材や天然の貝殻・珊瑚などを使用した、ハワイの空気が凝縮されたアイテムで注目を集める。

同じデザインでも
カラー展開が豊富なので
似合う色が見つかる

オリジナルのアパレル以外にバッグやポーチなどのファッション小物も扱っている **C**

C

ここカイルア店のほか、チャイナタウンの本店、角ハワ モール店の3店舗がある **D**

D

ロコBRANDS
at Dawn Oʻahu
アット・ドーン・オアフ

オーナーのエリコさんがデザイナーも務めている。優しいシルエットのウエアは着心地がよく、日本人にも多くのファンを持つ。

スタイリッシュに決まる100%リネンのショーツ

ハワイの花プアケニケニをデザインしたトップ

$138

$142

$178

スリットが入ったセットアップのワイドパンツ

大人の上質なリゾートスタイル
C アット・ドーン・オアフ
at Dawn Oahu

手染めの天然素材生地を使ったオリジナルウエアが人気。長く愛される服作りを心がけている。

🏠 1108 Auahi St. #154
☎ 808-946-7837
🕐 11:00 ～ 18:00（金・土曜 ～ 19:00、日曜 ～ 17:00）🈂 無休
📍 ワード・ビレッジ・ショップス内
ワード ▶ MAP 別 P.9 D-3

ロコBRANDS
Fighting Eel
ファイティング・イール

ラン・チェンさんとロナ・ベネットさん、2人のロコガールによるデザイナーズショップ。シンプルでセクシーな要素も。姉妹ブランドの「エヴァ・スカイ」も人気。

着心地がよいマキシワンピース

$145

鯉の柄が珍しいドロップショルダーワンピース

$150

$15

レインボーのコインケースは使い勝手も◎

着心地抜群のロコウエア
D ファイティング・イール
Fighting Eel

ロコガールに人気のローカルブランド。シルエットにこだわったワンピースやパンツが魅力。

🏠 629 Kailua Rd. #130
☎ 808-738-9301
🕐 10:00 ～ 18:00（日曜 ～ 17:00）🈂 無休 📍 カイルア・ショッピング・センター内
カイルア ▶ MAP 別 P.7 D-3

常夏のハワイでイチ押しのアイテムはワンピース！ 可愛くてリーズナブル、カラフルでどのお店も品揃え豊富。

リゾートムード満点のロコガールになれる！

水着とビーチ小物は現地調達

デザイン × 機能性を重視！

ワイキキ・ビーチボーイの店内

Swim Wear

水着

Cute design!

$74

$180

$82

$82

$63

$74

$72

コロンビアブランドの
MAAJIは生地が二重で
縫製の安定感が抜群

スタイルがよく見える
カットの大胆なビキニ
に挑戦してみて！

派手なカラーながら
ペイズリー柄で大人っ
ぽく決めたいなら

トロピカル＆オウムが
ポイントのグリーンが
爽やかなデザイン

サーフカルチャーの保護に尽力

ワイキキ・ビーチボーイ

Waikiki Beachboy

サーフスクール運営会社直営のスイムウエアブランド。インストラクターも愛用。

🏠 ロイヤル ハワイアン ラグジュアリー コレクション リゾート1階
☎ 808-922-2223
🕙 10:00〜21:00　㊡ 無休
ワイキキ　▶MAP 別 P.12 C-2

大胆で華やかなビキニ

サン・ロレンゾ・ビキニス

San Lorenzo Bikinis

ハワイのビーチに似合う鮮やかなカラーが人気のブラジリアンビキニが豊富。

🏠 モアナ サーフライダー ウェスティン リゾート＆スパ1階
☎ 808-237-2591
🕙 9:00〜23:00　㊡ 無休
ワイキキ　▶MAP 別 P.13 D-2

機能性にも優れた水着が揃う

プアラニ・ハワイ・ビーチウエア

Pualani Hawaii Beachwear

オシャレかつ伸縮性に優れ、動いてもズレにくいとロコガールからの人気も高い。

🏠 3118 Monsarrat Ave.
☎ 808-200-5282
🕙 9:00〜16:00（土・日曜〜15:00）　㊡ 無休
🚇 モンサラット通り沿い
ダイヤモンドヘッド　▶MAP 別 P.5 E-3

コロンビア発のブランド

オンダデマー

OndadeMar

ビーチ映えするビタミンカラーでほかとは被らないデザインが魅力。メンズとキッズラインも展開。

🏠 インターナショナル マーケットプレイス2階
☎ 808-377-6563
🕙 10:00〜22:00　㊡ 無休
ワイキキ　▶MAP 別 P.21

ビーチアイテムはハワイへ行ってから揃えよう。リゾートテイストなファッションでビーチへ向かえば気分UP！上下別々の水着を着ればおしゃれ度UPも間違いなし！

ミックス＆マッチ

上下別々の水着を自由に組み合わせて着こなすこと。ロコガールの間ではすっかり定番。気分に合わせて、新しいスタイルにチャレンジしてみてもいいかも！

Sandals
サンダル

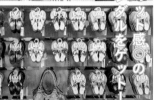

おしゃれなデザインでサイズも豊富

足に馴染む高機能シューズ
オーマイ・ソウル
O My Sole

「ビルケンシュトック」「カンペール」など、人気ブランドのシューズがリーズナブルにゲットできる。シーズンものやここだけの期間限定アイテムも。

🏠 ワイキキ・ショッピング・プラザ2階
☎ 808-924-4467　🕐 10:00～15:00　無休
`ワイキキ` ▶MAP 別P.12 B-1

$110
「ビルケンシュトック」は履き心地バツグン！

フィット感最高のカラフルサンダル
アイランドスリッパ
Island slipper

$74.95

1946年創業。職人の手で作られ、耐久性と履き心地に優れた唯一のメイドインハワイのサンダルショップ。デザインは100種類以上。

🏠 ロイヤル・ハワイアン・センターA館2階
☎ 808-923-2222　🕐 11:00～21:00　無休
`ワイキキ` ▶MAP 別P.18

白いお花のビーチサンダル

Sunglasses
サングラス

$178
セレブ気分が味わえる「コーチ」のサングラス

$220
黄色がリゾート感たっぷりの「レイバン」

ハワイ限定のサングラスが話題
フリーキー・ティキ・トロピカル・オプティカル
Freaky Tiki Tropical Optical

人気ブランドからハワイ限定のブランドまで幅広く扱うサングラス専門店。

🏠 アラモアナセンター1階C
☎ 808-947-4050
🕐 10:30～19:00
（日曜～18:30）　無休
`アラモアナ` ▶MAP 別P.14

20ブランド以上の幅広いラインナップ

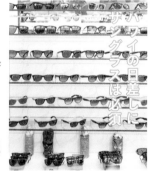

Panama hat
パナマ帽

$168
清涼感ある青色の「ブルー・バレンタイン」

シンプル＆ハイセンスの「ゴエモン」
$295

Handmade

手編みのパナマハットでおしゃれに
カールドヴィカ
CARLUDOVICA

フランス、オーストラリアにも展開。個性豊かなデザインのパナマハットが揃う専門店。すべて手編みのメイドイン・エクアドル。サイズ調整は無料。

🏠 ワイキキ・ビーチ・ウォーク1階
☎ 808-921-8040
🕐 10:00～21:00　無休
`ワイキキ` ▶MAP 別P.20

SHOPPING
ショッピングセンター
ファッション
ジュエリー
コスメ
アラモアナセンター
お土産
スーパー
アウトレット＆スワップミート

ハワイで見かけるサンダルは、砂浜でも歩きやすい平底のタイプが主流。ピンヒールは少なめ。

意味を知るほど愛おしい

ハワイアンジュエリーを探す

WHAT IS

ハワイアンジュエリー

親から子へと受け継がれてきた、ハワイの伝統的なジュエリー。自然をモチーフにしたものが多く、現在ではウクレレなどのユニークなデザインも。

HISTORY　起源はヨーロッパ!?

英国のヴィクトリア女王からリリウオカラニ女王に、ジュエリーが贈られた

↓

気に入った女王が同様のものをハワイで作らせると、ハワイの人々の間にも広まる

↓

代々受け継がれるジュエリーが時代に合わせて変化し、お土産としても有名に!

DESIGN

それぞれのモチーフに意味がある!

 プルメリア
神聖な花といわれ親愛、気品、魅力などを表す。大切な人の幸せを願うのにピッタリ。

ホヌ
海の守り神であるホヌ(ウミガメ)。神聖な生き物で危険や災難から身を守ってくれる。

 フック
魚を釣り上げることから、幸せを引き上げるとされる。安定、繁栄のお守り。

マイレ
平和、縁結び、絆などを表す。大切な人とのつながりを象徴し、結婚式でも使用される。

(左)2色ゴールドが美しいリング (右)ピンクゴールドのネックレス／A

芸術的なハワイアンジュエリーをカスタムメイドしてくれる老舗／B

How beautiful they are!

モダンで斬新なデザイン

A ロノ・ゴッド・オブ・ピース
Lono God of Peace

伝統をアレンジした斬新なストリート系デザインが魅力のお店。自社工房があり、オーダーメイドにも対応。

🏠 2125 Kalakaua Ave.
☎ 808-923-7770
🕘 9:30～21:00　㊡ 無休
🚶 カラカウア通り沿い

ワイキキ　▶MAP 別P.12 A-1

アロハスピリットあふれるアイテム

B 神戸ジュエリー
Kobe Jewelry

30年以上の歴史を誇る。熟練の職人が手作りするアクセサリーの人気店。ピアスやチャームなど種類も豊富。

🏠 ロイヤル・ハワイアン・センターB館1階
☎ 808-923-2282
🕘 11:00～21:00　㊡ 無休

ワイキキ　▶MAP 別P.18

自然をモチーフにした、アロハスピリットを感じるハワイアンジュエリーは、ハワイに来たらぜひゲットしたい。価格帯は、手頃なものだと $100 くらいから、純金使用のものや手彫りで高品質なものは数千ドルの場合も！お財布と相談しながらとっておきの一品を選んでみて。

（左）バングルブレスレット $2000（右）フック形ネックレス $350 〜／D

14K ゴールドのハワイらしいパイナップル形のイヤリング $625／C

ALOHA の文字をデザインしたダイヤ付きペンダント $795／C

ハワイでは幸運を運ぶ海の守り神といわれるホヌのペンダント $295／C

マイレとプルメリアが施された可憐なブレス。3色のゴールドを使用／B

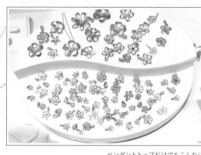

イエローゴールドのパインのネックレス。小ぶりで使いやすい／B

Brilliant!

ペンダントトップだけでもこんなに豊富！ お気に入りを選んで／D

愛と平和の象徴の石「ラリマー」のピアスは気持ちに安らぎを与えてくれる／A

✿ パワーストーンもハワイでは王道！

島そのものが聖地であるハワイ。天然石の力で運気をアップさせるパワーストーンジュエリーも有名。身に着けるだけで、いい結果がもたらされるといわれる。

マシュカ・ジュエリー
Mashka Jewelry

オーナーのマシュカさんがデザイン。天然石とパールをアール・ヌーヴォー風に仕上げている。

🏠 インターナショナルマーケットプレイス1階
☎ 808-838-9763
🕐 11:00 〜 21:00　🈚 無休
`ワイキキ` ▶ MAP 別 P.21

保証付きのファインジュエリー

C マウイ・ダイバーズ・ジュエリー
Maui Divers Jewelry

オリジナルジュエリー1万点以上。タヒチ産黒真珠なども扱う。購入後のアフターサービスも充実している。

🏠 アラモアナセンター2階E
☎ 808-949-0411
🕐 10:00 〜 20:00
（日曜〜19:00）　🈚 無休
`アラモアナ` ▶ MAP 別 P.15

世界中の美しいジュエリーが充実

D ナ・プア・ジュエラーズ
Na Pua Jewelers

ハワイアンジュエリーをはじめ、チャームブレス「パンドラ」など世界中から上品なジュエリーをセレクト。

🏠 シェラトン・プリンセス・カイウラニ1階
☎ 808-924-8480
🕐 10:00 〜 21:00　🈚 無休
`ワイキキ` ▶ MAP 別 P.13 D-1

ロコに人気のアイテムはバングル。ビギナーはリーズナブルなペンダントトップなどから取り入れてみよう。

ナチュラルビューティーになりたい人必見！
メイド・イン・ハワイのコスメ

Hawaïian Botanicals

ハワイ産の薬用植物成分を使った、ベルヴィーオリジナルスキンケア。天然成分が直接作用し、美肌へ導くといわれる。

角質がやわらかくなるハイビスカス、ホエイ、バラ抽出エキスなどが配合された角質除去ジェル $60

美容のプロも絶賛のコスメ店
ベルヴィーハワイ
Belle Vie Hawaii

ワイキキにある美容専門のセレクト店。自社工場で生産する「ハワイアン・ボタニカルズ」が看板商品。

>>>P.67

ハワイ産コスメが揃うナチュラルスーパー
ホールフーズ・マーケット
Whole Foods market

地産地消をうたっているナチュラルスーパーだけあって、ハワイメイドのコスメやボディケア製品が充実する。おすすめは、直営店を運営していない小規模なローカルコスメブランドのレアアイテム。アメリカ農務省が承認するオーガニックコスメのHoney Girl（ハニー・ガール）もそのひとつ。

>>> P.98,169

a：ベストセラーのフェイス＆アイ・クリーム　b：深く浸透しアンチエイジングしてくれるハニーグロー・フェイスセラム　c：傷んだ髪に栄養素を与え修復してくれるセラム・ヘアトリート

RECOMMEND!
Honey Girl
自社農園で採れたはちみつ、ローヤルゼリーなどをふんだんに使用したノンケミカルコスメ。

ハワイ生まれのコスメで素肌美人を目指そう。プルメリアやココナッツなど、
ハワイ産植物の成分を配合したオーガニックコスメは、日本でも人気上昇中！
香りもよく、心までリラックスできるアイテムは女子の味方♪

ハワイの大自然から生まれたコスメ

マリエ・オーガニクス
Malie Organics

オーガニック・スパブランドの直営店。コスメはプルメリアやハイビスカスなど、香りごとに並べられ、全ラインが揃っている。

🏠 ロイヤル ハワイアン ラグジュアリー コレクション リゾート1階
☎ 808-922-2216
🕙 10:00〜21:00　㉅ 無休
`ワイキキ` ▶ MAP 別 P.12 C-2

RECOMMEND!

Malie Organics

自社農園や熱帯雨林に自生する植物を原料とした、カウアイ島生まれのコスメ。南国の花々の香りが魅力。

a: 肌のバランスを整えるセラム $45
b: プルメリア・ボディ・クリーム $17.50
c: クレイ・マスク $45

ノスタルジックなファクトリーストア

ノース・ショア・ソープ・ファクトリー
North Shore Soap Factory

オアフ島ノース・ショアの街、ワイアルアにある。製糖工場だった建物を利用したファクトリーでは製品が手作りされる様子も見学可能。

🏠 67-106 Kealohanui St.
☎ 808-637-8400
🕙 9:00〜18:00（土曜8:30〜、日曜10:00〜17:00）　㉅ 無休
🏠 ワイアルア・シュガーミル内
`ワイアルア` ▶ MAP 別 P.6 A-2

RECOMMEND!

Hawaiian Bath & Body

肌にも環境にも優しいハワイ産自然由来成分の製品を作っている。プルメリアやピカケなどの香りも素敵。

a: 抗酸化作用、保湿効果に優れた無香料ククイナッツオイル $8.99
b: ククイオイルを通常の倍使用したベイビーソープ 各 $6.75
c: オールナチュラルのシグネチャーソープ $5.50
d: バスソルトやバスボムもオールナチュラルでお土産に最適

天然素材を使った肌に優しいコスメ

ラニカイ・バス＆ボディ
Lanikai Bath & Body

オーガニック＆ナチュラルのコスメとボディケアのローカルブランド。大量生産は行わず常に新鮮な製品を提供する。カイルア土産の定番。

🏠 600 Kailua Rd. #119
☎ 808-262-3260
🕙 10:00〜17:00（土・日曜〜16:00）　㉅ 無休
🏠 カイルア・ショッピング・センター内
`カイルア` ▶ MAP 別 P.7 D-3

RECOMMEND!

Lanikai Bath & Body

原料は100％ハワイ産の植物。ビーチをイメージした優しい香りが特徴。多種類のソープやボディローションなどが揃う。

a: オーキッド・バニラのバスソルト $12.50
b: マンゴー・ココナッツのシャンプー＆コンディショナー 各 $15.50〜
c: ピカケの練り香水 $7.50
d: プルメリアとマンゴーココナッツのソープ 各 $6.50。約10種あり

日本で品薄なコスメもハワイには充実！　海外ブランドのあの人気コスメが日本よりお得に買えるかも!?

A ジョン・マスター・オーガニック

自然栽培した植物や天然由来の成分を使用したオーガニックコスメ。

5〜50% OFF

B O.P.I

ネイルラッカーが世界的な支持を集めるマニキュアブランド。

約50% OFF

C エルバビーバ

赤ちゃんや妊婦さんも安心して使えるオーガニックスキンケア。

5〜50% OFF

D キールズ

薬学やハーブの知識に基づいて天然成分を配合したコスメブランド。

約10% OFF

🛍 **SHOP** ここでゲットできる！

🏠 ベルヴィーハワイ	>>>P.67	A・B・C
🏠 セフォラ	>>>P.67	D
🏠 ABCストア 37号店	>>>P.94	A
🏠 ホールフーズ・マーケット クイーン	>>>P.98	A
🏠 ダウントゥアース	>>>P.99	A

※お得率は店舗や為替レートで大きく異なる
※時期によっては、取り扱いをしていない場合もあり

 オーガニックコスメとは、有機栽培された植物を主原料としたコスメのこと。肌が本来持つ自然治癒力をサポートしてくれる。

SHOPPING
ショッピングセンター
ファッション
ジュエリー
コスメ
アラモアナセンター
お土産
スーパー
アウトレット＆スワップミート

オアフ島最大のショッピング天国
アラモアナセンターへGO!

ハワイ滞在中に誰もが一度は訪れる、オアフ島最大のショッピングセンター。
日本未上陸ブランドやお土産ショップなど、見どころ満載。新店舗も続々オープン中だ。

アラモアナセンター特集1

アラモアナセンターの
館内の構造を
マスター！

Ala Moana Center

ファッションブランド、デパート、レストランなど約350ものショップが集結。祝日などに合わせ、セールも定期的に開催されている。元日には福袋の販売も行う。

- 1450 Ala Moana Blvd.
- ☎ 808-955-9517
- ⊕ 10:00～20:00（店舗により異なる）
- ㊡ 無休　✕ アラモアナ通り沿い。ワイキキから車で約10分
- www.alamoanacenter.jp
- アラモアナ　▶MAP 別P.9 F-2

※営業時間、休みについては店舗によって上記と異なる場合もあり。原則として異なる場合のみ、該当項目についてデータを記載している。

〔 回り方のヒント 〕

デパートを目印に移動

4階建てで、2・3階の中央にハイブランド、その周辺にローカルブランドが集まる。1階のゲストサービスで情報収集を。

4つの要点を押さえるべし

❶ ニーマン＆ブルーミングどちらもGO！
2大デパート（>>>P.84）

❷ 見る価値アリの
日本未上陸ブランド（>>>P.86）

❸ ここだから買える
好感度高めのお土産（>>>P.88）

❹ 予算と時間で選べる
レストラン＆カフェ（>>>P.90）

━━━ 話題のNEW OPENを _Check!_ ━━━

3F-B
2022年
7月OPEN

スイート・ハニー・ハワイ
Sweet Honey Hawaii

キッズ＆ベビーをメインにファミリーで楽しめるアパレルを扱うハワイ生まれのブランド。南国らしいモチーフがおしゃれにデザインされているので親子お揃いコーデもOK。

- アラモアナセンター 3階B
- アラモアナ　▶MAP 別P.16

1F-C
2022年
7月OPEN

サンライズ・シャック
Sunrise Shack

ノース・ショア発のヘルシーカフェの5店舗目がマカイ・マーケット・フードコート近くにオープン。買い物途中のパワーチャージにおすすめ。

- アラモアナセンター 1階C
- ⊕ 9:00～18:00
- アラモアナ　▶MAP 別P.14

2F-F
2022年
9月OPEN

タイガー・シュガー
Tiger Sugar

ハワイではボバティーと呼ばれる台湾発のタピオカドリンク専門店。カップに注がれた黒糖シロップが虎の縞模様に見えると人気。

- アラモアナセンター 2階F
- ☎ 808-809-0648　⊕ 9:00～18:00
- アラモアナ　▶MAP 別P.15

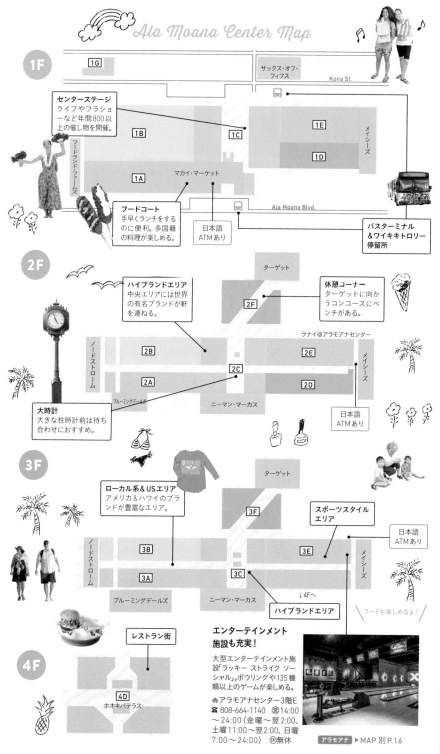

Ala Moana Center Map

1F

1G

サックス・オフ・フィフス　Kona St.

センターステージ
ライブやフラショーなど年間800以上の催し物を開催。

1B　　**1C**

1E

メイシーズ

1D

フードランド・ファームズ

1A　マカイ・マーケット

フードコート
手早くランチをするのに便利。多国籍の料理が楽しめる。

日本語ATMあり

Ala Moana Blvd.

バスターミナル＆ワイキキトロリー停留所

2F

ハイブランドエリア
中央エリアには世界の有名ブランドが軒を連ねる。

ターゲット

2F

休憩コーナー
ターゲットに向かうコンコースにベンチがある。

ラナイ@アラモアナセンター

ノードストローム

2B

2E

メイシーズ

2C

2A

2D

ブルーミングデールズ

ニーマン・マーカス

日本語ATMあり

大時計
大きな柱時計前は待ち合わせにおすすめ。

3F

ローカル系＆USエリア
アメリカ＆ハワイのブランドが豊富なエリア。

ターゲット

3F

スポーツスタイルエリア

日本語ATMあり

ノードストローム

3B

3E

メイシーズ

3A

3C

↓4Fへ

ブルーミングデールズ

ニーマン・マーカス

ハイブランドエリア

フードも楽しめるよ！

4F

レストラン街

エンターテインメント施設も充実！

大型エンターテインメント施設「ラッキー ストライク ソーシャル」。ボウリングや135種類以上のゲームが楽しめる。

4D

ホオキパテラス

🏠 アラモアナセンター3階E
☎ 808-664-1140　⏰14:00〜24:00（金曜〜翌2:00、土曜11:00〜翌2:00、日曜7:00〜24:00）　🚫無休

アラモアナ ▶MAP 別P.16

🛒 SHOPPING

ショッピングセンター

ファッション

ジュエリー

コスメ

アラモアナセンター

お土産

スーパー

アウトレット＆スワップミート

アラモアナの2大デパートでは
限定品＆レアものをご褒美買い

Neiman Marcus!　Bloomingdale's

Neiman Marcus
ニーマン・マーカス

最先端の流行が集合！
人気ブランドアイテムに注目

Recommend
色味が美しいRAMY BROOK
のシフォンワンピース
$445〜

2F~4F

ココだけのレアアイテムが豊富

ニーマン・マーカス
Neiman Marcus

華やかな「アリス＆オリビア」や「レミーブルック」などの人気ブランドが並ぶ老舗デパート。

- 🏠 アラモアナセンター2〜4階
- ☎ 808-951-8887
- 🕐 11:00〜18:00（金・土曜〜19:00、日曜12:00〜18:00）
- jp.neimanmarcushawaii.com
- **アラモアナ** ▶MAP 別P.15、16

うれしいサービス
・旅行者限定のポイントカード
・毎年変わるラッピングチャーム

どうしても欲しくなる「ルブタン」の靴

館内で取り扱う約30のブランドの中でもイチ押し！

独特な色使いがハイセンスなスウェードパンプス

レアものが充実のコスメコーナー

ニーマンでトップクラスの売り上げを誇る「シスレー」は、ホノルル市内でここだけ。

ニーマン限定のお土産

最上階の「エピキュア」ではニーマン限定のお菓子が手に入る。

$17

$8〜

❶蝶のバケに入ったバターショートブレッド
❷ハワイのフルーツジェリー入りショートブレッド

cafe 休憩はこちらで

エスプレッソやハーブティーなどドリンク豊富。スイーツもおすすめ。

- 🏠 ニーマン・マーカス1階（アラモアナセンター2階）
- ☎ 11:00〜15:30（日曜12:00〜）　🈳無休
- **アラモアナ** ▶MAP 別P.15

エスプレッソ・バー
Espresso Bar

アラモアナセンター内にある、最新ファッションやコスメが集まる2大デパート。
ハワイ限定、デパート限定など、ここでしか買えないアイテムはマストで！
デパート内の階数の表記とアラモアナセンターの階数の表記は違うので要注意。

Bloomingdale's
ブルーミングデールズ

日本ではなかなか手に入らない
アイテムもここなら見つかるはず！

Recommend
爽やかなローズムスクの香り。MONTALEのフレグランス
$170

`2F~4F`

アメリカ本土から初上陸！
ブルーミングデールズ
Bloomingdale's

最先端のアイテムを取り扱う高級
デパート。ハワイ限定商品やオリ
ジナルアイテムは見逃せない。

🏠 アラモアナセンター 2〜4階
☎ 808-800-3622
🕐 11:00〜20:00
（日曜12:00〜18:00）
www.bloomingdales.com
`アラモアナ` ▶ MAP 別P.15、16

うれしいサービス
・入会金不要のリワードプログラム
・多機能なフィッティングルーム

日本では取り扱いの少ない
レアアイテムを狙う！

日本に直営店のないパリ発フレグランス
ブランド「モンタル」がフルラインで揃う。

各$170
人気のローズ
ムスクとデイ
ドリームの香り

ブルーミング
デールズだけ！

ブルーミングデールズ限定の
ブランド「AQUA」で最先端トレン
ドをキャッチ。

オリジナルロゴアイテムは
お土産にぴったり！

バッグやポーチ、マグカップまで様々な
オリジナルグッズを販売。

$30〜

$10〜

little brown bag

カラフルなキャン
ディーが詰まった
ミニショッパー

little brown bag

エコバックとして
使えるハワイ限定
フローラルバッグ

日本語サポート
service

welcome center

ウェルカムセンター
Welcome Center
`アラモアナ` ▶ MAP 別P.15

買い物のあらゆること
をサポート。日本人スタッ
フは常駐していな
いが、依頼すれば日本語
スタッフの対応もOK。

🏠 ブルーミングデールズ1階
（アラモアナセンター2階）

海外旅行の醍醐味！
日本未上陸ブランドを狙う

日本に直営店のないハワイ発＆アメリカのブランドは見逃せない！
他では買えない限定アイテムも豊富なので、気に入ったら即買いがおすすめ。

Where are we going?

SHOPPINGテク

アパレル以外にキッチン用品、雑貨もとってもハイセンスなので、見逃さずにチェック！

3F-C

高見えコーデが叶う

アンソロポロジー
ANTHROPOLOGIE

長居したくなるほどの可愛いい店内が魅力。小柄な日本人でも着られる小さいサイズも展開。

🏠アラモアナセンター3階C
☎808-946-6302
アラモアナ ▶MAP 別P.16

$140

キレイ目なレトロスカート

$140

1枚でキマる花柄ワンピース

2F-D

素材がよくデザイン性も豊か

トリ・リチャード
Tori Richard

シックなリゾートウエアが揃う、1956年創業の老舗ブランド。着心地がよく、上質なプリントが魅力。

🏠アラモアナセンター2階D
☎808-949-5858
アラモアナ ▶MAP 別P.15

$98

ハワイらしい華やかなシャツ

SHOPPINGテク

着用ラインが美しいドレスは、女性らしいドレスアップコーデにおすすめ。メンズラインも豊富！

2F-D

$228

L.A.発セレブ愛用ブランド

リフォーメーション
Reformation

ヨーロッパの上質な無造作スタイルとフェミニンを融合させたファッションが揃う。持続可能な原材料の使用など環境保護活動に積極的。

🏠アラモアナセンター2階D
☎808-480-7225
アラモアナ ▶MAP 別P.15

カシミアのタンクトップとカーディガンのセット

SHOPPINGテク

普段使いできるアイテムはもちろん、フォーマルな場で着たいヴィンテージ風ドレスがおすすめ。

SHOPPING

ショッピングセンター

ファッション

ジュエリー

コスメ

アラモアナセンター

お土産

スーパー

アウトレット&スワップミート

`2F-B`

ボヘミアンスタイルに変身

ジョニー・ワズ
Johnny Was

カリフォルニアを拠点に全米で50店舗以上を展開する人気ブランド。着心地のいい素材に刺繍やステッチでリゾートボヘミアンを演出。

🏠 アラモアナセンター2階B
☎ 808-638-2027

`アラモアナ` ▶ MAP 別 P.15

$300〜

リゾートで映える華やかなワンピース

SHOPPINGテク 🛒

新作は手前にディスプレイされている。アクセやバッグはコーデのポイントに◎

`1F-B`

ロコ御用達ストリートブランド

ハワイズ・ファイネスト
HI FINEST

2009年にモロカイ島で誕生。ヴィンテージデザインをモダンにアップデート。ハワイを支援するコンサート活動なども行う。

🏠 アラモアナセンター1階B
☎ 808-809-8907

`アラモアナ` ▶ MAP 別 P.14

$35

パームツリーのイラストがかわいい、バケットハット

SHOPPINGテク 🛒

ブランドロゴの「H」をあしらったアイテムを。Tシャツやハットはお土産に。

{ 人気のカジュアルショップもチェック! } NICE

$29.90

ハワイ限定ブラドレス

$14.90

ハワイ限定ガールズドレス

$19.99

オリジナルのロンT

$36.99

シンプルで使いやすいシャツワンピース

$8

Hello Sunshine

何枚も欲しくなるトートバッグ

`2F・3F-A`

ハワイ限定商品がずらり

ユニクロ アラモアナ
UNIQLO Ala Moana

2018年のオープン以来ロコに人気の大型店。ビショップ・ミュージアムやハワイ・シアター・センターなどとコラボしたハワイ限定UTに注目!

🏠 アラモアナセンター2・3階A
☎ 808-600-3831

`アラモアナ` ▶ MAP 別 P.15、16

`3F-A`

最新コーデもリーズナブル

アメリカン・イーグル・アウトフィッターズ
American Eagle Outfitters

2022年秋に日本再上陸。カレッジファッションがテーマで、インナーブランド「エアリー」も人気。

🏠 アラモアナセンター3階A
☎ 808-947-2008

`アラモアナ` ▶ MAP 別 P.16

`1F-A`

年齢問わず愛されるウエア

オールド・ネイビー
Old Navy

「GAP」のセカンドラインで、リーズナブルな価格が人気。キッズ、メンズ、レディースと幅広いサイズ展開でデザインも豊富。

🏠 アラモアナセンター1階A
☎ 808-951-9938

`アラモアナ` ▶ MAP 別 P.14

誰かに自慢したくなる！
「いいね！」といわれるアイテム探し

Kitchen Tool
キッチンツール

料理するのが楽しくなる、デザイン性と実用性を兼ね備えたアイテムをゲット。ハワイならではの自然を感じるキュートなグッズもたくさん！

・各 $9.99

👍 いいね！
ハワイでゲットしたはちみつを入れて毎日使いたい♪

・$12.99

HONEY

$9.99

ハワイの自然がモチーフのウッドコースター **C**

スプーン付きはちみつポット ターゲット >>>P.100

木製のチーズナイフセット ターゲット >>>P.100

Food
フード

パッケージがキュートなフード土産をご紹介。スナックやチョコレートのほか、パンケーキ・クレープミックスなども大人気。

$2.39

👍 いいね！
100％ハワイ産のはちみつ。ミニセットははらまきに◎

各 $10.10

👍 いいね！
ハワイモチーフのパッケージ。バラしてお土産にも

$38

コーヒー・ビーンズのチョコレートがけ **B**

ベアボトル入りのマノアハニー (12oz) **C**

一番人気のハワイ限定紅茶6種ミニ缶セット **A**

A

ハワイ限定商品もたくさん

ルピシア
LUPICIA　　**1F-C**

世界中で買い付けた厳選茶葉を扱うお茶の専門店。グアバやマンゴーなどが香るオリジナルティーが人気。ハワイ限定商品はパッケージもキュート。

🏠 アラモアナセンター1階C
☎ 808-941-5500
アラモアナ ▶ MAP 別 P.14

B

多彩なお土産を一度にゲット

ロングス・ドラッグス
Longs Drugs　　**2F-B**

コスメや日用品、雑貨に文房具まで揃うドラッグストア。パンケーキミックスやシロップなどの食品はお土産にもなる。会員カードを作るとよりお得に。

🏠 アラモアナセンター2階B
☎ 808-949-4010　⏰ 6:00～23:00
アラモアナ ▶ MAP 別 P.15

C

店内すべてがローカルメイドのアイテム

ノエアウ・デザイナーズ
No'eau Designers　　**3F-A**

ネイティブハワイアンやハワイブランドのプロダクトを扱うセレクトショップ。100以上のスモールビジネスを支援し、ほかにはないユニークな品揃え。

🏠 アラモアナセンター3階A
☎ 808-955-5726
アラモアナ ▶ MAP 別 P.16

お土産ショップや雑貨店が点在するアラモアナセンターで、ばらまき土産を一気にゲット！
ハワイアングッズにコスメ、文房具など、リーズナブルで喜ばれるアイテム厳選12点を紹介。

Beauty
ビューティ

日本ではレアなビューティ系はハワイ土産の定番中の定番。
デイリーで気軽に使えるアイテムを選ぶと喜ばれそう。

👍 いいね！
香りの種類が豊富
だから男女を問わ
ずお土産にできる

各 $1.95

$14.50

👍 いいね！
一本でグラデー
ションネイルが楽
しめる優れモノ

$9.49

シアークリーム配合のボディローション **D**

ばらまき土産にぴったりなサニタイザー **D**

美容マニアは必見のレブロンのマニキュア **B**

Home Goods
ホームグッズ

日本にいても毎日ハワイ気分を味わいたいならホームグッズがおすすめ。
いつでも一緒にいられるアイテムをお持ち帰りしよう。

👍 いいね！
お菓子のキャラク
ターがかわいいフ
ラドールに変身♡

$25

$29.99

$14

エネルギーを浄化するスマッジキット **E**

コレクターも多いサワー・パッチ・キッズのぬいぐるみ **F**

ポケボウルがキャラ化したキーリング **C**

D

ハワイの香りのボディケア用品
バス＆ボディ・ワークス
Bath&Body Works `2F-E`

アメリカで人気のボディケア用品の専門店。種類豊富な香りの中から、好みをチョイスできる。まとめて買うとお得になるサービスもあり。

🏠 アラモアナセンター 2階E
☎ 808-946-8020
`アラモアナ` ▶MAP 別P.15

E

センスのいいセレクションに注目
シュガー・シュガー・ハワイ
Sugar Sugar Hawaii `3F-A`

ハンドメイドアクセサリーを中心にアパレルや雑貨、ハワイメイドのコスメをセレクト。ロコアーティストとのコラボ商品など一点モノに出会える。

🏠 アラモアナセンター 3階A
`アラモアナ` ▶MAP 別P.16

F

まるでお菓子の国に迷い込んだよう
イッツ・シュガー
It's Sugar `3F-F`

キャンディ専門デパートメントストア。広い店内にはお菓子と関連グッズが。

🏠 アラモアナセンター 3階F
☎ 808-400-6008　⏰ 11:00〜20:00
（金・土曜 10:00〜21:00、日曜11:00〜18:00）
`アラモアナ` ▶MAP 別P.16

名店揃いの
ローカルフード！

明るい店内はいつも大賑わい

予算と時間に合わせて
満足グルメを使い分ける

レストラン、カフェをはじめ、手軽なフードコートやファストフードまでグルメスポットが充実。スケジュールや予算に合わせてチョイスしよう。

時間なし！予算なし！という人は…

2つの FOOD COURT

中国料理にハワイアン、和食と世界各国の料理が揃うフードコート。ショッピングの合間にさくっとお食事♪

1F-A

世界各国の料理を気軽に堪能

マカイ・マーケット・フードコート
Makai Market Food Court

ハワイアン、イタリアン、中華、和食など20以上の店舗が揃う巨大フードコート。

- ⌂ アラモアナセンター1階A
- ☎ 店舗により異なる
- ⊕ 9:00〜21:00（店舗により異なる）
- アラモアナ ▶MAP 別P.14

\lunch!/

1本 **$4.50〜**
ユニークな味が勢揃い。米粉を使った衣はもちもち

変わり種ホットドッグにトライ！

ミスター・カウ
Mr. Cow

のびるチーズやウインナー入りの韓国式ホットドッグ店。衣のフレーバーは甘いものや激辛から選べる。

- ☎ 808-785-1775
- ⊕ 10:00〜19:00
- アラモアナ ▶MAP 別P.14

$15.90〜
食べ応えのあるローストチキン・コンボのプレート

ガッツリ肉系のプレートランチ店

ラハイナ・チキン
Lahaina Chicken Company

フライドチキンやプライムリブなどお肉のおいしさに定評のあるプレートランチ。サイドメニューが3種類選べる。

- ☎ 808-946-4588
- ⊕ 10:30〜20:00（日曜〜19:00）
- アラモアナ ▶MAP 別P.14

多種多様な
フードジャンル！

2F-E

バーもあるおしゃれフードコート

ラナイ@アラモアナセンター
Lanai@Ala Moana Center

シックで落ち着きのあるダイニング。座席数も450席と十分な広さを完備。

- ⌂ アラモアナセンター2階E
- ☎ 店舗により異なる
- ⊕ 9:00〜21:00（店舗により異なる）
- ㊡ 無休
- アラモアナ ▶MAP 別P.15

$2.95〜

北海道生まれのおいしいパン

ブルク・ベーカリー
BRUG Bakery

北海道産小麦粉を使い添加物不使用で手作りされるパンが口コに大人気。デニッシュや惣菜パンなど種類豊富。

- ☎ 808-489-9219
- ⊕ 10:30〜18:00
- アラモアナ ▶MAP 別P.15

カジュアルアジアン料理

ソウルミックス2.0
SEOUL MIX 2.0
$9.45

韓国のストリートフードにインスパイアされた炒飯やビビンパなどが手軽に味わえる。

- ☎ 808-800-3535
- ⊕ 10:00〜18:00
- アラモアナ ▶MAP 別P.15

フードコートには珍しい本格バー

アガヴェ＆ヴァイン
Agave & Vine

クラフトビールやワインのほか、好みのカクテルも作ってもらえる。店内の大型テレビにスポーツ中継が流れるアメリカンな雰囲気も楽しい。

- ☎ 808-462-3620
- ⊕ 10:00〜22:00（金・土曜〜24:00）
- アラモアナ ▶MAP 別P.15

$15.25
総料理長イチオシ
のアワーバーガー

時間を捻出してゆっくり

RESTAURANT

アラモアナセンターはレストランも多彩。ちょっとリッチなレストランからアジア料理、バーガーも！

4F

看板メニューのフォーが絶品

ママ・フォー
Mama Pho

野菜をたっぷり使用した、ヘルシーで優しい味付けの本格ベトナム料理が味わえる。

🏠 アラモアナセンター 4階 D
☎ 808-941-8000
🕐 10:30〜23:00
`アラモアナ` ▶MAP 別P.16

おすすめはお肉たっぷりの、ママズ・スペシャル・フォー $18.50

テーマカラーのグリーンが印象的

2F-B

ハリウッドスターのバーガーがハワイ初上陸

ウォルバーガーズ
Wahlburgers

俳優のマーク、ニュー・キッズ・オン・ザ・ブロック出身のドニー、総料理長のポール 3兄弟が経営。フルサービスのグルメバーガーを提供している。

🏠 アラモアナセンター 2階B
☎ 808-470-4850　🕐 10:30〜22:00
`アラモアナ` ▶MAP 別P.15

3F

眼下にビーチを見渡すオープンダイニング

マリポサ
Mariposa

テラス席から美しい海を一望。ハワイの食材を使ったヘルシーなリージョナル・キュイジーヌが人気。

🏠 ニーマン・マーカス3階
（アラモアナセンター2階）
☎ 808-951-3420　🕐 11:30〜18:00
※最終着席16:30（木〜土曜〜16:00）、サンセット・ラウンジ水〜土曜16:00〜18:30（金曜19:00）
`アラモアナ` ▶MAP 別P.16

夕暮れ時のテラス席からはサンセットが望める

$10
ハイセンスなウォーム・リリコイ・プディングケーキ

お買い物の途中の休憩に！

CAFE

買い物に疲れてしまったら、ゆったり過ごせるカフェ＆ファストフードへGO。味もなかなかのもの！

1F-D

韓国スタイルのシェイブアイス

チェジュビング・
デザート・カフェ
Jejubing Dessert Cafe

韓国式シェイブアイス、ビンスの専門店。きな粉や緑茶、黒ゴマなど日本人にもなじみのあるフレーバーが楽しめる。

🏠 アラモアナセンター1階 D
☎ 808-468-7620
🕐 12:00〜20:00
`アラモアナ` ▶MAP 別P.14

（左）$7.95〜、（右）$8.95〜

ティラミスビンスとストロベリービンス。ふわふわのミルク氷が特徴。フレーバーは8種類でサイズはレギュラーとラージから選べる

2F-B

ショッピングの合間にベスト

ジャンバ・ジュース
Jamba Juice

スムージーやフレッシュジュースの専門店。オーガニックグラノーラたっぷりのアサイが話題となっている。

🏠 アラモアナセンター2階B
☎ 808-941-6132
🕐 10:00〜19:00
（日曜11:00〜18:00）
`アラモアナ`
▶MAP 別P.15

$6.69〜

搾りたてのスムージーで休憩中にデトックスできる

ホノルル・コーヒーやアイランド・ヴィンテージ・コーヒーなどのカフェは、ワイキキ店より混雑が少ないことも！

今と昔をつなぐ
ハワイアンアイテム

ALOHA SHIRT

カハラはホノルルでアロハシャツを最初に製造した会社のひとつ

ハワイ固有の伝統品の奥深い歴史を知ろう

　「ハワイならではのアイテム」といえば、ハワイの正装アロハシャツにはじまり、ハワイアンジュエリー、コアウッド・アイテムにハワイアンキルト・・・。どれもお土産として、日本に限らず世界中の人々から親しまれる品ばかりが思い浮かぶだろう。しかし、ハワイならではの品がどんなきっかけで生まれて今日に至るのか、知っている人は少ないのではないだろうか。

　たとえば、ハワイアンジュエリーが、英国の影響を受けてできたことはすでに紹介したが(>>>P.78)、アロハシャツは、かつて日本の着物を切って作られていたのだ。また、ハワイアンキルトは、イギリス人宣教師の妻が趣味としていたパッチワークが起源とされている。

　時代の波に乗りながら、また時に、異国の刺激を柔軟に受けながら変化し、受け継がれてきたハワイの伝統アイテムたち。ここでは、日本人にも特になじみ深い3つのアイテムにスポットを当てて、その気になる歴史と、今日の姿についてクローズアップしてみよう。

ハワイにはオシャレなアイテムがたくさんあるね！

アロハシャツ

カラフルな色使いと、ハワイをイメージさせる植物や動物などのデザインが特徴。1950年以降からハワイの産業として、飛躍的に成長した。当時のものはヴィンテージアロハと呼ばれ、価値が高い。

▷ アロハシャツの歴史

1904年にアロハシャツの仕立屋が誕生した

アロハシャツのルーツ実は日本にあった！？

日本からの移民が着物を再利用して、開襟シャツに仕立て直したのが起源。そのため、初期のシャツは和柄のものだった！ やがて、着物地のシャツはハワイ名物として広まり、第二次世界大戦後にアロハシャツブームが到来。布地も綿や絹からシルク、レーヨン地が登場した。

▷ 現在のアロハシャツ

結婚式でも着られるアロハ近年では女性にも人気！

ハワイの生活にすっかり浸透したアロハシャツ。現代のハワイでは、アロハシャツはタキシードと並ぶ立派なドレスコードでもある。特に格式が高いのは、シルク生地を使用したもの。また、結婚式などでは、「強い結びつき」を意味するマイレの葉が描かれた柄が好まれる。

現代では、キャップや短パンを合わせたカジュアルなスタイルが人気

- - - - - - - - - - - - - - - - -

🏠 おすすめSHOPはここ！

ハワイを代表する名門アロハ
カハラ
Kahala

1936年に誕生したアロハシャツの老舗高級ブランド。上質な素材を用いた着心地のよさと上品なデザインが魅力。

🏠 ソルト・アット・アワー・カカアコ内
☎ 808-566-6306　🕙 10:00～19:00
㊡ 無休
`カカアコ` ▶ MAP 別P.8 C-3

KOA WOOD ITEM

HAWAIIAN QUILT

コアウッドは年月がたつほどに深みのある色合いに変化する

少しずつ異なるハワイアンキルトのデザインは、すべてが意味を持つ

コアウッド・アイテム

ハワイにしか生息しないコアの木を使った商品。光沢のある質感と優れた耐久性が特徴。昔は家具や建具が主流だったが、今は眼鏡のフレームや時計のベルトにも使われる。

コア・アイテムの歴史

かつては王族のみが使用を許された超高級品

成長するまでに時間がかかるコアの木。その希少さと、なめらかな木目の美しさから、かつては王族の人間以外は使うことが禁止されるほど、価値の高いものとされていた。やがて一般に広まったものの、高級品としての価値は守られており、輸出量が制限されているため、日本ではなかなか手に入れられない。

現在のコア・アイテム

ハワイの文化と結びつきアクセなどの身近なものにも！

王族の間だけで特別に、家具や食器に使われていたコアの木。やがて一般の人でも、コアの使用が許されるようになると、カヌーやウクレレなどの文化品にも使われるようになった。近年は、大切な人への贈り物や、ハワイ土産としても人気。インテリア品やアクセサリーをはじめ、文具や日用品にまで取り入れられている。

UV-A.B波カットのサングラス$160〜。ケースもコアウッド製

耐久性に優れたスマートフォン用のカバー$310。折りたたみ可能

🏠 おすすめSHOPはここ！

センスを感じる上質なコアアイテム

マーティン＆マッカーサー
Martin & MacArthur

1961年創業の老舗で、職人が手作業で作り上げる多彩なコア・アイテムが揃う。家具や雑貨、時計と種類豊富。

🏠 シェラトン・ワイキキ1階
☎ 808-922-0021
🕐 10:00〜21:00 ㊡ 無休
ワイキキ ▶ MAP 別P.12 B-2

ハワイアンキルト

ハワイ独自のパッチワークキルト。パイナップルやプルメリアなどハワイの自然や動物をモチーフとしたデザインで、波紋のようなキルティングが特徴。模様は左右対称が多い。

ハワイアンキルトの歴史

宣教師によってもたらされたキルト

1820年代に、ハワイに来たイギリス人宣教師と一緒にやって来た妻たちによって伝えられたパッチワーク、アップリケなどの技術が独自に発展。そしてハワイアンキルトが生まれた。布地を贅沢に使い、大きなアップリケを施したのが始まりとされる。

【パターンと意味】

ハイビスカス
歓迎、親愛

イルカ
家族、守護神

パイナップル
繁栄、友情

パンの木
豊かさ、成長

現在のハワイアンキルト

ハワイ土産の代表ポーチにスマホケースも！

ヤシの木やホヌ、ヒトデなどが施されたポーチ

デザインから手作業で時間を掛けて制作し、アートとしての評価も高い。かつてはタペストリーが多く見られたが、今では伝統を受け継ぎつつ新しいデザインに挑戦するバッグやポーチ、クッションカバーなど多彩なアイテムが作られている。

ハイビスカス柄のティッシュカバー

🏠 おすすめSHOPはここ！

日常生活にアクセントを加える

ハワイアン・キルト・コレクション
Hawaiian Quilt Collection

ベッドカバーからトートバッグ、ポーチまで、バラエティ豊かに販売する。お土産やプレゼントとしても好評。

🏠 ロイヤル ハワイアン ラグジュアリーコレクション リゾート1階
☎ 808-922-2462 🕐 11:00〜21:00 ㊡ 無休
ワイキキ ▶ MAP 別P.12 C-2

アロハシャツの名付け親は、ホノルルで雑貨店を経営していたエラリー・チュンさん。商標登録もした。

93

$15↓↓のプチプラがうれしい
ばらまき土産をまとめ買い!

$5.99

プルメリアの
ヘアゴム2個セット

トロピカルな雰囲気を感じるヘア
ゴムは、色違いで買うのもいい

$4.99

ポーチ入り
ブラシセット

可愛らしいサンダルのフォルムの
ポーチにメイク用ブラシが入る!

各$1.99

ミニサイズの
メモパッド

ハワイアンモチーフのメモパット。
プルメリアやアロハシャツもあり

$10

コナコーヒー・バター

100%コナコーヒーを使用したバ
タースプレッド。優しい甘さが評判

各$9

ラバーダッキー
ソープ

保湿力のあるグリセリンソープ。
ダックのユニホームで香りが異なる

$10

パイナップル・
フィズ・バスボム

エッセンシャルオイルやアロマ配
合。パイナップル形はハワイ限定

$11

トロピカル・ライズ・
アイスクリーム・ソープ

思わず食べたくなるほどリアル。バ
スルームに置いて驚かせちゃう?

$14

マーメイドラグーン・
カップケーキ

人魚がモチーフ。爽やかな海風と
ココナッツの香りで楽園へトリップ

$8.95

パイナップル・ウィンドウ・
ギフトボックス

8種類の味が楽しめる8個入り。見
た目も華やかで人気商品のひとつ

$5.95

パイナップル・
オーナメント（3枚入り）

見た目の可愛さだけでなく、お手頃
価格なのもうれしい

$6.95

パイナップル・ロゴ・
ギフト・バッグ

パイナップルに見立てたラッピング
に目がくぎ付け!

$6.95

チョコレートチップ・ミニ
バイツ・スナックパック

チョコチップクッキーのパック。
自分用にも忘れずに購入を!

どんどん入れ替わるお土産グッズ
ABCストア 37号店
ABC Stores #37

お菓子に雑貨、コスメまで多彩なお
土産が揃う。早朝・深夜も開いてい
るから、買い忘れの際にもおすすめ。

⌂ 2340 Kalakaua Ave.
☎ 808-926-4471
🕐 6:30〜23:00　休 無休
📍 カラカウア通り沿い。モアナ サーフ ラ
イダー ウェスティン リゾート & スパ向
かい

`ワイキキ` ▶MAP 別P.12 C-2

バスタイムが楽しくなるショップ
ネクター・バス・トリート
Nectar Bath Treat

店内に並ぶカップケーキやアイスはす
べてバスグッズ。動物実験を行わず
100%ビーガン素材で作られている。
好きな香りのカスタマイズもOK!

⌂ シェラトン・ワイキキ1階
☎ 808-772-4081
🕐 10:00〜21:00

`ワイキキ` ▶MAP 別P.12 B-2

形も可愛いハワイ産クッキー
ホノルル・クッキー・
カンパニー
Honolulu Cookie Company

ハワイ産の食材などを使用した、パイ
ナップル形のショートブレッドクッ
キー。ココナッツなど味も豊富。

⌂ ロイヤル・ハワイアン・センター
B館1階
☎ 808-931-3330
🕐 11:00〜21:00　休 無休

`ワイキキ` ▶MAP 別P.18

せっかくだから、家族や友人、職場の人にも楽しかったハワイの思い出をおすそ分け。
ここではクッキーにチョコレート、日用品まで、たくさんの人に渡せる$15以下のお土産を紹介。
仲よしグループには、お揃いのアイテムをプレゼントするのもいい。

SHOPPING

ショッピングセンター
ファッション
ジュエリー
コスメ
アラモアナセンター

お土産

スーパー
アウトレット&スワップミート

各$7.99

エナメルバングル

パームツリー、ホヌ、シェルが描かれたリゾート感満載のバングル

各$7.99

ジェリーソープ

アサイやククイといった南国らしい香りのソープ

各$7.50

ボディローション

おしゃれなパッケージはお土産にも喜ばれるはず!

$10

ハワイ柄3ジッパーポーチ

旅行にあると便利なポーチはひとつ持っておきたい

$5.99

ふせん

4匹のキュートな猫がセットになったふせん

$9.99

コースター・ランチョンマット

飲み水とごはんを置くのにいいサイズ。ハイビスカス柄がポイント

$8.99

コースター

ハンドメイドの限定猫ミニアロハシャツコースター

$3.99

爪やすり

バケ買いしたくなる爪やすりは持ち運びにも便利

各$5.95

チョコバー

おいしさがストレートに味わえるバー。マカダミア(左)とピーナッツバター

$5.95

チョコレートトフィー・ピスタチオ

ピスタチオをトフィーとリッチなチョコでカバー。一口サイズで食べやすい

$5.95

チップスチョコ

クリンクルカットのポテトチップスにチョコソースをオン。塩気が絶妙

$5.95

フォーチュンクッキーチョコ

フォーチュンクッキーをチョコでカバー。幸運のスイーツを贈ろう

旬なハワイアンギフトを販売
ラウレア
Laulea

ハワイアンジュエリーやキルト、雑貨などが充実しているギフトショップ。様々なアイテムが並ぶ。

🏠 2142 Kalakaua Ave.
☎ 808-922-0001
🕐 9:00〜21:00
🈺 無休
🚶 カラカウア通り沿い
ワイキキ ▶MAP 別 P.12 A-1

猫グッズの専門店
マイ・ペット・デザインズ
My Pet Designs

ハワイらしいデザインのグッズは要チェック。雑貨やおもちゃは手作りのオリジナル商品で、充実の品揃え。

🏠 334 Seaside Ave. 3階 #304
☎ 808-923-9595
🕐 10:00〜17:00
🈺 日曜・祝日 🚶 シーサイド通り沿い
ワイキキ ▶MAP 別 P.12 B-1

コスパNo.1のばらまき土産の定番
ダイヤモンドヘッド・チョコレート・カンパニー
Diamond Head Chocolate Company

ハワイ生まれのチョコレート専門店。毎日ハンドディップされる新鮮でおいしいチョコレートを提供している。

🏠 ワード・センター1階
☎ 808-593-0363
🕐 10:00〜18:00 🈺 無休
ワード ▶MAP 別 P.21

お土産が多すぎてスーツケースに入らない時は、ABCストアで売られているキャスター付きバッグが大活躍!

$10 ↑↑ のアイテムは自分用に♪
こだわり雑貨をお持ち帰り

$13

クッションカバー

サーフボードがプリントされた
キュートなクッションカバー

$40

ストロー＆
カトラリーセット

繰り返し使える木製のストロー、
スプーン、フォーク。ポーチ付き

$42

サングラス
ケース

バナナリーフが大人っぽい印象の
サングラスケース

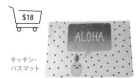

$18

キッチン・
バスマット

自分土産に最適なバス、キッチン
マット。お家で気分を上げてくれる

$20

バスソーク

ノンケミカルでミネラルたっぷり
の入浴剤。甘い香りに癒される

$138

クロスボディ
バッグ

大きなファスナーで開け閉めしや
すく、使い勝手もgood!

$12.50

スノードーム（M）

ヤシの木にキラキラと雪が降る景
色はここでしか見れないかも!?

$11

ネイルポリッシュ
リムーバー

ハワイ島のケミカルフリーのネイ
ルブランドKapa Nuiのプロダクト

$42

ジッパー
クラッチ

色味の異なるデザインを数種類用
意。悩むほどの可愛さ！

コスパの高い雑貨が大集合

ハミルトン・ブティック
Hamilton Boutique

$1から雑貨が買えるお店。アクセサ
リーや腕時計、ウエアまでジャンル豊
富な品揃え。ハワイのお土産にぴっ
たりな雑貨が見つかる。

⌂ ワイキキ・ショッピング・プラザ1階
☎ 808-922-7772
🕐 9:00〜21:00（変動あり）
⊗ 無休
`ワイキキ` ▶MAP 別P.12 B-1

環境に配慮したゼロウェイストストア

キープ・イット・シンプル
Keep It Simple

プラスチックゴミゼロを目指すショッ
プ。量り売りシャンプーなどをマイボ
トルで購入するシステム。旅行者が購
入できるエコフレンドリー商品も充実。

⌂ ワイキキ・ビーチ・ウォーク1階
☎ 808-744-3115
🕐 11:00〜18:00
⊗ 無休
`ワイキキ` ▶MAP 別P.20

優しいカラーのデザインが魅力

ジャナ・ラム
Jana Lam Hawaii

ハワイの植物をモチーフにしたシル
クスクリーンのオリジナルプリントの
風合いが人気。バッグやポーチなど
スタイルやデザインが豊富。

⌂ サウスショア・マーケット内
☎ 808-888-5044
🕐 11:00〜18:00
⊗ 無休
`ワード` ▶MAP 別P.9 E-3

$10以上のプチリッチなアイテムは自分用に購入を。日本ではなかなかお目にかかれない、個性的な雑貨もたくさん。「マリン」「ハワイアン」「アメリカン」など、お店ごとに異なるテイストのラインナップを眺めるのも楽しい！

$56.80

ディフューザー

ハワイらしい香りが楽しめる。ハイビスカスなどポーチもかわいい

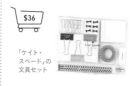

$36

「ケイト・スペード」の文具セット

クリップにピン、メモにマスキングテープ、鉛筆削りまでセットに

$52

アロハキャンバスポーチ

トートバッグに入れて、中身をスッキリ整頓しちゃお！

$24.80

パイナップル・クロック

インテリアのアクセントになる置き時計。ゆるめの数字もいい感じ

$19

ソーイングセット

キュートなボックスの中には、指ぬきやハサミ、メジャーもイン

$28

「ピース・オブ・ミー」の布製ケース

鮮やかな花の模様の布製ケース。眼鏡を入れるのにも丁度いい

$24.80

ウッド・サインポーチ

掛けるだけで部屋がハワイ風に。イラストや写真、文字など種類豊富

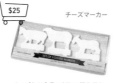
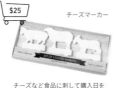

$25

チーズマーカー

チーズなど食品に刺して購入日をメモできる。愛らしい動物柄

$18

グラス

シンプルだけどセンスのよさを感じるヴィンテージのグラス

センスのいい雑貨を探すならここ！

ソーハ・リビング
SoHa Living

ロコにも人気のライフスタイルショップ。ハワイをテーマにデザインされたおしゃれ雑貨はオリジナルも多い。お土産にぴったりな小物類も充実。

- ♠ ワイキキ・ビーチ・ウォーク1階
- ☎ 808-240-5040
- 🕐 10:00〜21:00　㊡ 無休
- `ワイキキ` ▶MAP 別P.20

個性的でキュートなセレクト雑貨

レッド・パイナップル
Red Pineapple

店内は世界中から集められたユニークな雑貨であふれんばかり。選んだアイテムをキュートに包んでくれるギフト用のラッピングサービスも人気。

- ♠ 1151 12th Ave.
- ☎ 808-593-2733
- 🕐 10:00〜17:00　㊡ 無休
- ⊗ 12番通り沿い
- `ワイアラエ` ▶MAP 別P.5 E-1

ハワイ風コテージスタイルがテーマ

シュガーケイン
Sugarcane

コテージ・スタイルの雑貨店。中古品と新品の割合は半分ずつ。ガーリーな子ども服から、中古品を加工した家具まで、ヴィンテージ風の品が並ぶ。

- ♠ 1137 11th Ave. #101
- ☎ 808-739-2263
- 🕐 10:00〜16:00　㊡ 無休
- ⊗ 11番通り沿い
- `ワイアラエ` ▶MAP 別P.5 E-1

SHOPPING

ショッピングセンター

ファッション

ジュエリー

コスメ

アラモアナセンター

お土産

スーパー

アウトレット&スワップミート

オーガニック or アメリカン or ニューウェーブ？

スーパーマーケットでロコ気分

身体に優しい食材の宝庫
Organic
オーガニック編

おいしくてキレイになれる、自然の恵みが詰まったスーパーへ。

SALE
ganic Red D'Anjou Pears
$1.79

These are so fresh!

色とりどりの食材が山積みにされた青果コーナー。ローカル産の果物が多い

$4.99

$5.49

Fruit & Nut Granola

フルーツとナッツのグラノーラ

ハワイ産が豊富な自然派スーパー

ホールフーズ・マーケット クイーン

Whole Foods Market Queen

「地産地消」がテーマのナチュラル＆オーガニックスーパー。プライベートブランドにも注目。

- ⌂ 388 kamakee St.
- ☎ 808-379-1800
- ◷ 7:00～22:00 ㊡ 無休
- ⊗ ワード・ビレッジ内
- ワード ▶MAP 別P.9 D-3

$29.99

エコバッグは数十種あり、クイーン店限定もある

$10.99

デカフェのオーガニックコーヒー

エクストラバージンオリーブオイル

POINT 1

プライベートブランド「365」シリーズがお得!!

高品質ながら、お手頃価格がうれしいホールフーズのオリジナルブランド。シャンプーや石けん、食品にいたるまで種類が豊富。

ココナッツの香りのボディソープ

$11.99

POINT 2

コスメや石けんの量り売りも！

手作り石けんは様々な種類が並び、量り売りされている。アメリカの人気ブランドやオーガニックコスメも充実。

バブルシャックやソープセラーの手作り石けんは量り売りで販売

PIZZA

POINT 3

自分で取るスタイルのデリ

容器の中に好きなものを好きなだけ詰めるシステム。ハワイで採れた野菜を使った惣菜もたくさん置かれている。

何でも揃うおしゃれなショッピングセンターはとっても便利！
だけど、ロコ気分を味わいながらリーズナブルにアイテムをゲットできる、スーパーもおすすめ。
日本未発売のものも多く、広い店内は見ているだけでも楽しめる。

オーガニック＆ナチュラルの老舗

ダウントゥアース
Down to Earth

オーガニックにこだわった、ベジタリアンのためのスーパー。自然派スキンケアやサプリもラインナップ。

🏠 500 Keawe St.
☎ 808-465-2512
🕐 7:00〜22:00(デリ〜21:00)
🈚 無休
🚗 ケアヴェ通りとポフカイナ通りの角
`カカアコ` ▶ MAP 別 P.8 B-3

$1.79

エコバッグは値段の割に素材が丈夫

POINT 1
オーガニック
食品の宝庫

食品はすべてオーガニック農法で作られたという保証付き。ナッツなどは量り売り。

$4.09

$12.49

ザクロ味のハードキャンディ

100%マウイ産のコーヒー豆

POINT 2
ベジタリアンな
デリを堪能

新鮮野菜を使用した、多種多様なベジタリアンフードが豊富。ピザやピラフも人気。

$15.29

$12.89

$5.89

$19.59

$10.49

$38.29

$35.99

食品やコスメなどのオリジナルブランドを展開している

ほかのスーパーでは見かけないようなレアなハワイ産食材も！

So Cool!!

ハワイ産が揃うナチュラル派が愛用

コクア・マーケット
Kokua Market

オーガニック製品が揃う、1970年創業の老舗。ハワイ産にこだわり、農家と提携する生協に似たシステム。

🏠 2643 S.King St.
☎ 808-941-1922
🕐 9:00〜19:00(日曜〜17:00)
🈚 無休
🚗 サウス・キング通り沿い
`モイリイリ` ▶ MAP 別 P.10 C-1

$15.49

3サイズ展開のエコバッグ。写真はM

kokua market

POINT 1
シリアルが
バリエーション豊富

量り売りのシリアルがずらり。玄米、グラノーラ、キヌアなど様々な穀物を用意。

POINT 2
ローフードもある
デリコーナー

新鮮食材を使ったローフードやサンドイッチなど惣菜も充実。ヘルシーでおいしい！

スーパーは、クッキーやチョコなどのお菓子も豊富。ギフトショップと同じ商品が格安で買えることが多く、お土産にもなる。

特大サイズの品にびっくり

American

アメリカン編

アメリカらしいポップな色使いのパッケージはお土産にも最適！

So big!

$4.00

Sale!

開放的で広い通路にずらりと並ぶ商品。モニターセンター（ほぼ地下）は日用雑貨、3階食品フロアとなっている

おしゃれな高機能アイテムがズラリ

ターゲット
Target

食品も家電も充実の品揃え。オリジナル商品のほか、アメリカの旬なブランドとのコラボも人気。

🏠 アラモアナセンター 2・3階 F
☎ 808-206-7162
🕐 8:00〜22:00
㊡ 無休
カイルア店も CHECK >>>P.169
[アラモアナ] ▶ MAP 別P.15,16

店内の壁に描かれているのはロコアーティストのクリス・ゴトウの作品

POINT 1

キッチン＆日用品も豊富

生活を彩る、実用性とデザイン性を兼ね備えた品が揃う。コラボの「シンプリー・シャビー・シック」がおすすめ。

$5.99

ターゲットカラーのマグ

シャビー・シックのベッドカバー

$94.99

POINT 2

ペーパーアイテムも見逃せない！

ポストカードやノート、ラッピンググッズなどカラフルでポップなデザインの文房具がいっぱい。お土産に最適。

$7.79

オシャレなエクスベンドファイル

$4.99

ポップなメッセージカード

$27.99

$21.99

$17.99

限定ブランド、「レモーナ」のシャツ

ターゲット限定の水着はロコに人気

POINT 3

安カワなファッションアイテム

ハイセンスながら安価なアイテムばかり。ドレスは $10〜。有名デザイナーとのコラボ商品も続々と発表している。

ターゲットは特に、おしゃれな衣類が豊富なスーパー。プライベートブランドも多数扱う

ザ・アメリカンな24時間スーパー

セーフウェイ
Safeway

食品や雑貨、衣料品、デリまで充実するアメリカ最大級のスーパーチェーン。週替わりでセールも開催される。

🏠 888 Kapahulu Ave.
☎ 808-733-2600
🕐 24時間 　🈚 無休
📍 カパフル通り沿い
カパフル　▶ MAP 別 P.11 E-1

$1.69

メンバーズ
カードがお得

POINT 1

店内には
ベーカリーも！

食パンやドーナツなど、できたてが並ぶ。ケーキやタルトなどスイーツも大人気。

POINT 2

ザ・アメリカな
食品たち

パンケーキ粉など、食卓でハワイの味が再現できる商品も販売。お土産にも重宝。

$3.49

$6.79

リリコイ味のパンケーキ粉

ビン入りのピーナッツバター

食料や雑貨、日用品に寿司バー、銀行や郵便局まで入っている

I'm looking for ...

pancake & syrup

アメリカならではのビッグサイズの食品が並ぶ。見るだけで楽しい

大量買いに
重宝するお店！

Today's menu is...

何でも揃う巨大ディスカウントストア

ウォルマート
Wal-Mart

食品、雑貨、玩具、電化製品までもが並ぶ倉庫のような広々した店内。ハワイ土産コーナーも必見。

🏠 700 Keeaumoku St.
☎ 808-955-8441
🕐 6:00〜23:00 　🈚 無休
📍 ケエアウモク通り沿い
アラモアナ　▶ MAP 別 P.9 F-2

POINT 1

キュートなデザイン
のばらまき土産

小分けになったチョコレートやクッキーがお買い得。パッケージはどれも可愛い。

$10.98

コナコーヒーの
6パックセット

POINT 2

ハワイアンアイテム
コーナーも

アロハシャツやハワイアンキルトなど、ハワイらしいアイテムが勢揃い。

$3.98

ハワイのステッカーをお土産に

SHOPPING
ショッピングセンター
ファッション
ジュエリー
コスメ
アラモアナセンター
お土産
スーパー
アウトレット＆スワップミート

アメリカの多くのスーパーには入会金無料の会員割引システムがある。買い物前にサービスカウンターで発行を。

フードと買い物の複合施設！
New wave
ニューウェーブ編

グルメが充実した便利なスポットとしてスーパーが進化中！

さくっと立ち寄り、コンビニとしての用途も◎

ABCストアが手掛けるマーケット
デュークス・レーン・マーケット＆イータリー
Dukes Lanes Market & Eatery

買い物とグルメの複合施設。お土産探しにも、ホテルで過ごすための食料調達にもぴったりの場所。

🏠 2255 Kuhio Ave.
☎ 808-923-5692
🕐 7:00〜23:00
㊡ 無休　🚶 ハイアットセントリックワイキキビーチ1階

ワイキキ　▶MAP 別P.12 C-1

POINT 1
リーズナブルなばらまき土産の宝庫

お菓子や雑貨、生活用品まで揃う店内には、お土産にも喜ばれる商品がたくさん。

$7.99

はちみつたっぷりのキャンディー

各$9.99

ハワイ産シーズニングソルト

POINT 2
種類豊富なお酒をチェック！

世界各地のワインやクラフトビールを幅広く揃えている。ハワイで造られている品種は要チェック！

$13.99　$24.99

パイナップルと、パッションフルーツのワイン

パイナップルで作ったハワイらしいスパークリング

POINT 3
朝〜夜まで使い勝手◎グルメスポット

シーンに合わせて様々な用途で利用できるのもポイント。お得なハッピーアワーも毎日開催！

スピットファイヤーのバーガーはポテト付きで$15.99〜

食べたいものが揃っている
スピットファイヤー
Spitfire

定番のロコグルメからハンバーガー、フラットピザなど幅広いメニューが自慢。

🕐 7:00〜21:00

ひんやりスイーツならココへ
イル・ジェラート・ハワイ
Il Gelato Hawaii

ハワイ出身のオーナーがイタリアへ留学して作り上げた極上ジェラート店。

🕐 7:00〜22:00

地産地消レストラン
バサルト
Basalt

新鮮なハワイ食材を使用した料理が朝から晩まで楽しめると人気のカフェ。

☎ 808-923-5689
🕐 7:00〜22:00

SHOPPING

ショッピングセンター

ファッション

ジュエリー

コスメ

アラモアナセンター

お土産

スーパー

アウトレット&スワップミート

\ MUST BUY! /
普段使いできるトート＆エコバッグをゲット

$10.99

ハワイのアーティストとコラボしたトートもある
Ⓐ**フードランド・ファームズ**

$15.49

リンゴのマークがポイントのシンプルデザイン
コクア・マーケット
>>>P.99

$10.99

マチが広めの売れ筋デザイン。アラモアナ店限定
Ⓐ**フードランド・ファームズ**

$19.99

普段使いしやすい定番デザインは、男女共に人気
ホールフーズ・マーケット
>>>P.98（クイーン）
>>>P.169（カイルア）

$0.99

ターゲットのオリジナル。マチ付きで高さもあり便利
ターゲット
>>>P.100

$1.19

イメージカラーのグリーンが目を引く定番デザイン
Ⓐ**フードランド・ファームズ**

$2.99

パイナップル柄がハワイらしい。お土産にもぴったり
ターゲット
>>>P.100

ALOHA

$19.99

丈夫かつやわらかい質感が好評の2wayタイプ
ホールフーズ・マーケット
>>>P.98（クイーン）
>>>P.169（カイルア）

$12.99

天然素材でできた丈夫なバッグは自然な風合いが人気
ダウントゥアース
>>>P.99

$1.69

マチが広くたくさん物が入り便利。カラー展開も豊富
ロングス・ドラッグス
>>>P.88

$29.99

クイーン店限定。デニム素材なのでスーパーでは珍しい
ホールフーズ・マーケット クイーン
>>>P.98

$2.99

ビビッドカラーのオレンジが目立つ！ キュートな柄
Ⓐ**フードランド・ファームズ**

ハワイ生まれのスーパーマーケット
Ⓐ フードランド・ファームズ
Foodland Farms

食料品から雑貨などバラエティー豊富な商品が並ぶ。イートインスペースもある。

🏠 アラモアナセンター1階
☎ 808-949-5044
🕐 6:00〜21:00 ㊡ 無休
アラモアナ ▶MAP 別P.14

バッグ in バッグになるポーチも人気！

タグアロハとコラボしたホールフーズのポーチ。バッグインバッグで使えば中身もスッキリ！

ブランドアイテムもとってもお得！

買うテクでお得にショッピング

旬のアイテムがリーズナブルに揃う

Off price shop

オフプライスショップ

トレンドを熟知したバイヤーが様々なブランドから買い付けてくるので、好みのスタイルが見つかる。

ワードエリアではしごワード・ビレッジ・ショップス内にはオフプライスショップが2店舗並んでいる。品揃えや特徴が異なるので両方ともゲットして、よりお得をゲットするのがコツ。

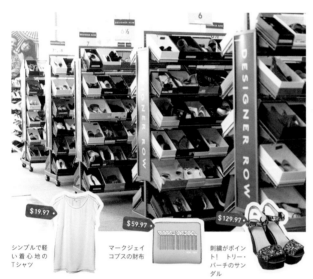

$19.97

シンプルで軽い着心地のTシャツ

$59.97

マークジェイコブスの財布

$129.97

刺繍がポイント！トリー・バーチのサンダル

シューズ探しならまずここへ

ノードストローム・ラック

Nordstrom Rack

老舗デパートのオフプライスショップ。特にシューズの品揃えがよく、お得に買い物ができる。

- 🏠 1170 Auahi St.
- ☎ 808-589-2060
- 🕐 10:00～21:00（日曜～19:00）
- 無休
- ⊗ ワード・ビレッジ・ショップス内
- ワード ▶ MAP 別 P.9 D-3

SHOPPINGテク

火曜or金曜が狙い目！ 週2回（火・金）新アイテム入荷されるので、掘り出し物が見つかるかも？

掘り出しアイテムを捜索！

T.J. マックス

T.J.Maxx

アパレル用品のほか、生活雑貨から食品まで、様々なものが低価格でゲットできる。

- 🏠 1170 Auahi St.
- ☎ 808-593-1820
- 🕐 9:30～12:30（日曜10:00～20:00）
- 無休
- ⊗ ワード・ビレッジ・ショップス内
- ワード ▶ MAP 別 P.9 E-3

SHOPPINGテク

赤札コーナーをチェック！ 赤札コーナーはさらに低価格で購入できるコーナーなので見落とさずに。

$12.99

小花柄が可愛いらしいトップス

$49.99

ポケットたくさんある、優秀バッグ

$2.99

バケ買いしたくなるキャンディー

買い物天国のハワイには、遠出してでも行きたいブランドアイテムが手に入るオフプライスショップやアウトレット、フリマがある。お得に買えるテクを駆使しよう!!

※売り切り品を扱うお店のため、売り切れ次第終了の場合あり

WHAT IS

オフプライスショップ
最終在庫・過剰在庫となったブランド品などを買い取り、正規価格や卸売価格から割引して販売するお店のこと。

$16.99

ドット柄ビキニはセットで販売

トレンドものも安く手に入る

ロス・ドレス・フォー・レス
Ross Dress for Less

$12.99

使い勝手のいいショートパンツ

カジュアルなものからフォーマルまで幅広いラインアップ。掘り出し物を探す楽しさがある。

🏠 333 Seaside Ave.
☎ 808-922-2984
🕐 8:00〜22:00
㊡ 無休
🗺 シーサイド通り沿い

 SHOPPINGテク

ワイキキ ▶ MAP 別P.12 C-1

雑貨もお手頃価格でGET！洋服だけではなく、雑貨もオフプライスで購入できる。思わず衝動買いしちゃうことも？

欲しかったあのブランドが割引に！

Outlet mall アウトレットモール

多彩なブランドアイテムが、いつでも25〜65%オフでゲットできる。憧れのブランド品にも手が届くかも！

$49.99

世界トップブランドの限定アイテムも

ワイケレ・プレミアム・アウトレット
Waikele Premium Outlets

GUESSのフリル付きパーカー

ハワイ最大規模のアウトレット。「コーチ」や「カーターズ」など一流ブランドや専門店が50店舗以上に並ぶ。

🏠 94-790 Lumiaina St.
☎ 808-676-5656
🕐 10:00〜20:00（日曜12:00〜18:00） ㊡ 店舗により異なる
🗺 ワイキキからシャトルバス。または、車ではH1を西に向かい、EXIT7で降りてすぐ

ワイケレ ▶ MAP 別P.2 C-2

ロコの生活が垣間見られる場

Swap meet スワップミート

会話や値切りも楽しめるハワイ流フリーマーケット。掘り出し物がきっと見つかる！

ワイキキから 🚗 車で約30分

ハワイ最大規模！ 観光客向け

アロハ・スタジアム・スワップミート
Aloha Stadium Swap Meet

お土産に使えるハワイの民芸品がお手頃に揃う。スナックやジューススタンドも充実。

🏠 99-500 Salt Lake Blvd.
☎ 808-486-6704
🕐 水・土曜8:00〜15:00（日曜6:30〜）
※スタジアムのイベントによりクローズの場合あり ⊙ $2（11歳以下は無料）
🗺 アロハ・スタジアム周辺

パール・ハーバー ▶ MAP 別P.3 D-3

各$3

プルメリアやウミガメが描かれたブレスレットはバネ式でつけやすい

$1

バリエーション豊富なマグネットはどれも$1！

 SHOPPINGテク

ローカルアーティストによる、レアなアイテムも並ぶことも。朝早くから訪れて掘り出し物をハントしよう。

SHOPPING
ショッピングセンター ファッション ジュエリー コスメ アラモアナセンター お土産 スーパー アウトレット＆スワップミート

EAT

HOW TO EAT
ハワイの「食べる」事件簿

レストランにもハワイのルールがある。知らずにいると、最悪入店拒否！なんて事態にも。せっかくのご馳走をおいしく楽しく味わうためにも、最低限の知識は知っておこう。

事件ファイル1

Tシャツでレストランに行ったら入店を止められてしまった！

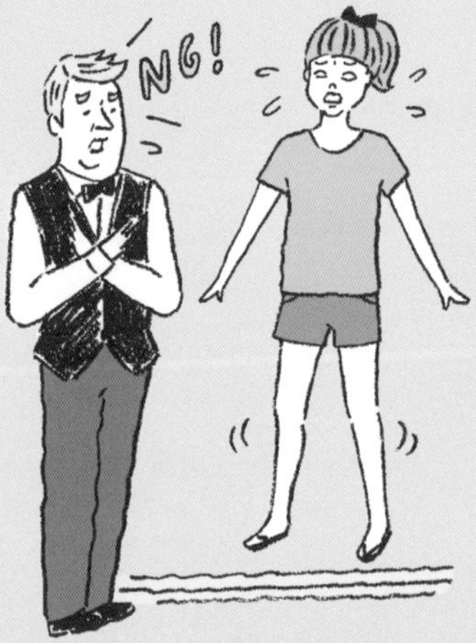

NG!

解決！ 格式ある飲食店では注意、ハワイのドレスコードを心得て！

リゾートホテル内の飲食店やファインダイニングなど、レストランによってはキャミソールやビーチサンダルなどの軽装はNGの場合が多い。海の家感覚で訪れないように注意を。

正しいドレスコードはこれ！

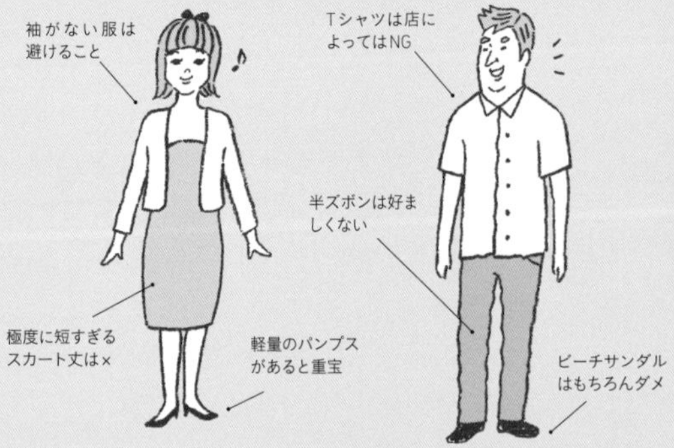

袖がない服は避けること
極度に短すぎるスカート丈は×
軽量のパンプスがあると重宝
Tシャツは店によってはNG
半ズボンは好ましくない
ビーチサンダルはもちろんダメ

女性

ワンピースにパンプスなどを合わせたシンプルなスタイル。袖がない場合はカーディガンなどを羽織る。

男性

襟付きのシャツに足首が隠れる長ズボン。靴は革靴か、なければスニーカーでもOKな場合が多い。

入店から退店の流れ

1 入店
入口で係員がこちらの人数を尋ね、席を手配してくれる。勝手に空席に座るのはNG。

↓

2 注文
基本的に、テーブルによって担当ウェイターが決まっており、ほかの席のサービスは行わない。

↓

3 会計
テーブル担当のウェイターに「Check,please」と告げると、伝票を持ってきてくれる。

↓

4 チップ
テーブルに料金の15〜20％、チップを残す。伝票にサービスチャージが含まれる場合は不要。

⚠ NGアイテム

- × サンダル
- × タンクトップ
- × 短パン
- × デニム
- × Tシャツ

アロハシャツ＆ムームーは正装

ハワイでは、男性のアロハシャツ、女性のムームーも立派な正装。せっかくなら服装もハワイアンスタイルで、食事を楽しんでみては？

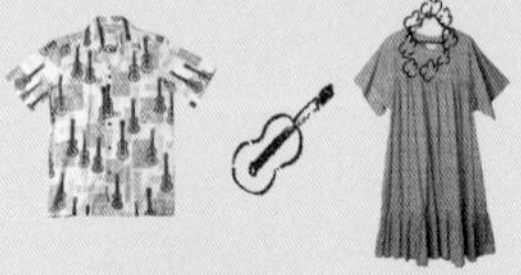

ここのお店でレンタルできる

ムームーレインボー
Muumuu Rainbow

ムームーやアロハシャツなどのレンタル専門店。日本人スタッフもいるので気軽に相談してみよう。

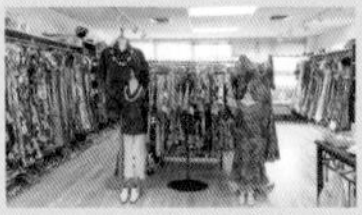

2270 Kalakaua Ave.
☎ 808-921-8118
㊋ 10:00〜18:00　㊡不定休
㊜ ワイキキ・ビジネス・プラザ内
ワイキキ ▶MAP 別P.12 B-1

✏ 事件ファイル2

アルコールを注文したら
「ない」と言われてしまった！

解決！ アルコール類は、持ち込み制の
お店も多い。買ってから入店を

ハワイでは酒類を販売するには「リカー・ライセンス」が必要。
許可のないお店の多くは酒類の持ち込みが可能。しかし、持ち
込み代が発生するお店もあるので、飲み始める前に確認を。

アルコール類購入のルール

ハワイでは飲酒は21歳以上。
飲酒可能年齢に達していて
も、身分証明書(ID)の提示
を求められることがあるので
用意を忘れずに。アルコール
を販売している時間も店によ
り異なるので、事前に確認を。

🍺 ハッピーアワーを楽しもう！

ハッピーアワーとは、「ドリンクやフードが
お得になる時間」のこと。店によって時間
は異なるものの、主にディナータイムに入
る前の夕暮れ時に開催されていることが
多い。毎晩多くの店で行われるので何軒
かをハシゴしながら楽しむのもおすすめ。

ドリンクや
フードがお得

🏠 このお店にもハッピーアワーがあり

◎ **フラ・グリル・ワイキキ** >>>P.137
15:00〜18:00の間、バー席のみで実施。クラ
フトビールやグラスワインを$6〜9で提供。

◎ **ルルズ・ワイキキ** >>>P.137
15:00〜17:00の間、ダイキリやサングリアな
どのカクテルが$4〜楽しめる。ビールも豊富。

◎ **ウルフギャング・ステーキハウス** >>>P.138
15:00〜18:30の間、ワインやミニロコモコ、
ハンバーガーなどが1品$8〜20になる。

✏ 事件ファイル3

量が多すぎて食べきれない・・・
でも残すのは申し訳ない！

解決！ 大抵のレストランでは
"To Go"（持ち帰り）が可能！

ハワイのほとんどのお店で、残してしまった料理を持ち帰ること
(To Go)が可能。担当のウェイターに「To Go,please.」とひと声
かければOK。これで、アメリカサイズの料理が出てきても安心！

To Go 用のバッグについて

To Goできる飲食店では、持
ち帰り用の空箱を渡してくれ
る。これは別名「Doggy bag」
と呼ばれており、「家で飼っ
ている犬に食べさせるため」
という建前からできた言葉と
されている。

⚠ **To Go ができない店もあり！**
多くの店で可能な To Goだが、食べ放題のビュッフェ形式のレストラン
では持ち帰りはできない。また、ファインダイニングなど格式のあるレ
ストランで To Goをすることも、あまり好ましくはない。

いまEATで一番話題なしたいこと！

胸キュンスイーツで気分もUP！

ハワイのおいしくてカラフルなスイーツを厳選してピックアップ！
フォトジェニックなスイーツは見た目の可愛いだけでなく、味もGood！

\ Wow! /

ピンクのクリームが可愛いすぎ！ ミルクストロベリーパンケーキ $13〜
>>> **B**

Pink

パパイアボウル $11
>>> **A**

NICE

マラサダ（グアバ・フィリング）$2.10
レナーズ・ベーカリー
>>>P.119

ウベタルト 8個入り $12.54〜
>>> **C**

Purple

\ Cool! /

ウベを使った滑らかなソフトサーブ $4
>>> **C**

鮮やかなパープルのウベパンケーキ $13.95
>>> **D**

ラ・ピニャ・パイナップル・スプリット $18
ラ・ピーニャ・カンティーナ >>>P.122

トロピカルアイランド・スムージー $7
カフェ・モーリーズ
>>>P.115

Yellow

マンゴージュース with サゴ $9.25
>>> **E**

パパイヤの器もとってもジューシー $10
バナン >>>P.130

HAPPY

レインボーシェイ
ブアイス$3〜
マツモト・シェイブ・
アイス>>>P.172

Rainbow

レインボーケーキ
$4.50
クルクル>>>P.130

シャカブーム各$8
こころカフェ
>>>P.123

Colorful!

EAT

パンケーキ

モーニング

ランチ

ハワイアン

カフェ&スイーツ

レストラン

バー&夜食

Ⓐ 食材にこだわる穴場グルメ

ポノ・ボウル
Pono Bowls

ワイケレ・プレミアム・アウトレット（>>>P.105）
内にあるフードスタンド。ハワイ産の食材にこ
だわる手作りなヘルシーメニューが名物。

🏠 ワイケレ・プレミアム・アウトレット内
☎ なし 🕐 12:00〜18:00 🈲 無休
ワイケレ ▶MAP 別P.2 C-2

Ⓑ 行列の絶えない人気店

モエナ・カフェ
Moena Cafe

ハレアイナ賞で口コミNo.1の獲得経験を持つ
レストラン。華やかで可愛らしいパンケーキの
ほかに、ショートリブ・ロコモコも大人気。

🏠 7192 Kalanianaole Hwy.
☎ 808-888-7716
🕐 7:00〜14:30 🈲 火曜
🈂 ココ・マリーナ・センター内
ハワイカイ ▶MAP 別P.7 C-2

Ⓒ 鮮やかなパープルが目をひく

ウバエ
Ubae

ウベという紅山芋を使った紫色のチーズケーキ
やクッキーが人気の店。衝撃的な色をしている
が、着色料や添加物を一切使用せず、丁寧にハ
ンドメイドしたスイーツばかり。

🏠 1284 Kalani St. ☎ 808-439-3224
🕐 9:00〜18:00（日曜〜16:00）
🈲 無休 🈂 カラニ通り沿い
カリヒ ▶MAP 別P.4 A-3

Ⓓ カラフルデザートメニューが人気

ヨーグル・ストーリー
Yogur Story

インパクトのあるソースは見た目より甘すぎず、
あっさり。そのほか真っ赤なイチゴソースのパ
ンケーキやワッフルもある。

🏠 745 Keeaumoku St.#100
☎ 808-942-0505 🕐 7:00〜15:30 🈲 無休
🈂 ケエアウモク通り沿い
アラモアナ ▶MAP 別P.9 F-2

Ⓔ ハワイらしい最旬スイーツ

マンゴー・マンゴー・デザート
Mango Mango Desserts

ニューヨークで人気の香港スタイルのカフェがハ
ワイに初上陸！ フルーツの女王といわれるマン
ゴーを贅沢に使ったスイーツを堪能して。

🏠 アラモアナセンター3階A
☎ 808-501-0487
🕐 11:00〜21:00（日曜〜20:00） 🈲 無休
アラモアナ ▶MAP 別P.16

王道も個性派もどっちも食べ比べ

ふわもちパンケーキに感激

名物としてすっかり定着したパンケーキ。やっぱり、一度は本場で食べておきたい。
大人気の王道店とこだわりの個性派店を押さえて、ハワイのパンケーキ通になろう。

超王道店
TOP3

| My Favorite PANCAKE!!!

バター・ミルク・
パンケーキ
（フルーツ全部のせ）
$20.25

バナナ、ブルーベリー、イ
チゴに、リンゴのカラメリ
ゼを加えた全部のせ

Fruit
フルーツたっぷり

ロコも観光客も集い、
開店前から行列に！

ふんわり	├──★──┤	もっちり
たっぷり	★	小ぶり
ベーシック	├──★──┤	オリジナル

彩り豊かにフルーツがどっさり

カフェ・カイラ
Café Kaila

グルメアワードでベスト朝食賞を受賞。
リンゴのカラメリゼやイチゴなど、多彩
な果物のトッピングが人気の秘密。

🏠 2919 Kapiolani Blvd.
☎ 808-732-3330
🕐 7:00～18:00（土・日曜～15:30）
🚫 無休　🗺 カピオラニ通り沿い
カパフル　▶MAP 別P.11 E-1

ベルギー産麦芽入り
ワッフル
（フルーツ全部のせ）
$20.25

軽い食感のワッフ
ルも、フルーツを
チョイスできる

ふわふわホイップが自慢
エッグスンシングス
Eggs'n Things

日本でも大人気のお店の本店。ホイップクリームてんこ盛りパンケーキはもっちもち食感。ワイキキに2店舗、アラモアナに1店舗ある。

🏠 339 Saratoga Rd.
☎ 808-923-3447
🕐 7:00〜14:00
㊡ 無休
🗺 サラトガ通り沿い

ワイキキ ▶ MAP 別 P.12 A-2

ふんわり	┝━━━★━┥	もっちり
たっぷり	★━━━━┥	小ぶり
ベーシック	┝━━━━★	オリジナル

Cream
ホイップたっぷり

もっちりとした軽い食感のパンケーキ。ふわふわクリームとナッツの風味が相性バツグン

ストロベリー・
マカダミア・ナッツ
パンケーキ
$13.95

ブルーベリー・
マカダミア・ナッツ
パンケーキ
$13.95

ストロベリーよりも、
酸味が強めの大人味

Sauce
ソースたっぷり

マカダミア・ナッツ
ソース・パンケーキ
$17.99

3枚の薄めのパンケーキに、香り豊かな濃厚クリームたっぷり。クセになるクリーミーな甘さ

クセになるナッツソースが特徴
ブーツ & キモズ
Boots & Kimo's

マカダミア・ナッツソースが一面にかかったパンケーキが名物。連日行列ができるので、早朝が狙い目。

🏠 1020 Keolu Dr.
☎ 808-263-7929
🕐 8:00〜13:00 (土・日曜〜14:00)
㊡ 火曜
🗺 セーフウェイ向かい

カイルア ▶ MAP 別 P.3 E-3

ふんわり	┝━━━★━┥	もっちり
たっぷり	┝━━━★━┥	小ぶり
ベーシック	┝━━━★━┥	オリジナル

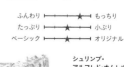

シュリンプ・
アルフレド・オムレツ
$17.95〜

チーズがとろけるエビ入り。オムレツは約15種類

🌸 テーブルやカウンターにあるシロップはかけ放題。店によってハウピアやリリコイ、グアバソースなど種類は様々。

EAT

パンケーキ

モーニング

ランチ

ハワイアン

カフェ&スイーツ

レストラン

バー&夜食

個性派 SELECT3

シン・パンケーキ
メープルバター添え
ベリー添え (+$12〜)
$18

独創的なクレープ風パンケーキ
プルメリア・ビーチ・ハウス
Plumeria Beach House

海岸線を望むテラス席が人気。アラカルト朝食メニューの、薄く巻かれたユニークなシン・パンケーキに注目。

🏠 ザ・カハラ・ホテル＆リゾート1階
☎ 808-739-8760
🕐 6:30〜11:00
🈳 無休
カハラ ▶MAP 別P.5 F-2

ふんわり	├──────★もっちり
たっぷり	├──────★小ぶり
ベーシック	├──────★オリジナル

生地をくるくる巻いて作る。メープルバターのソースがマッチ

カイルアの名店がワイキキに
シナモンズ・アット・ジ・イリカイ
Cinnamon's at the Ilikai

ヨットハーバーに面した開放的な空間。ハレアイナ賞の朝食賞を連続受賞する愛され店。

🏠 1777 Ala Moana Blvd.
☎ 808-670-1915
🕐 7:00〜21:00 🈳 無休
イリカイ・ホテル＆ラグジュアリー・スイーツ1階
ワイキキ ▶MAP 別P.10 B-3

グアバ・シフォン・パンケーキ
$12.75〜
甘酸っぱいソースが決め手、不動の人気！

ふんわり	├──★──もっちり
たっぷり	├──★──小ぶり
ベーシック	├──★──オリジナル

🏠 カイルア本店もCHECK

個性派パンケーキにハマる
シナモンズ・レストラン
Cinnamon's restaurant

ロコに愛され続けているカイルア本店。ディナータイムの営業はないので注意。

🏠 315 Uluniu St.
☎ 808-261-8724
🕐 7:00〜14:00 🈳 無休
🚶 ウルニウ通り沿い
カイルア ▶MAP 別P.7 D-3

キャロット・パンケーキ $11〜
創業からある味。クリームチーズが濃厚♪

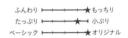

レッドベルベット・パンケーキ
$12.75〜

赤い生地は、程よい甘さのココア味。濃厚ホワイトチョコソースをトッピング

ふわふわ *texture*
食感が個性的！

スフレ・パンケーキ
スモア
$22.50~

とろける口どけ。マシュマロとビターチョコが飽きのこないほろ苦さを演出

スフレ・パンケーキ発祥の店
クリーム・ポット
Cream Pot

ハワイのスフレ・パンケーキ発祥店。フレンチカントリー風の店内でいただくふわふわのパンケーキは絶妙。

🏠 444 Niu St.　☎ 808-429-0945
🕐 8:00～14:00(13:30LO)
🈺 火・水曜
📍 ハワイアン・モナーク・ホテル1階
`ワイキキ` ▶MAP 別P.10 B-2

スフレ・パンケーキ・
ストロベリー
$23.50~

マウイ島産のイチゴを
贅沢にトッピング

ふんわり ★━━━━━ もっちり
たっぷり ━━★━━ 小ぶり
ベーシック ━━━━★ オリジナル

絶対はずせない！
ここのパンケーキも注目

ハワイでしか味わえない限定パンケーキや
全米チェーンの王道パンケーキをご紹介！

| 注目店！ | モンサラット通りの居心地抜群カフェ。オリジナルグッズも可愛いので要チェック！ |

居心地のよいおしゃれ空間
カフェ・モーリーズ
Cafe Morey's

種類豊富なフルーツが贅沢に盛り付けられたパンケーキが有名。ヴィンテージ調の店内なら写真映えも間違いなし！

ミックスフルーツパンケーキ
$18
カラメリゼしたバナナがアクセントになっている！

🏠 3106 Monsarrat Ave.
☎ 808-200-1995
🕐 8:00～14:45　🈺 無休
📍 モンサラット通り
`ダイヤモンド・ヘッド` ▶MAP 別P.5 E-3

| 有名店！ | 朝から夜までずっと朝食メニューが楽しめるアメリカの人気ファミレス |

昔ながらのアメリカ料理が勢揃い
アイホップ
IHOP

オリジナルのバターミルクから食事系まで、パンケーキだけでもバリエ豊富。価格も手頃。

NYチーズケーキ・
パンケーキ **$15.99**
チーズケーキバイトと濃厚ストロベリーソースがたっぷり

🏠 2211 Kuhio Ave.
☎ 808-921-2400
🕐 24時間　🈺 無休
📍 ワイキキ・マリア
by アウトリガー1階
`ワイキキ` ▶MAP 別P.12 B-1

🍴 マグカップやTシャツ、パンケーキ粉など、オリジナルのお土産品を販売するパンケーキ店も多い。

EAT

パンケーキ

モーニング

ランチ

ハワイアン

カフェ&スイーツ

レストラン

バー&夜食

ビーチサイドで？　ホテルビュッフェで？

バカンスの朝食を優雅に食す

朝食をゆっくりと味わうのも旅の醍醐味。ロケーションや雰囲気のいいレストランを選んで、
1日の始まりにふさわしい美食でパワーチャージ。テンションも一気に上がるはず！

Toast

ハワイのランドマーク
を見渡しながら楽しむ
アボカド・ディッシュ

アボカド
トースト
$18

サワードウブレッドに具材
がたっぷり。リリコイヴィネ
グレットが味の決め手

French Toast

ハワイの太陽を浴びて
育ったフルーツたっぷりの
贅沢フレンチトースト

ブルーベリー・
クリーム・チーズ・
フレンチトースト
$13.50

切ると断面からクリームチーズ＆ブルーベリーが！

日本人の口にも合う絶品ロコグルメ

デック
Deck.

ワイキキビーチとダイヤモンド・
ヘッドを望む好立地で、大人気
のアボカドトーストをチョイス。

🏠 クイーン カピオラニ ホテル
3階
☎ 808-556-2435
🕐 6:30～22:00
（金・土曜～23:00）　休 無休
ワイキキ　▶MAP 別P.13 F-2

🍴 *other menu*

ディープディッシュ ハウピア・フレンチトースト	$20
ブレイズドビーフロコモコ	$24
エッグベネディクト	$22
ビーフカレーライス	$18

甘さ控えめ厚切りフレンチトースト

スイート・イーズ・カフェ
Sweet E's Café

マリンテイストの内装が可愛い店
内。乙女心くすぐるスイーツやハ
ワイならではの料理が楽しめる。

🏠 1006 Kapahulu Ave.
☎ 808-737-7771
🕐 7:00～14:00　休 無休
🚗 カパフル通り沿い
カパフル　▶MAP 別P.11 E-1

🍴 *other menu*

エッグベネディクト	$14.50
ハワイアン・オムレツ	$13.95
グリルド・ベジタブル・ サンドイッチ	$14.95

Egg Benedict

大樹の木漏れ日に
守られて幸せな
モーニングタイムを

クラッシック・
エッグベネディクト
$26〜

朝食タイムからとても人気なので予約がベター

ハウの木の下でのんびり朝食
ハウ・ツリー
Hau Tree

エッグベネディクトの名店として
知られる。カイマナ・ビーチが眼
前に広がるテラス席が人気。

🏠 2863 Kalakaua Ave.
☎ 808-921-7066
🕐 8:00〜13:30、17:00〜21:00
（バー 13:30〜17:00、21:00〜
22:00） 🈺 無休
�õ カイマナ・ビーチ・ホテル1皆
ワイキキ ▶MAP 別P.5 E-3

other menu	
ハワツリー フレンチトースト レモンリコッタ	$21
パンケーキ	$22
カイマナ・ビーチ バーガー	$25

Hotel Buffet

宿泊していなくても一流ホテルでリッチに
ホテルビュッフェ

「好きなものを好きなだけ取れる」ビュッフェ形式の朝食でリッチ気分にひたるもよし。

🏢 トランプ・インターナショナル・ホテル・ワイキキ

ヘルシーなメニューが多く、
たっぷり食べても罪悪感なし

多彩な朝食ビュッフェを堪能
陰陽 カフェ
In-Yo cafe

5つ星ホテルにある
オープンエア・カフェ。
注文ごとに焼くオム
レツをはじめ、和洋
中の料理が楽しめる。
ドリンクも充実。

🏠トランプ・インターナショナル・
ホテル・ワイキキ6階
☎808-683-7456
🕐 6:30〜10:30
🈺無休 💲$40（ビュッフェ）
ワイキキ ▶MAP 別P.12 A-2

🏢 プリンス ワイキキ

朝食はオムレツバーが大行列

新鮮なハワイ食材を使ったビュッフェ
ワンハンドレッド セイルズ
レストラン＆バー
100 Sails Restaurant & Bar

ハーバービューを眺
めながら、食事を楽
しめるレストラン。サ
ンデーブランチや
ディナービュッフェ
も豪華で話題。

🏠プリンス ワイキキ3階 ☎80
8-944-4494 🕐 6:30〜10:30（日
曜〜9:00、9:30〜12:15)、17:00〜21:
30 ※月〜土曜11:00〜13:30、月〜
水曜17:00〜21:00はアラカルトの
み 🈺 無休 💲$32〜（ビュッフェ）
ワイキキ ▶MAP 別P.10 A-3

人気のレストランは、開店と同時に大にぎわい。朝食でも事前に予約しておくのがベター。

EAT
パンケーキ
モーニング
ランチ
ハワイアン
カフェ＆スイーツ
レストラン
バー＆夜食

さくっとチャージ。でも本格派

お手軽フードでハワイスタイル

Acai Bowl
アサイボウル

凍ったアサイをスムージー状にし、グラノーラやフルーツをトッピング。美容にもGOOD。

カカオニブやチアシードのトッピングも
ナル・ヘルス・バー＆カフェ
Nalu Health Bar & Café **$11.50**

ナルボウルは3サイズで$6.75 (8oz)〜

地産地消にこだわるオーガニックカフェのアサイは、ブラジル産で濃厚。トッピングは1種$1〜。

🏠 131 Hekili St.#109
☎ 808-263-6258
🕘 9:00〜18:00
🈳 無休
📍 ヘキリ通り沿い

カイルア ▶ MAP 別 P.7 D-3

たっぷりトッピングが名物
アイランド・ヴィンテージ・コーヒー
Island Vintage Coffee **$14.95〜** 自家製グラノーラ入りのアサイボウル

コナコーヒー専門店のカフェ。ハワイ産のはちみつとグラノーラをたっぷりかけたアサイボウルが人気のメニュー。コーヒー豆やお菓子のお土産も豊富に揃う。
>>>P.133

Smoothie
スムージー

凍らせた野菜やフルーツなどをミキサーにかけたコールドドリンク。栄養がぎゅっと凝縮。

フレッシュで自然由来のスムージー
アロ・カフェ・ハワイ
ALO Cafe Hawaii **各$10.18**

スムージーはプロテインなどの追加も可能

プラントベースのビーガンフードを販売。スムージーはパイナップルやケール入りがイチオシ！

🏠 159 Kaiulani Ave.#105
☎ 808-779-7887
🕘 7:30〜17:00
🈳 無休
📍 カイウラニ通り沿い

ワイキキ ▶ MAP 別 P.13 D-1

$6.45 **$8.45**

ビタヤパッション（右）とストロベリーシャカ

生搾りのリッチな味わい
ラニカイ・ジュース
Lanikai Juice

カイルア発のハワイ産フルーツのスムージー店。フルーツをまるかじりしたような濃厚さが魅力。

🏠 ソルト・アット・アワー・カカアコ1階
☎ 808-369-1400
🕘 8:00〜17:00
🈳 無休

カカアコ ▶ MAP 別 P.8 C-3

「朝からたっぷり遊びたいから、朝食は気軽にサッと済ませたい」そんな人におすすめ！
リーズナブルかつ楽チン、さらにハワイらしさも味わえる朝食をご紹介。
その日のプランと好みに合わせて選ぼう。

EAT

パンケーキ

モーニング

ランチ

ハワイアン

カフェ＆スイーツ

レストラン

バー＆夜食

朝はやっぱりご飯！

Spam musubi
スパムむすび

スパムをのせたご飯を海苔で巻いた、ハワイの定番食。テリヤキや醤油など味付けも多彩。

ハワイ風おむすびを食す
むすび・カフェ・いやすめ
Musubi Cafe IYASUME

おむすびの専門店。11種類の定番とうなぎやいなりむすびなど多彩で、どれもボリューミー。

$3.38
具だくさんのアボカドベーコン玉子スパム

🏠 2427 Kuhio Ave.
☎ 808-921-0168
🕐 7:00～20:00　🈳 無休
🚇 アクアパシフィックモナーク・ホテル1階
`ワイキキ` ▶MAP 別 P.13 D-1

リーズナブルで満足度高め！
ABCストア 37号店
ABC Stores #37

$1.89～
1つで食べ応え十分のスパムむすび

ワイキキに35以上の店舗を構えるハワイのNo.1コンビニ。スパムむすびは保温ケースに並び、いつでもホカホカ。こってりテリヤキソースの少し濃いめの味付けが特徴。
>>>P.94

甘いものに目がない♪

Malasada
マラサダ

揚げパンにグラニュー糖をまぶしたポルトガルのお菓子。移民によってハワイに広がった。

軽い食感が魅力の元祖マラサダ
レナーズ・ベーカリー
Leonard's Bakery

ハワイで初めてマラサダを販売した老舗。シナモンをまぶしたものやクリーム入りなど種類豊富。

$2.10
クリーム入りのマラサダバフ。定番は$1.70

🏠 933 Kapahulu Ave.
☎ 808-737-5591
🕐 5:30～19:00
🈳 無休
🚇 カパフル通り沿い
`カパフル` ▶MAP 別 P.11 E-1

老舗ベーカリーのロコ溺愛スイーツ
リリハ・ベーカリー
Liliha Bakery

1950年創業のベーカリー＆ダイナーがワイキキに進出。旅行者も気軽に味わえ、ますます盛況。

各$3.89
ハウピア、リリコイ、アップル、小豆など

🏠 インターナショナルマーケットプレイス3階
☎ 808-922-2488
🕐 7:00～22:00　🈳 無休
`ワイキキ` ▶MAP 別 P.21

EAT
04

ピクニック気分で食べるランチタイム♪
プレートランチ を To Go する

ライスとおかずが一皿に盛られた、安くてボリューム満点のプレートランチ。
好きなプレートを持ち帰り、大自然の中でのんびり味わいながらハワイを満喫しよう。

ロコの間ではおなじみ
"To Go" とは？

「お持ち帰り」という意味。日本ではテイクアウトが一般的だが、ハワイでは通じないこともあるので注意。店内の場合は「Here（ヒア）」となる。

これが
プレートランチ

Side dish
サイドはフレッシュサラダ。ドレッシングは3種から選べるので好きなものを

ステーキ＆チキン
$25.75

Main dish
本格的なステーキをメインに。1種類でも、エビやチキンなどと2種でもOK！

ハーフステーキ＆
シュリンプコンボ
$25.75

味のよさはもちろんボリューミーで、がっつり派も大満足

ハワイ名物ガーリック
シュリンプとステーキ
をカジュアルに

HOW TO
オーダー方法

STEP1
まずはメイン料理を選ぶ。2種類選んでコンボにすることも可能。内容の決まったプレートランチも用意されている。

STEP2
次に、サイドメニューのサラダの種類（マカロニ・グリーンなど）とドレッシングを選ぶ。ご飯を選べるお店も多い。

STEP3
最後にお会計。デリ以外では、注文の際に番号札を渡され、番号を呼ばれたら受け取りに行くというシステムが一般的。

本格ステーキを破格の値段で食せる！
チャンピオンズ・ステーキ＆シーフード
Champion's Steak & Seafood

一流ホテルで修業したシェフによるステーキやシーフードがプレートで味わえる。

🏠 ロイヤル・ハワイアン・センターB館2階
バイナ・ラナイ・フードコート内
☎ 808-921-0011
🕙 10:00〜22:00
Ⓗ 無休
ワイキキ ▶ MAP 別 P.18

120

パイオニア・サルーン×カピオラニ公園

PARK へ TO GO

青空の下、緑豊かな公園でランチタイム♪
食べたあとはのんびりお昼寝するのもいいかも。

グリル・アヒ
$22〜
マグロを丁寧に炙ったステーキ
がメイン。ぺろっと完食できる

リブ・アイ・ステーキ
$19〜
ボリューム感のあるビッグス
テーキ。ソースは3種から選べる

ハワイアン×日本食のコラボ
パイオニア・サルーン
Pioneer Saloon

日本人が経営するプレートランチ
店。和風テイストの優しい味わい。

🏠 3046 Monsarrat Ave.
☎ 808-732-4001
🕐 11:00〜20:00　無休
🚻 モンサラット通り沿い

ダイヤモンド・ヘッド ▶MAP 別P.5 E-3

Picnic time ♪

果てしなく続く緑の芝生でランチ
カピオラニ公園
Kapiolani Park

ダイヤモンド・ヘッドの麓にある
ハワイ最大の公園。広大な芝生
が続き、動物園などもある。

🏠 3840 Paki Ave.
🚻 パキ通り沿い
ワイキキ ▶MAP 別P.11 F-3

サムズ・キッチン×ワイキキビーチ

BEACH へ TO GO

ビーチ遊びのあとは潮風を浴びながら昼ごはん！
ハワイを感じる最高の過ごし方。

ガーリックステーキ
$18〜
にんにくの効いた香ばしい味わ
いのステーキ。ご飯によくマッチ

ガーリックシュリンプ
$14〜
カウアイ島産のエビを独自ブレ
ンドのタレに絡めて炒めた逸品

愛情たっぷりのヘルシープレート
サムズ・キッチン
Sam's Kitchen

地元TVにも出演するサムさんの店。
日本人好みのあっさり味が好評。

🏠 353 Royal Hawaiian Ave.
☎ 808-444-3636
🕐 10:00〜翌1:00　無休
🚻 ロイヤル・ハワイアン通り沿い
ワイキキ ▶MAP 別P.12 B-1

街の中心で大自然に包まれる
ワイキキビーチ
Waikiki Beach

ビーチまでサムズ・キッチンから
徒歩圏内。砂浜に座り、波音を聞
いて開放感満点のランチを。
>>>P.26

I'm hungry!

🍴 ライスは「スクープ」という単位で数えることが多い。アイスクリームのスクーパーを使うことから由来している。　121

EAT

パンケーキ

モーニング

ランチ

ハワイアン

カフェ＆スイーツ

レストラン

バー＆夜食

EAT
05

さくっと食べられる！
ワイキキ3大フードコートへ

複数のお店が集まるフードコートは、各自食べたいものをチョイスして持ち寄れるので、
とっても便利！ シーンに合わせて使い分けするのがおすすめ。

BANZ
BURG
インターナショナル
マーケットプレイス
>>>P.64

スタイリッシュな雰囲気が特徴
クヒオ・アベニュー・
フード・ホール
Kuhio Ave. Food Hall

2021年にオープンしたおしゃれ
なフード・ホール内には、10店の
フードコンセプトと3つのバー
が並び、どこも連日大にぎわい。

🏠インターナショナル
マーケットプレイス1階
🕐 店舗により異なる 🈳 無休
ワイキキ ▶MAP 別 P.21

パイナップルのデザートも必食！

ベイビーバックリブ
$18

陽気なメキシカン＆テキーラ！
ラ・ピーニャ・
カンティーナ
La Piña Cantina

テキーラがすすむ多彩な
メキシカンをサーブ。パイ
ナップルを使用した料理
も多く、軽い食事にも◎

☎ 808-470-3463
🕐 11:00〜21:00
ワイキキ ▶MAP 別 P.21

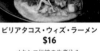

ビリアタコス・ウィズ・ラーメン
$16

メキシコ伝統の牛煮込み
をラーメンでアレンジ！

6種のスモークプレートと
ガーリックシュリンプを
用意。サイドも美味！

ハズレなしの激旨プレート！

NICE

やわらかくじっくりスモーク
チーホーバーベキュー
CHEE HOO BBQ

ビーフブリスケット、ポークリブ、カ
ルビ、スパイシーソーセージなど、
頬張るほどに至福の時間が到来。

🕐 11:00〜21:00
ワイキキ ▶MAP 別 P.21

ロイヤル・ハワイアン・センター
>>>P.62

EAT

パンケーキ

モーニング

ランチ

ハワイアン

カフェ&スイーツ

レストラン

バー&夜食

リーズナブルな各国料理が集結
パイナ・ラナイ
Paina Lanai

ハワイ、ベトナム、中国など多国籍な12店舗が出店するオープンエアのフードコート。新店もたびたび登場。

♠ ロイヤル・ハワイアン・センターB館2階
☎ 808-922-2299
🕐 店舗により異なる
🅷 無休
ワイキキ ▶MAP 別P.18

ロコモコバーガー
（ダブル）
$10.95

ダブルはパテ200g超え！
グレイビーがポイント

プレートランチ
（おかず2種）
$9.60〜

おかずを自由に選べるのがうれしいところ

ハワイ産高級ビーフをパテで手軽に

ロコ垂涎の地産地消バーガーショップ
マハロハ・バーガー
Mahaloha Burger

地元のアンガスビーフと野菜を使用したグルメバーガー。フードコートでは珍しくビールと共に楽しめる。

☎ 808-926-6500
🕐 11:00〜21:00 🅷 無休
ワイキキ ▶MAP 別P.18

2人でシェアしても十分なボリューム

アメリカ生まれの中国プレート
パンダ・エクスプレス
Panda Express

アメリカンテイストの中国料理が手軽に味わえる。カウンターに並ぶ料理からメインとおかず2〜4品選ぶ。

☎ 808-924-8886 🕐 11:00〜21:00
🅷 無休 ワイキキ ▶MAP 別P.18

ちょっと一息つけるデザートなら！

写真映え100%の話題スイーツ
こころカフェ
Kokoro Café

ハワイのハンドサイン、シャカの形をしたコーンにアイスをオン！溶ける前にかわいい写真を撮ろう。

☎ 808-388-6552
🕐 10:00〜22:00 🅷 無休
ワイキキ ▶MAP 別P.18

シャカブーム
$8

好みに合わせてトッピングをカスタマイズ！

ワイキキ・ショッピング・プラザ
>>>P.67

アジアの食が一堂に！
スティックス・アジア・ワイキキ
STIX ASIA Waikiki

ラーメン、寿司、天ぷらなどの名店からアジア各国の屋台フードまで17店で構成。抹茶スイーツの店も。

♠ ワイキキ・ショッピング・プラザ 地下1階
☎ 808-744-2445
🕐 8:00〜22:00（店舗により異なる） 🅷 無休
ワイキキ ▶MAP 別P.12 B-1

日本食が恋しくなったら…！

醤油ラーメン
（煮卵トッピング）

動物系と魚介系のダブルダシのスープが美味

FOOD HALL
STIX
ASIA
WAIKIKI

ミシュラン選出の旭川ラーメン
梅光軒
Baikohken

北海道版のビブグルマンに選ばれた旭川名物のラーメンが楽しめる。こってりしながらも後味があっさりしているので、アメリカ料理に疲れた胃にも優しそう。

🕐 11:00〜22:00
ワイキキ ▶MAP 別P.12 B-1

ハワイで絶対食べたい!!
ハンバーガー&ガーリックシュリンプ

本場の味を食べ比べるべし!

Hamburger
ハンバーガー

HOW TO

カスタムオーダーの方法

STEP1
メニューと一緒に渡されるオーダーシートをチェック。日本語シートがある場合もあるのでスタッフに尋ねて。

STEP2
パテの種類、サイズやチーズ、トッピング、ソースなどを選んでチェックを入れる。追加料金が必要なものも。

STEP3
スタッフにシートを渡せばバーガーのオーダー完了。ドリンクやサイドメニューを頼む場合は、直接オーダー。

カウンター・バーガー
$18.75〜

あごが外れそう! 高さ16cmのハイ・バーガー

- オニオンフライ
- マッシュルームソテー
- プロヴォローネチーズ
- アンガスビーフ
- レタス
- 完熟トマト

肉厚パテとオニオンフライをたっぷりサンド

高さ	★★★
量	★★★
独創性	★★

自分だけのカスタマイズを楽しむ
ザ・カウンター
The Counter

大迫力のカウンター・バーガーとパテや具材を自分で決めるカスタムバーガーで有名。

- ♠ カハラモール1階
- ☎ 808-739-5100
- ⊗ 11:00〜21:00
- ㉠ 無休
- カスタム有 (ビーフの大きさ、チーズ等)
- カハラ ▶MAP 別P.5 F-2

食材の旨みが活きたシンプルな味
ホノルル・バーガー・カンパニー
Honolulu Burger Company

野菜や肉、調味料などすべてハワイ産にこだわったバーガーショップ。

- ♠ 1295 S.Beretania St. ☎ 808-626-5202
- ⊗ 11:00〜20:00 (火曜〜18:00、日曜〜16:00) ㉠ 月曜
- ⊗ サウス・ベレタニア通り沿い
- カスタム有 (ビーフの大きさ、チーズ等)
- アラモアナ ▶MAP 別P.9 E-1

XLチーズ・バーガー
$11.28〜

食材自体が活きるシンプルな味付けが魅力

ハワイ産のこだわり 食材が大結集!

高さ	★★
量	★★
独創性	★★

オリジナルバーガー
$9.49〜

肉厚なパテとソースが相性バツグン!

ジューシーなパテが3枚まで重ね放題!

人気の秘訣は甘辛ソースとパテ
テディーズ・ビガー・バーガー
Teddy's Bigger Burgers

世界展開のハワイ発バーガーチェーン。パテ3枚重ねや秘伝のテリヤキ、チキン、ベジーなど幅広いニーズに対応。

- ♠ 134 Kapahulu Ave.
- ☎ 808-926-3444 ⊗ 10:00〜21:00
- ㉠ 無休 ⊗ カパフル通り沿い
- カスタム有 (ビーフの大きさ、チーズ等)
- ワイキキ ▶MAP 別P.13 F-2

アメリカンなハンバーガーと、ガーリックの香りが食欲をそそる
ガーリックシュリンプは、ハワイに行ったら必ず食べたい一品。
自分好みのお店を探しにいこう！

ALOHA

ぷりぷりのエビを頬張ろう！

Garlic Shrimp
ガーリックシュリンプ

ハレイワの一角にある
フードトラック

日本人シェフの唯一無二の味
カマロン・オリジナル・ガーリックシュリンプ
Camaron Original Garlic Shrimp

エビは殻をむいて調理するので食べやすくて濃厚。ソースはバターとクリームの2種。

🏠 66-236 Kamehameha Hwy.
☎ 808-348-6484
🕐 11:00～17:00　㈭ 無休
🅿 カメハメハ・ハイウェイ沿い
ハレイワ ▶MAP 別P.6 B-3

ガーリック
シュリンプ
$15.40～

本場カフクの
ガーリックシュリンプロード で食べる！

フミズ カフク
シュリンプ

サンド・ロード
Sand Rd

カメハメハ・ハイウェイ Kamehameha Hwy

バローズ・ロード
Burroughs Rd

Ⓐ Ⓑ Ⓒ

♪

Ⓐ
バターとガーリック
の香りに食欲が増す

バター・ガーリック・
シュリンプ
$16.75～

Ⓑ

ガーリック
シュリンプ
$16～

甘みのあるエビを使用
し、食べやすさ◎

Ⓒ
シュリンプ・
スキャンピ
$15～

ガツンとしたガーリック
の味わいがクセになる

いつでも新鮮なエビが味わえる
Ⓐ ロミーズ
Romy's

週末になると長蛇の列ができる老舗。シュリンプよりも大きめなプローン（手長海老）もロコに人気。

🏠 56-781 Kamehameha Hwy.
☎ 808-232-2202　🕐 10:30～16:45
（金～日曜～17:45）　㈭ 無休
カフク ▶MAP 別P.2 C-1

ガーリック好きにはたまらない
Ⓑ フェイマス・カフク・シュリンプ
Famous Kahuku Shrimp Truck

すりおろしたガーリックを使用していることが特長のお店。まろやかで甘みの強い濃厚な味わいにリピーターも多い。マカロニサラダも好評。

🏠 56-580 Kamehameha Hwy.
☎ 808-389-1173
🕐 10:00～18:00　㈭ 無休
カフク ▶MAP 別P.2 C-1

シュリンプブームの火付け役！
Ⓒ ジョバンニ・シュリンプ・トラック
Giovanni's Shrimp Truck

定番メニューのほか、ホット＆スパイシー、レモンバターなど食べ比べするのもおすすめ。ハーフプレート$8～。

🏠 56-505 Kamehameha Hwy.
☎ 808-293-1839
🕐 10:30～18:30　㈭ 無休
カフク ▶MAP 別P.2 C-1

EAT

パンケーキ

モーニング

ランチ

ハワイアン

カフェ＆スイーツ

レストラン

バー＆夜食

🍴 ザ・カウンターには、バンズにマルチグレイン（雑穀ミックス）を使用したベジーバーガー$14～などもある。　125

2大ハワイアンフードを気分で選ぶ

ロコモコ VS ポキ対決

ハワイの2大定番メニュー、グレイビーソースが決め手のロコモコと、ハワイ風の海鮮漬け丼、ポキボウルは外せない！ テーマ別にロコモコVSポキボウルのお店をご紹介。

Loco Moco

グレイビーソース

白米

ハンバーグ

目玉焼き

ネギ

ROUND1
人気店対決！
各ハワイアンフードを
代表する名店バトル

Poke

醤油アヒ

ネ

白米or玄米

スパイシーアヒ

オニオン

ワイキキで一番うま〜い
極上ロコモコのお店

VS

ホノルル港からすぐ！
新鮮さが売りの行列店

ロコモコ
$24
ワギュウパテに自家製
グレイビーがたっぷり。
卵の焼き方は選べる

ポキボウル
時価
アヒ（マグロ）のポキボ
ウル。2種類の味付け
が楽しめてお得

"極上ロコモコの店"はここ！
ルルズ・ワイキキ
Lulu's Waikiki
開放的な2階で、ビーチを眺め
ながらロコモコが楽しめるお店。
ミュージックライブも頻繁に開催。
>>>P.137

ペッパーが
効いていて
GOOD♪

水揚げされたばかりの魚を使用！
ニコズ・ピア38
Nico's Pier 38
ハワイ近海で捕れたマグロのポキ
ボウルが人気。アウ（カジキ）
やアク（カツオ）のポキもある。

魚の新鮮さは
どの店にも
負けない！

🏠 1129 N. Nimitz Hwy.
☎ 808-983-1263
🕐 6:30〜17:00
（日曜10:00〜16:00）
🈚 無休
📍 ホノルル港38埠頭

`カリヒ` ▶MAP 別P.4 A-3

WHAT IS 🌴

ロコモコ
白いご飯の上にハンバーグ
と目玉焼きをのせ、肉汁を
煮詰めたグレイビーソース
をかけたもの。

HOW TO 🌴

食べ方
ハンバーグ＆目玉焼きを大
胆に崩し、ご飯やソースと
豪快に混ぜる。それが本場
の食べ方！

WHAT IS 🌴

ポキボウル
角切りにした生魚を、ハワイ
の塩や醤油などに漬けたポ
キを、ご飯にのせた丼もの。
魚はアヒ（マグロ）が主流。

HOW TO 🌴

食べ方
ポキに味が付いているので
丼を食べる要領でOK。醤
油以外に、シラチャーマヨ
で和えたスパイシーも美味。

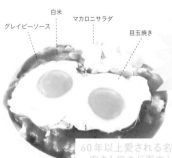

グレイビーソース
白米
マカロニサラダ
目玉焼き

ROUND2
コスパ対決！

安い＆旨いが同時に叶う、
ロコも大好きな2店

ロミサーモン
マサゴ
白米 or 玄米
or サラダ
ハリケーンアヒ

VS

60年以上愛される名店
安さと旨さが両立！

米も具材もカスタマイズ可
スーパー直営の自分流ポキ

ロコモコ
$10.50
パテは2枚重ねで、
マカロニサラダも名物

ライジング・サン
$20
ちらし寿司スタイルの
シグネチャーボウル

ロコが愛するシンプルプレート
レインボー・
ドライブイン
Rainbow Drive-In

1961年創業のプレートランチの
有名店。ロコモコは特にロコの支
持率が高くリピート必至の味。

卵は半熟を
注文するのが
おすすめ！

♠ 3308 Kanaina Ave.
☎ 808-737-0177
🕐 7:00〜21:00　㊡ 無休
🚃 カパイナ通り沿い
【カパフル】▶MAP 別P.11 F-2

どんなに贅沢しても$20以下
レッドフィッシュ・ポケ
バー by フードランド
Redfish Poke Bar by Foodland

ポキの種類やご飯、サイド、トッ
ピングを自由に選べる。お店イチ
オシのボウル4種類も用意。

フードランドのデリの
ポキをお酒と楽しめる

♠ ソルト・アット・アワー・
　カカアコ1階
☎ 808-532-6420
🕐 11:00〜21:00（金〜土曜
　〜24:00）　㊡ 無休
【カカアコ】▶MAP 別P.8 C-3

グレイビー
ソース
目玉焼き
オニオン
カラメリゼ
ハンバーグ

ROUND3
変わりモノ対決！

こんなの見たことない！
他にはない個性派

コチュジャン・アヒ
シーアスパラガス
オニオン

VS

スモークベーコン混合パテと
フライドライスはやみつき！

シーアスパラガスの食感と
コチュジャンが絶妙バランス

フライド
ライス

ショア・ファイヤー
シグネチャー
50/50 ロコモコ
$25

フレッシュ・アヒ・
アイランド・ホット $18.99〜（1ポンド）
アヒとシーアスパラガスに、
コチュジャンの辛味がマッチ

食材すべてにひと手間掛けた進化形
ショア・ファイヤー
ShoreFyre

ベーコン50％とアンガスビーフ
50％のパテをフライドライスに
のせ、濃厚グレイビーもたっぷり。

インテリアが可愛いい
店内。テラス席もある

♠ インターナショナル
　マーケットプレイス3階
☎ 808-672-2097
🕐 10:00〜24:00（金曜〜翌2:00、
　土・日曜 9:00〜翌2:00）
㊡ 無休
【ワイキキ】▶MAP 別P.21

アヒとの相性◎な甘口特製タレ
タムラズ・ファイン・
ワイン＆リカーズ
Tamura's Fine Wine & Liquors

ショーケースに約20種のポキが
並びボウルも販売。甘みのある
醤油ベースの特製タレが決め手。

酒屋の一角にある、ポキ
コーナーにて販売

♠ 3496 Waialae Ave.
☎ 808-735-7100
🕐 9:30〜20:00
㊡ 無休
🚃 ワイアラエ通り沿い
【ワイアラエ】▶MAP 別P.5 D-1

ロコモコは、ある少年の「安くて満腹になるメニューを作ってほしい」というリクエストから生まれたメニュー。　127

EAT
パンケーキ
モーニング
ランチ
ハワイアン
カフェ＆スイーツ
レストラン
バー＆夜食

ロコのデイリーフードでハワイの日常を知る！
B級グルメを実食してみる

あっさり薄味の
サイミン$4.70〜

Saimin

天井が高く開放感たっぷり

🍜 サイミン
日系移民から伝わったとされる汁そば。見た目はラーメンで、干しエビベースのスープが主流。

ロコ溺愛のファミリーレストラン
ジッピーズ
Zippy's
創業1966年の老舗ファミレスで、現在ハワイに22店舗展開。サイミンはもちろん、チリやプレートランチも有名。

🏠 1222 S.King St.
☎ 808-594-3720
🕐 6:00〜24:00（金〜日曜〜翌2:00）
㊡ 無休 　🚗 サウス・キング通り沿い
`マキキ` ▶MAP 別P.9 E-2

🐔 バーベキューチキン
甘辛いタレに漬け込んだ骨付きの鶏肉を回しながら炭火で照り焼きに。店舗によりフリフリチキンと呼ぶ。

香ばしい匂いが食欲をそそる！
レイズ・キアヴェ・ブロイルド・チキン
Ray's Kiawe Broiled Chicken
マラマ・マーケット駐車場内に週末限定でオープンする屋台。ハワイの香木「キアヴェ」の炭でチキンを焼き上げる。

🏠 66-190 Kamehameha Hwy.
🕐 土・日曜9:00〜16:00　☎ 808-351-6258
㊡ 月〜金曜 　🚗 カメハメハ・ハイウェイ沿い、マラマ・マーケット駐車場内
`ハレイワ` ▶MAP 別P.6 B-3

Ray's KIAWE BROILED Chicken

炎を上げながら豪快に焼く！

プレートランチ$12〜が人気

Seafood

The Boiling Crab

カニのイラストが目印

カニのケジャンは時価

🐟 シーフードボイル
カニやエビなどを茹で、ビニール袋に入れて甘辛タレなどと絡めたアメリカ本土で人気の料理。

手掴みで豪快に食べるシーフード
ザ・ボイリング・クラブ
The Boiling Crab
好みの魚介、ソース、辛さをセレクトするシーフードレストラン。テーブルの上に広げて黙々と頬張ろう！

🏠 ソルト・アット・アワー・カカアコ内
☎ 808-518-2935
🕐 15:00〜22:00（土・日曜12:00〜）
㊡ 無休
`カカアコ` ▶MAP 別P.8 C-3

ハワイならではの料理が食べてみたい！
それなら、安くて味わい深いハワイのB級フードがおすすめ。
街を散策しながら気軽に立ち寄ってみよう。

ハワイのB級グルメ

ハワイのB級グルメの多くは、移民の食文化がルーツ。
日本やアジアの人々が、故郷の味を懐かしんで作った
ものが、やがてロコたちの間で広まった。

EAT

パンケーキ

モーニング

ランチ

ハワイアン

カフェ&スイーツ

レストラン

バー&夜食

テイクアウトもできるのがうれしい

長時間煮込んだスープは
絶品$23.95 (Reg)

🐄 オックステールスープ

牛のテール肉をじっくり煮込んだシン
プルなスープ。ハワイアンソルト
を使い、後味すっきりの絶品。

地元住民に愛されているお店

朝日グリル
Asahi Grill

牛テールの旨みが溶け出したスープが
自慢のお店。おろし生姜をたっぷり入
れるのが、ツウの食べ方。

🏠 3008 Waialae Ave.
☎ 808-744-9067
🕐 8:00〜14:00、17:00〜21:00
🈳 水曜 🗺 ワイアラエ通り沿い

ワイアラエ ▶MAP 別P.5 D-2

🥟 マナプア

中国人から伝わった肉まんのハ
ワイ版。チャーシューなどを入
れた生地を蒸したり焼いたもの。

ベイクド・マナ
プア$2.29

こんがり焼かれた生地が特徴

ロイヤル・キッチン
Royal Kitchen

チャーシューやカルアポークなど種類
豊富なマナプア店。持ち帰りがベスト。

🏠 100 N. Beretania St.
☎ 808-524-4461
🕐 5:30〜16:30（土曜6:30〜、
日曜6:30〜14:30） 🈳 無休
🗺 チャイナタウン・カルチュラル・
プラザ1階

チャイナタウン ▶MAP 別P.4 A-1

コンパクトな
テラスは2席

ロコの粋な
アート作品が並ぶ

ママズフライド
ライス$15〜

🧺 フライドライス

少し甘めなハワイオリジナルの
味付けがされた炒飯。中国風の
炒飯をそのまま指すこともある。

庶民派の味わいで人気のカフェ

ボガーツ・カフェ
Bogart's Cafe

ロコが朝食に通う人気のカフェ。アサ
イボウルや、ごま油が効いた具だくさ
んのフライドライスが人気。

🏠 3045 Monsarrat Ave.
☎ 808-739-0999
🕐 7:00〜15:00 🈳 無休
🗺 モンサラット通り沿い

ダイヤモンド・ヘッド ▶MAP 別P.5 E-3

おやつにはオアフ島でNo.1のあの味を
ひんやりスイーツいただきます

COLORFUL
★ NO.1 ★

シェイブアイス
カップケーキ
各4.95〜

写真映えカラフルスイーツが揃う
クルクル
kulu kulu

日本のケーキ屋さんからインスピレーションを得た、見た目も可愛い美味なスイーツが豊富。

🏠 ロイヤル・ハワイアン・センターB館2階
☎ 808-931-0915
🕐 10:00〜21:00
㊡ 無休

ショーケースにはケーキやシュークリームがずらり。ホールケーキの販売もしている

ワイキキ ▶MAP 別P.18

PINEAPPLE
★ NO.1 ★

ドールホイップ
$4.75〜

Dole の味をワイキキで
アロハホイップ
Aloha Whip

ドールプランテーション（>>>
P.45）のパイナップルアイスやジュースなどをワイキキで！

🏠 クイーン カピオラニ ホテル1階
☎ 808-426-8313
🕐 11:00〜20:00
㊡ 無休

メニューはパイナップル尽くし！ ボリュームがあるのでシェアするのがおすすめ

ワイキキ ▶MAP 別P.13 F-2

自家製ナチュラルシロップが魅力
モンサラット・シェイブアイス
Monsarrat Shave Ice

路地裏に佇む小さなシェイブアイスのお店。シロップは毎日手作りし、着色料は不使用。

🏠 3046 Monsarrat Ave.
☎ 808-732-4001
🕐 11:00〜16:00 ㊡ 月〜木曜
🅿 モンサラット通り沿い

ダイヤモンド・ヘッド ▶MAP 別P.5 E-3

濃厚な果実がアイスに！
バナン
Banan

バナナをメインに使用した、ヘルシーで濃厚なスイーツを揃えるスイーツショップ。

🏠 2301 Kalakaua Ave.
☎ 808-691-9303
🕐 8:30〜20:00
㊡ 無休 🅿 カラカウア通り付近

ワイキキ ▶MAP 別P.12 C-2

シェイブアイス
$5〜

CUTE
★ NO.1 ★

氷をかきつつ数回に分けシロップをかけるので全体に味が染み渡る

パイオニア・サルーンの隣にある。隠れ家的なお店

HAPPY

バナナとアサイのリスモア
$8〜

FRUITY
★ NO.1 ★

バナナそのものを食べているように濃厚。果物はトッピングで

ハワイ育ちのロコ4人がオープン。ビーガン対応も可能なヘルシーメニュー

どんなに食べてもスイーツは別腹！　食べるだけで元気が出る、
おいしくて可愛いひんやりスイーツが大集合。
定番もいいけど、SNSなどで話題のお店の最旬スイーツも気になる。
少し遠出してでも食べに行くべき8店をピックアップ。

EAT

パンケーキ

モーニング

ランチ

ハワイアン

カフェ＆スイーツ

レストラン

バー＆夜食

PACKAGE
☆ NO.1 ☆

キウイ ブラック
ティー(右)
$4.75〜

タイミルクティー
＋ボバ(左)
$5.75〜

台湾生まれの"ボバ"
(タピオカ)のもちっと
した食感がたまらない

LIMITED
☆ NO.1 ☆

パパイヤミルク
センセーション
$14.50

カスタマイズドリンクでひと息
ミスター・ティー・カフェ
Mr. Tea Cafe

好きなティーに、ゼリーや小豆
などを自由にプラスできる、カ
スタマイズドリンクのカフェ。

🏠 909 Kapiolani Blvd.
☎ 808-593-2686
🕐 11:00〜22:30　㊡ 無休
📍 カピオラニ通り沿い
`ワード` ▶MAP 別P.9 D-2

可愛いヒゲのロゴマークが目
印。青い屋根とガラス張りの
モダンな外観が目を引く

ハワイ限定フレーバーを味わう
アイス・モンスター
Ice Monster

台湾発のかき氷ショップがハワ
イに上陸。ハワイ限定パパイヤ
ミルクはトロピカルな味わい。

🏠 2255 Kuhio Ave.
☎ 808-762-3192
🕐 11:00〜22:00　㊡ 無休
📍 クヒオ通り沿い
`ワイキキ` ▶MAP 別P.12 C-1

クヒオ通りのベストロケー
ション。買い物帰りの休憩に

ハワイの味を詰め込んだ手作りアイス
ヴィア・ジェラート
Via Gelato

地元農家から仕入れる
ハワイ産の食材を使用
したジェラートの店。
コーンも自家製。

🏠 1142 12th Ave.
☎ 808-732-2800
🕐 11:00〜22:00
　（金・土曜〜21:00）
㊡ 無休　📍 12番通り沿い
`ワイアラエ` ▶MAP 別P.5 E-1

ジェラート
$5.25〜

コットンキャンディー×
ファッジスウォール。
キッズサイズもある

抹茶の概念が覆される新感覚ドリンク
ジュンビ・ワイキキ
Junbi Waikiki

抹茶の程よい苦みと濃
厚フルーツを掛け合わ
せた、カリフォルニア発
のニューカマー！

抹茶ドリンク
$7.25〜

🏠 ロイヤル・ハワイアン・センター
C館1階
☎ 808-892-1221
🕐 8:00〜20:00
㊡ 無休
`ワイキキ` ▶MAP 別P.18

VARIETY
☆ NO.1 ☆

開放感あふれる店内は居心地
がいいので長居してしまう

UNIQUE
☆ NO.1 ☆

右からハワイ限定グアバ抹茶、ゆずドラゴ
ンフルーツ抹茶、いちご抹茶ラテ各$7.25

抹茶は日本産。直接日本まで
買い付けに行くこだわり

お店ならではのこだわりがあるカフェで
買い物の合間にカフェタイム

カラカウア通り沿い
ならここ！

COFFEE BREAK

①香り高いラテ $5.50〜を1杯づつ丁寧に
②格式ある外観もステキ

厳選した豆をこまめにロースト
ホノルル・コーヒー
Honolulu Coffee

挽きたてのコナコーヒーとパティシエ
が作るケーキやペストリーが自慢。ク
ラシカルな店内の雰囲気も魅力的。

🏠 モアナ サーフライダー ウェスティン
リゾート＆スパ1階
☎ 808-926-6162
⏰ 5:30〜22:00　休 無休
ワイキキ ▶MAP 別 P.13 D-2

カラフルな
スイーツも
いろいろ

お店のこだわり
コナ地区の自社農園が
栽培したコーヒー豆を、
熟練のローストマスター
が毎日焙煎している。

こだわりコーヒーが飲めるカフェ
ハワイアン・アロマ・カフェ
Hawaiian Aroma Cafe

ハワイ産や南米産豆のコーヒーが楽
しめる隠れ家的なカフェ。ドリンクも
フードも豊富で、ロコにも好評。

🏠 アウトリガー・ワイキキ・
ビーチコマー・ホテル内
☎ 808-256-2602
⏰ 6:00〜18:00
休 無休
ワイキキ ▶MAP 別 P.12 C-2

インターナショナル マーケットプレイス付近
ならここ！

COFFEE BREAK

①新鮮なサラダとフルーツ付きの手作りのパ
ニーニ $12.50〜とチョコレートソース入りの
ネロ・アロマ $5.25〜 ②手作りのスコーンや
ベーグルなども販売

アサイボウルも
おすすめです！

お店のこだわり
オーナーが厳選した豆の
コーヒーが飲める。ランプ
や棚、テーブルなどの内
装にもこだわっている。

楽しいショッピングも歩きっぱなしでは疲れてしまう。
そんな時は、ショッピングスポットからアクセス良好なおすすめカフェへ。
それぞれのお店が持つ、他店に負けないこだわりを楽しんで。

ロイヤル・ハワイアン・
センター付近
ならここ！

COFFEE BREAK

純度100％コナコーヒーで休憩

アイランド・
ヴィンテージ・コーヒー
Island Vintage Coffee

コナコーヒーとアサイボウルが人気の行列カフェ。コナコーヒーの中でも最高級のピーベリーも揃う。

🏠 ロイヤル・ハワイアン・センターC館2階
☎ 808-926-5662
🕐 6:00〜22:00（食事〜21:30）
🈺 無休
ワイキキ ▶MAP 別P.18

① 日中は混雑のため席取りしてレジへ ②希少価値の高い豆を贅沢に使ったアイランド・ラテ $7.95〜

コナコーヒーの最高級グレード豆を使用！

お店のこだわり

ドリンクもさることながら、21:30まで注文可能なポキボウルやサラダなどのフードも文句なしの味。

プアレイラニ・アトリウム・
ショップス付近
ならここ！

COFFEE BREAK

世界中の香り高いコーヒーが集結

カイ・コーヒー・ハワイ
Kai Coffee Hawaii

コナ産を中心にハワイ、ブラジル、コロンビアなど世界中の豆が揃う。水出しやフラッペなどメニューも豊富。

🏠 ハイアット リージェンシー
ワイキキ ビーチ リゾート ＆ スパ1階
☎ 808-923-1700
🕐 6:00〜17:00 🈺 無休
ワイキキ ▶MAP 別P.13 D-2

バリスタ自慢のキレイなラテアートを楽しんで♪

①

①バリスタの腕が光るカイ・ラテは $6〜 ②ショーケースにはペストリーやクロワッサンが並ぶ

②

お店のこだわり

バリスタがドリッパーを使い、1杯ずつ丁寧に淹れる「プアオーバー」に注目。極上の味を！

COFFEE BEANS

ハワイ産のコーヒー豆をお土産に♪

ハワイでの癒しをおうちでも再現。
実際に飲んで厳選したコーヒー豆をピックアップ。

Lion Coffee

日本でも人気のコーヒーブランド。赤いパッケージのイメージが強いけれど、ハワイ産100％にこだわるならゴールドのパケをチェック。$29.95〜

ライオン・コーヒー
🏠 1555 Kalani St.
☎ 808-843-4294
🕐 6:00〜15:30 🈺 土・日曜
🚗 カラニ通り沿い
カリヒ ▶MAP 別P.4 A-3

Kona Coffee Purveyors

クイニーアマンなど人気のペストリーに合う芳醇なコーヒーが秀逸。ローストの違いで色分けしたパケもおしゃれ。$22〜

コナコーヒー・パーベイヤーズ
🏠 インターナショナルマーケット
プレイス1階
☎ 808-450-2364
🕐 7:00〜16:00 🈺 無休
ワイキキ ▶MAP 別P.21

HOLOHOLO Cafe & Market

大手スーパー、フードランド系のコンビニなので、プライベートブランドMaikaiのコーヒーが各種揃う。高コスパでバラマキ土産にも最適。$7.59〜

ホロホロ・カフェ ＆ マーケット
🏠 2330 Kuhio Ave.
☎ 808-922-2201 🕐 6:00〜24:00
🈺 無休 🚗 ヒルトン・ガーデン・イン・
ワイキキ・ビーチ1階
ワイキキ ▶MAP 別P.12 C-1

🌿 コナコーヒーは、ブルーマウンテン、キリマンジャロと肩を並べる世界3大コーヒーのひとつ。

133

EAT

パンケーキ

モーニング

ランチ

ハワイアン

カフェ＆スイーツ

レストラン

バー＆夜食

ハワイの一大ブーム!
"地産地消"の食材に会いに行く

地元産業にも環境にも優しい "地産地消"って何?

「地産地消」(ち さん ち しょう)という言葉を、聞いたことがあるだろうか? 一言でいうと、「ある場所で作った作物を、その場所で消費する」活動のこと。地域単位で行われる自給自足と考えるとわかりやすい。この「地産地消」が今、ハワイ諸島全体で一大ムーブメントとなっている。

地産地消には、旅行者にとってもたくさんのメリットがある。まず何よりも、採れたての新鮮な食材を味わえること。同じ名物料理でも、地元の食材が使われていれば、より本場感が楽しめるはずだ。

また、ハワイではどんな食材が作られているのか、実際に目で見て、そして舌で味わうことで、よりハワイの食文化への理解を深めることにもつながる。

飲食店や農家をはじめ、ハワイの家庭にも広がる地産地消の考え方。オアフ島にも増加中の地産地消レストランや、ファーマーズマーケット、スーパーなど、旅行者でも体感できるスポットはたくさん。自分の足で訪れて、ハワイの自然の恵みを肌と舌で感じよう。

"リージョナル・キュイジーヌ"と地産地消について

12人のシェフによる、ハワイ独自の料理と世界各国の料理を融合させた新しい試みの料理。ハワイ産の新鮮な食材を活かした調理が特徴だ。数々の受賞経験を持つ名店で体験してみては?

地産地消に触れられる場所

1 ハワイの食材をあの一流店で!
レストラン

ハワイには、地産地消をテーマにした飲食店が点在。地元第一で、ハワイ産食材にこだわる「ニコズ・ピア38」や、ハワイ諸島の厳選食材を使用するブレックファストメニューが人気の「グーフィー・カフェ&ダイン」などが有名。そのほかホノルルに在する、リージョナル・キュイジーヌの飲食店にも注目。

---

2 リーズナブルに地産地消に触れるなら
スーパーマーケット

ハワイ産食材を扱うスーパーといえば、ワードやカイルアなどにあるホールフーズ・マーケットが有名。ここには、「LOCAL」のポップの付いた、100%ハワイ産食材が豊富に並ぶコーナーがある。オーガニックブームのハワイでは、他にも地元の食材が並ぶスーパーがある。地産品は新鮮で安心感が高く、経済の潤いにもつながる。

このマークもチェック!

ハワイ生まれのオーガニック食材の中には「ハワイ州有機栽培認定団体」が認定しているマークが付いている商品も! ぜひ探してみて。

ホールフーズのハワイ産レモン

---

3 実際に農場まで行ってみる!
ファーム見学

ツアーや直営カフェのある大規模農場で、実際に農家とコミュニケーションを取るのも楽しい。農園体験を通して、農家の苦労や農作物の大切さなどを学び、地産品のありがたさを知ろう。ファーム見学が難しければ、農家が直接野菜やフルーツを使った料理などを販売するファーマーズマーケットに行ってみてもいい。

ツアーの様子

カフク・リリコイ・バター$7

農園見学可能な日系移民の農場
カフク・ファーム
Kahuku Farms

トラクターを改造したワゴンでめぐるガイドツアーが人気の、大規模農園。新鮮食材が自慢のカフェやショップも併設している。

🏠 56-800 Kamehameha Hwy.
☎ 808-628-0639(ツアー予約受付)
🕐 11:00〜16:00(ツアーは金〜日曜 13:00〜14:00開催)
休 火・水曜 ＄$50(ツアー)
🚗 カメハメハ・ハイウェイ沿い
カフク ▶MAP 別P.2 C-1

ハワイの名産MAP

レストランなどで口にするあのハワイ産食材は一体どこのもの？
広いハワイ諸島のどこで生産されたものかをチェック。

赤塩
カウアイ島のミネラル豊富な赤土の塩田で作る

カウアイ島

魚介類
オアフ島沖はマグロ漁をはじめ漁業が盛ん

パパイヤ
モロカイ島では遺伝子組み換えでない種を使用し栽培する

オアフ島

サトウキビ
マウイ島一番の名産品。サトウキビ列車も存在する

モロカイ島

ポーク
コオラウ山の麓、シンサトポークが有名

ラナイ島

マウイ島

野菜
農家にてタロイモや様々な野菜を栽培

パイナップル
ラナイ島で毎年パイナップルの祭を開催

タマネギ
マウイオニオンはサイズが小さく甘みが強いのが特徴

\ 知っておこう！/
ハワイ語の食材辞典

食材名	解説
アヒ	マグロのこと。ハワイ沖にマグロの漁場があるため、市場には新鮮なものが並ぶ。ポキがポピュラーな食べ方。
マヒマヒ	シイラのこと。ハワイの食卓で人気の白身魚。フィッシュバーガーなどに使われることも。ステーキやフライが名物。
オカパカパ	タイのこと。ハワイではよく食べられる白身魚で、日本のものより横長なのが特徴。ソテーが一般的な食べ方。
オゴ	ポキなどと和えることが多い海藻のこと。細く枝分かれした特徴的なフォルムで風味豊かな味わい。
リリコイ	パッションフルーツのこと。酸味と甘みのバランスがいい、独特な味わいの南国フルーツ。加工されることが多い。
ハウピア	ココナッツミルクをタロイモのデンプンで固めた伝統的なハワイのお菓子。ルアウの時によく食べられる。

ビーフ
オアフ島で食べられている牛肉の多くは、ハワイ島産

ハワイ島

コーヒー
有名なコナ産をはじめ、コーヒー農園が続くコーヒー街道がある

地産地消レストラン

新鮮食材使用のおいしい料理を味わいながら、
地産地消を体験できるおすすめのレストランをご紹介！

ハワイ産の牛肉を使用

🍴 イチ押しmenu
ビッグ・アイランド・ビーフ・ロコモコ
$19.50～

ハワイ島で育った牛の肉を使ったハンバーグが2個、オアフ島産の卵を2個使用したハワイ生まれのボリューミーな一皿。

地元食材が集まるサーファーズカフェ
グーフィー・カフェ＆ダイン
Goofy Cafe&Dine

「サーファーズカフェ」がコンセプト。オーガニック食材を使ったフレッシュでヘルシーな創作料理が人気。

🏠 1831 Ala Moana Blvd.
☎ 808-943-0077
🕐 7:00～14:00、17:00～21:00 ⊛ 無休
📍 アラモアナ通り沿い
ワイキキ ▶ MAP 別P.10 B-3

オアフ沖のアヒを使用

🍴 イチ押しmenu
フライド・アヒ・ベリー
$16.25～

オアフ島沖の新鮮なアヒをじっくり揚げたフライのプレート。スパイシーなトマトサルサをトッピングしている。

捕れたての新鮮な魚を食べよう
ニコズ・ピア38
Nico's Pier 38

ホノルル港からすぐの場所にあるレストラン。市場で朝に仕入れた魚で作る"キャッチ・オブ・ザ・デイ"は超新鮮。魚介類を使った惣菜やポキボウルも販売している。
>>>P.126

EAT
パンケーキ
モーニング
ランチ
ハワイアン
カフェ＆スイーツ
レストラン
バー＆夜食

🌿 肉や魚、乳製品を食べない菜食主義者を「ビーガン」という。ハワイにはビーガン向けのお店も多い。

リッチな気分にひたりたい！
オーシャンビューをリザーブ

海に手が届きそうなオン・ザ・ビーチで
老舗フレンチを味わう特別な夜

オーシャンフロントのレストランで
記憶に残るハワイ産の美食を

アジアンスタイル・フィッシュ・パピヨット $48〜と
ソースが濃厚なヘリックス・エスカルゴ・ブルゴーニュ $24〜

冷製シーフードの盛り合わせ $150〜

 BEST SEAT はここ！

サン・スーシー・ビーチに面した
窓側の席。大きな窓は開放され
ていて、潮風が心地よい

BEST SEAT はここ！

天気がよければ、シーサイドの
テラス席がおすすめ。ワイキキ
を一望できるロケーション

閑静な一角にある由緒正しきお店
ミッシェルズ・アット・ザ・コロニーサーフ
Michel's at the Colony Surf

数々のハレアイナ賞受賞経歴のあ
る1962年創業のレストラン。伝
統的なフランス料理をはじめ、ハ
ワイで水揚げされた魚のポキなど
ハワイらしいメニューもある。

🏠 2895 Kalakaua Ave.
☎ 808-923-6552
🕐 17:00〜21:00
（第1日曜サンデーブランチあり）
🈺 無休 ⓟ コロニー・サーフ1階
`ダイヤモンド・ヘッド` ▶MAP 別P.5 E-3

MENU

COURSE
シェフ・ハーディの
コース料理 $130〜

A LA CARTE
アヒタルタル $32/
ビーフウェリントン
$68/ ラムチョップ
$72/魚介チョッピー
ノ $58/ フィレミニョ
ン＆ロブスター $68

新鮮な食材を使用したハワイ・リージョナル・キュイジーヌ
フィフティスリー バイ・ザ・シー
53 By The Sea

真っ青な海とダイヤモンド・ヘッド
が眺められるウェディングチャペ
ル内のレストラン。地元産の食材
をふんだんに使用したハワイ・リー
ジョナル・キュイジーヌに舌鼓。

🏠 53 Ahui St.
☎ 808-536-5353
🕐 17:00〜21:00
（日曜 10:00〜13:00）　🈺 月・火曜
ⓟ アフイ通り沿い
`カカアコ` ▶MAP 別P.4 B-3

MENU

DINNER
グリルド・プルポ・
セビーチェ $25/ クリ
スピー・ポークベリー
$18/ サーフ＆ター
フ $115/ シーフード・
ア・ロ・マチョ $55/
オーラキング・サー
モン $48/ フィレミニョ
ン・デュオ $71

♦ココにも注目！

ロマンチックモード全開の夜景

サンセットも絶景だが、夜はキラキラと輝く
ホノルル中心部の夜景が一望できる。金曜
には、ヒルトン・ハワイアン・ビレッジから上
がる花火が見えることも！

♦ココにも注目！

レストランの味を自宅で

グラノーラやカヌレ、スプレッドなどのグルメ
ギフトの販売を開始。トマトジャムやハワ
イアンチリペッパー入りパイナップルジャ
ムなど、店舗、またはオンラインで購入可能。

オーシャンビューレストランでの食事は外せない！　中でも、サンセットタイムは特に素晴らしい。ここでは、絶景とハワイアンフードなどの多彩な料理を同時に味わえるレストランをご紹介。潮風を浴びながら、目と舌で極上のご馳走を味わおう。

EAT
パンケーキ
モーニング
ランチ
ハワイアン
カフェ＆スイーツ
レストラン
バー＆夜食

HOW TO

予約の取り方

海側の席を取るには予約がベター。お店のHPから、または直接電話で予約を。日本語対応可のお店もある。不安な人はツアー会社の代行サービスを利用する手も。

ハワイアンミュージックを聴きながらロコに愛されるローカルフードを堪能

2階席から眺める大パノラマとオールドハワイを思わせる雰囲気

地元の有機野菜を使ったサラダ $12〜、白身魚のマカダミアナッツフライ $33〜などの料理が並ぶ

ゴマ醤油がポイントのアヒポキ $18とオリジナルマイタイ $15

BEST SEAT はここ！

海に面したラナイがおすすめだが、グループにはソファ席も。店内からも海がしっかり見える

BEST SEAT はここ！

海側の席はすべて横一列に並んでいて、ビーチを正面に見ながら食事が楽しめる

ハワイ料理をオン・ザ・ビーチで
フラ・グリル・ワイキキ
Hula Grill Waikiki

ワイキキビーチを見渡す雄大な眺めが自慢。名物のグリル料理などがリーズナブルに味わえる。朝、昼、夜で異なるメニューを楽しめるのも魅力。

🏠 2335 Kalakaua Ave.
☎ 808-923-4852
🕐 6:30〜22:00 ㊡ 無休
📍 アウトリガー・ワイキキ・ビーチ・リゾート2階

ワイキキ ▶MAP 別P.12 C-2

MENU

LUNCH
タコス $23/ ハンバーガー＆フライドポテト $21/ フィッシュ・サンドイッチ $25

DINNER
シーフード チャウダー $37/ クラストアヒ $43/ リブ アイ $63/ BBQ チキン $29

オープンエアのビーチレストラン
ルルズ・ワイキキ
Lulu's Waikiki

窓がなく風が心地よく吹き抜けるアメリカンレストラン。朝食限定のエッグベネディクトや看板メニューのロコモコ、肉料理まで豊富。深夜2時まで営業。

🏠 2586 Kalakaua Ave.
☎ 808-926-5222
🕐 7:00〜翌2:00 ㊡ 無休
📍 パーク・ショア・ワイキキホテル2階

ワイキキ ▶MAP 別P.13 F-2

MENU

LUNCH
ルルモコ $24/ ポークサンドイッチ $18/ アボカドスイスバーガー $22/ グリルドチキンベーコンディップ $21

DINNER
NY ストリップステーキ $38/ ガーリックシュリンププレート $26

♦ココにも注目！
こだわりのハワイアンな内装

内観は、ハワイの自然と調和した「プランテーション・スタイル・ホーム」という1940年代のハワイ様式をモチーフにしたもの。熱帯植物も置かれている。

♦ココにも注目！
毎週月曜夜はクラブに変身！

月曜18〜21時はライブミュージックが楽しめ、22時以降は閉店までナイトクラブに様変わり。ほかにも曜日ごとのイベントを用意しているのでSNSなどでチェック。

🌴 ミッシェルズは通常ディナー営業のみだが、毎月第1日曜10:00〜13:00はサンデーブランチを予約制で提供。　137

一流レストランでセレブ気分
上質なファインダイニングへ

①吹き抜けのある開放的な店内 ②カウンター席もある ③ランチ・ディナー共に入口に行列ができるため予約必須 ④看板メニューはポーターハウス・ステーキ。2人前で$208.95

28日間熟成させたアンガスビーフの
肉汁したたる芳醇な旨みを味わう

熟成肉の最高級ステーキが自慢
ウルフギャング・ステーキハウス
Wolfgang's Steak House

最上級のアンガスビーフを28日間寝かせ、旨みを凝縮した熟成肉を使用。塩のみのシンプルな味付けのステーキは、ほのかに甘くやわらかい。ランチのハンバーガーも好評。

🏠 ロイヤル・ハワイアン・センターC館3階
☎ 808-922-3600
🕐 11:00～22:30（金・土曜～23:30）
🅗 無休

ワイキキ ▶MAP 別 P.19
平均予算 $80（一人あたり）

宮廷のような空間で堪能する
ワンランク上のモダン・タイ料理

繊細な味わいと優雅な盛り付けに感動
ノイタイ・キュイジーヌ
Noi Thai Cuisine

洗練の中に伝統の味を活かしたモダン・タイ料理は、ロコのあいだでも定着。なじみのトムヤムやカレーも肉、魚介、野菜などの掛け合わせ次第で、新たなグルメに変身。シアトルからスタートした家族経営店は、ハワイに進出しても丁寧なサービスは創業当時のまま。

🏠ロイヤル・ハワイアン・センターC館3階
☎ 808-664-4039
🕐 11:00～15:00、16:00～21:30
（土・日曜11:00～21:30）
🅗 無休

ワイキキ ▶MAP 別 P.19
平均予算 $50（一人あたり）

①タイ北部料理のココナッツカレー・ヌードルスープ$22.95～ ②④期待にワクワクする入口と店内 ③パッタイ（エビ入り）$26.95～

ハワイ旅行の記念に、少しドレスアップしてリッチなレストランで
贅沢な夜を過ごしてみるのも楽しい。店内の雰囲気も料理も
最高級の名ダイニングで、忘れられない旅の思い出を作ろう。

ファインダイニング

著名なオーナーシェフがコーディネート
するダイニングのこと。外観、内装、料理、
サービスまで、すべてハイレベル。

訪れるたびに
新しい味に出会えます

⑥

①コース $140〜 ②ヨーグルトとプー
アール茶のシャーベット ③⑤20席ほ
どの隠れ家店 ④ビーツタルタルタルト
レット ⑥スーシェフのゴードン氏

ひと皿ひと皿がまさに芸術！
ビーガンのコース料理を日本酒と

美食と日本酒とのペアリングも楽しい
AV レストラン
AV Restaurant

フュージョン料理で人気を博しているXOレス
トランの姉妹店。AVはオール・ビーガンの略
で、その名の通り約50種あるというビーガン
料理を、14〜16品のコースにしてサーブ。

🏠 1135 11th Ave.
☎ 808-888-3528
🕐 17:30〜22:30　🚫 日・月曜
🚇 11番通り沿い

ワイアラエ ▶ MAP 別 P.5 E-1
平均予算 $150（一人あたり）

カハラ地区の最高級ホテルで楽しむ
オアフ島屈指の絶品イタリアン

ワインと相性抜群の最高級イタリアン
アランチーノ・アット・ザ・カハラ
Arancino at the Kahala

大人気のイタリアン「アランチーノ」の3号店
目。イタリア直送の食材とオーガニック野菜
を使用。ソムリエ田崎真也氏が厳選したワイ
ンと共に楽しめるコースメニューも人気。

🏠 ザ・カハラ・ホテル＆リゾート1階
☎ 808-380-4400
🕐 17:00〜21:00（最終入店）
🚫 無休

カハラ ▶ MAP 別 P.5 F-2
平均予算 $80（一人あたり）

①洗練されたモダンな空間 ②ぷりぷりのエビとホタテのタ
リアテッレ$40 ③たっぷり生ウニのクリームソースパスタ
$39 ④ワイキキから車で約15分の閑静なカハラ地区にある

EAT　パンケーキ　モーニング　ランチ　ハワイアン　カフェ＆スイーツ　レストラン　バー＆夜食

🌴 店によっては、誕生日や結婚記念日だとうれしいサービスがある場合も。予約時に伝えておこう。

EAT
13　多国籍料理でひとめぐり

ハワイで食の世界旅行へ

ITALY

厳選食材使用のモダンイタリアン

タオルミーナ シチリアン キュイジーヌ
Taormina Sicilian Cuisine

日本人シェフによる本格
イタリア料理レストラン。
ハワイ近海で捕れた魚介
を使った小皿も名物。

① 人気パスタは「シチリア名物
生ウニのスパゲッティ」
② 落ち着いたシックな内観

🏠 ワイキキ・ビーチ・ウォーク1階
☎ 808-926-5050
🕐 11:00〜14:00、
17:00〜21:00
🈚 無休

`ワイキキ` ▶ MAP 別P.20

 ITALY

 TURKEY

WHAT IS 🌴

イタリア料理

魚介やトマト、オリーブオイルなどを使っ
たイタリア発祥の料理。ハワイ風アレ
ンジを加えたものも見られる。

TURKEY

トルコ人親子が作る本場の味

イスタンブール
Istanbul

東西の味を融合したトル
コ料理店。野菜と豆を多
く使用するためヘルシー
志向のロコも絶賛。香辛
料はトルコから輸入する。

① 5種の前菜盛り合わせ、メゼプ
ラッター $34 は必食。カウアイ島
産ラムのシシケバブもおすすめ
② エキゾチックなインテリアと
オープンキッチンが素敵

🏠 1108 Auahi St. アナハ1階
☎ 808-772-4440
🕐 11:00 〜 14:30、17:00 〜 21:30
（金・土曜〜22:00）
🈚 月・火曜　🚶 アウアヒ通り沿い

`ワード` ▶ MAP 別P.9 D-3

WHAT IS 🌴

トルコ料理

中国、フランスと並ぶ世界3大料理のひ
とつ。アジアとヨーロッパの異なる文化
と味を融合し、独自の料理へと発展。

 Burmese cuisine ♪

WHAT IS

ミャンマー料理

インドと中国の食文化に影響を受けた、
オイリーで濃い味付けが特徴。モヒン
ガーという米粉の麺も有名。

MYANMAR

野菜やナッツたっぷりのヘルシー料理

ダゴン
Dagon

ミャンマー出身のシェフが故郷
の味を再現。スパイスを多用し
ながらもマイルドな味わい。

🏠 2671 S.King St.
☎ 808-947-0088
🕐 17:00〜22:00
🈚 日曜
🚶 サウス・キング通り沿い

`モイリイリ` ▶ MAP 別P.11 D-1

① 10種類の食材を混ぜて
から食べるティーリーフサ
ラダ $15 ② 店内の絵画は店
主の祖国の友人の作品

さまざまな国の人が暮らすハワイには、世界各国の本場の味が楽しめるレストランが点在。
話題の新店やロコに愛される老舗など、人気の高い名店をピックアップ。
各国の料理を食べながら世界旅行気分を味わってみよう。

WORLD MAP

JAPAN

▶MAP 別P.19

①定番メニューから創作料理
まで目にもおいしい和食が揃
う②自然光が差し込む店内

WHAT IS

韓国料理

日本と同じ米を主食とし、唐辛子を用い
た料理が多い。焼肉やビビンパ、スンドゥ
ブ、冷麺などが有名。

KOREA

JAPAN

和食が恋しいときの強い味方
レストラン サントリー
Restaurant Suntory

鮨、鉄板焼、和食、個室と4つのダイニングエリア
があり、その日の気分で好みの本格日本料理が楽し
める。上質で洗練されたインテリアも落ち着ける。

🏠ロイヤル・ハワイアン・センター B館3階
☎ 808-922-5511　⊕11:30〜13:30、14:00〜16:00
（カフェタイム）、17:30〜21:30　㊡ 無休（鮨「季和」
は水・金曜11:30〜13:30、水曜17:30〜21:30休み）
`ワイキキ` ▶MAP 別P.19

MYANMAR

VIETNAM

WHAT IS

ベトナム料理

中国やフランスの影響を受けた料理
が多い。フォーをはじめとして、クセ
がなくマイルドな味わいが特徴。

①約12時間ロースト した
肉がジューシーなバイン
ミー$18 ②古い建物を生
かした個性的な空間

KOREA

①スンドゥブとチヂミのコン
ボ $20.50。単品はスンドゥブ
$12.95、チヂミ $17.55
②店内は明るく、広々とした席
なので落ち着いて食事ができる

本格韓国料理が味わえる
ソゴンドン
So Gong Dong

スンドゥブやチヂミなど日本人にもなじみのある韓国
料理を提供する老舗レストラン。具材や辛さを好み
に合わせて選べるので、辛い物が苦手な人でも安心。

🏠 745 Keeaumoku St.#105
☎ 808-946-8206
⊕10:30〜20:30
㊡ 月曜　⊗ ケエアウモク通り沿い
`アラモアナ` ▶MAP 別P.9 F-2

©DIANNE ROZZELLE

VIETNAM

ハレアイナ受賞の人気ベトナミーズ
ザ・ピッグ・アンド・
ザ・レディ
The Pig and the Lady

KCCファーマーズ・マーケット発。ベトナム料理をベースに、
様々な東南アジア料理を融合した創作料理が楽しめる。

🏠 83 N.King St.
☎ 808-585-8255
⊕ 11:30〜14:30、17:30〜20:45（最終着席）
㊡ 日・月曜　⊗ ノース・キング通り沿い
`チャイナタウン` ▶MAP 別P.4 A-1

EAT

パンケーキ

モーニング

ランチ

ハワイアン

カフェ&スイーツ

レストラン

バー&夜食

ハワイアンミュージックを聴きながら
音楽 × ププ で盛り上がる

Good Evening

Mahalo!

Hot Wings

③

①21:30からのライブの様子 ②カウンターは、客同士が初対面でも仲よくなれるアットホームな雰囲気 ③イカフライのカラマリにワイキキ・ホット・ウィングス。カクテルは$14〜

カクテルも
種類豊富♪

南国ムード満点の大人気店
デュークス・ワイキキ
Duke's Waikiki

新鮮なシーフード、ステーキなど豪快なアメリカ料理が自慢の、オン・ザ・ビーチのレストラン。1日2回のライブは必見。

⌖ 2335 Kalakaua Ave.
☎ 808-922-2268
🕐 7:00〜24:00　🈺 無休
🏠 アウトリガー・ワイキキ・ビーチ・リゾート1階
ワイキキ ▶MAP 別P.12 C-2

🎵 **LIVE SCHEDULE**

毎日　16:00〜、21:30〜

毎週日曜16:00〜はハワイ音楽界の重鎮ヘンリー・カポノが出演。

南国カクテルでリゾート気分を満喫
スイム
Swim

ビーチが一望できるプールサイドバー。トロピカルカクテルが豊富で、バーガーやポキボウルなどフードメニューも充実。

⌖ ハイアット リージェンシー ワイキキ ビーチ リゾート＆スパ内
☎ 808-923-1234
🕐 11:30〜22:00　🈺 無休
ワイキキ ▶MAP 別P.13 D-2

🎵 **LIVE SCHEDULE**

17:00〜20:00
（金曜18:00〜21:00）

金曜はロコで混み合うので、早めに来店してベストシートを確保。

ハワイならではのトロピカルカクテルを片手に、
おいしいププをつまみ、ハワイアンライブに酔いしれる。
これぞ、大人のハワイの夜の過ごし方。
滞在中に一度はお試しあれ。

ププ

ププとは、ハワイ語で「おつまみ」を指す。
アヒポキやチキンなど食べ応えがあるも
のも多いので夕食としても楽しめる。

①お酒がすすむププがたくさん。カクテルは$16〜、
ビールは$10〜 ②カウンターで飲むもよし、プール
サイドで飲むもよし ③取材時はウクレレ界の妖精、
タイマネが出演

Pupu!

Swim

Sing a Song

♪

①毎晩18:00から豪華なラインナップのハワイアン
ミュージックが楽しめる
②ハワイならではのトロピカルカクテルでチアーズ！

♫

Music Time

Toropical

Kani Ka Pila Grille

実力派ミュージシャンが集う

カニ・カ・ピラ・グリル
Kani Ka Pila Grille

「カニ・カ・ピラ」とはハ
ワイ語で音楽を奏でる
という意味。プールサ
イドで多彩なププと南
国カクテルが楽しめる。

🏠 アウトリガー・リーフ・ワイキキ・
ビーチ・リゾート1階
☎ 808-924-4990
⏰ 6:30〜21:00 ㊝ 無休
ワイキキ ▶MAP 別P.12 A-2

🎵 **LIVE SCHEDULE**

毎日 18:00〜　日本で人気のアーティストも多く
登場。事前にチェックを。

ジャズ好き集合！
名門ジャズクラブで大人な時間を

🎵 **LIVE SCHEDULE**

毎日 18:30〜、21:00
日により多少異なる

チケットは事前購入がおす
すめ。日本より気軽に楽し
めるのもハワイならでは

本格ジャズが聴けるスポット

ブルーノート・ハワイ
Blue Note Hawaii

日本にも支店のある名門
ジャズクラブ。地元はもち
ろん、各国の有名ミュージ
シャンが演奏。オリジナル
カクテルも各種揃い人気。

🏠 2335 Kalakaua Ave.
☎ 808-777-4890
⏰ ドアオープン17:00 ㊝ 無休
📍 アウトリガー・ワイキキ・
ビーチ・リゾート2階
ワイキキ ▶MAP 別P.12 C-2

ハワイ音楽界のトップを決める「ナ・ホク・ハノハノ・アワード」。2015年からミュージックフェスティバルを開催。 143

EAT
パンケーキ
モーニング
ランチ
ハワイアン
カフェ＆スイーツ
レストラン
バー＆夜食

オン・ザ・ビーチのバーで一杯
カクテルでほろ酔い気分に

♪ Cocktail time ♬

海をバックにロマンチックな夜を
マイタイ バー
Mai Tai Bar

オン・ザ・ビーチのピンクパレスのバー。シグネチャーのロイヤルマイタイをはじめ、マイタイだけでも数種あり多彩なカクテルが楽しめる。ハワイアンミュージックのライブも毎晩開催。

🏠 ロイヤル ハワイアン ラグジュアリー コレクションリゾート1階
☎ 808-923-7311
🕐 11:00〜23:00　㊡ 無休
ワイキキ ▶MAP 別 P.12 C-2

①樹齢120年近いバニヤンツリー②アイランドダイキリもおすすめ。$18

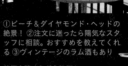

①ビーチ＆ダイヤモンド・ヘッドの絶景！ ②注文に迷ったら陽気なスタッフに相談。おすすめを教えてくれる ③ヴィンテージのラム酒もあり

カクテル片手にビーチサイドでリラックス
ザ・ビーチ・バー
The Beach Bar

潮風とバニヤンツリーの木陰が心地よいバー。メニューはモアナ マイタイとポキナチョスがイチオシ。

🏠 モアナ サーフライダー ウェスティン リゾート＆スパ1階
☎ 808-922-3111
🕐 11:00〜22:30　㊡ 無休
ワイキキ ▶MAP 別 P.13 D-2

絶景を眺めながら乾杯！
ラムファイヤー
RumFire

南米やカリブ海のヴィンテージのラム酒と創作タパスが売りのビーチサイドバー。夜はムーディーな雰囲気。

🏠 シェラトン・ワイキキ1階
☎ 808-922-4422
🕐 11:00〜23:00
　※ランチタイムはラウンジのみ
㊡ 無休
ワイキキ ▶MAP 別 P.12 B-2

大人の女性にぜひトライしてほしいのが、フレッシュフルーツを贅沢に使ったハワイアンカクテル。
お酒が苦手な人でも楽しめる、甘くてジューシーなテイスト。
同じカクテルでもバーによってレシピが異なり、オリジナルカクテルも多数。好みの味を探そう♪

EAT

パンケーキ

モーニング

ランチ

ハワイアン

カフェ＆スイーツ

レストラン

バー＆夜食

遊泳も館のプールサイドバー

エッジ・オブ・ワイキキ
Edge of Waikiki

インフィニティ・エッジ・プールの横に
あり、全米ベスト・プールバーに選ばれ
たことも。カジュアルな雰囲気で、ビー
チやプール遊びのブレイクにも最
適。ホスピタリティも高評価。

🏠 シェラトン・ワイキキ1階
☎ 808-922-4422
⊗ 11:30〜17:00　㊡ 無休
ワイキキ ▶MAP 別冊P.12 B-2

①青空とのコントラストが美しい ②人気メニューの
チキンやアヒポキ、カクテルなど ③ドリンクを片手
にプールに入ってくつろげるのも、このバーならでは

飲むならコレ! カクテル大図鑑

🍹 COCKTAIL

Mai Tai 【マイタイ】
ラムにオレンジキュラソー、レモン
ジュースなどを加えたもの

SWEET ━━━━▼━━━━ DRY

Blue Hawaii 【ブルーハワイ】
ラムにブルーキュラソー、パイナッ
プルジュースなどを加えたもの

SWEET ━━━▼━━━━━ DRY

Pina Colada 【ピニャ・コラーダ】
ベースのラムにパインジュースと
ココナッツミルクをシェイク

SWEET ━▼━━━━━━━ DRY

Itch 【イッチ】
イッチ（かゆい）という意味のラム
ベースのカクテル。孫の手つき

SWEET ━━━━▼━━━━ DRY

Lava Flow 【ラヴァフロウ】
ラムにイチゴリキュール、ココナッ
ツミルクなどを混ぜ溶岩を表現

SWEET ━━━▼━━━━━ DRY

Sangria 【サングリア】
赤ワインをソーダやジュースで割
って果物をイン。清涼感がある

SWEET ━━━━━▼━━━ DRY

ハワイ発祥のカクテルブルーハワイ。エルビス・プレスリー主演映画「ブルー・ハワイ」をイメージして作られたそう。　145

パンとちきちきタビ

話題のパンケーキ屋さんに行きました の巻

パンケーキを食べに来ました

もうすぐ開店だよ～

楽しみ～

キーホルダーをつけてくれてる♪

タビがプレゼントしたキーホルダー

はっ

いつの間に!!

あれ!?

開店前からすごい人だ!!

行列

一入店一

いらっしゃいませ～マリエ！久しぶり

ハーイ

こちら友だちのタビくん、パンケーキ2つよろしく

友だち…。

マリエの友人（店員）

そういえば周りの人もみんなパンケーキを食べているな～

さすがパンケーキブーム!!

パンケーキくださ～い

①

一数分後一

残りはもって帰りましょうか

おなかいっぱ～い

おいしかった～

お待たせしましたパンケーキです

わ～い!!

いただきま～す

ヒュ～～

彼なりの「おいしい」の表現

doggy＝犬

ん？

ぼくのための…？

※タビくんは犬です

ドギーバッグくださ～い

まさか!?

お持ち帰り用をドギーバッグというのよ

お恥ずかしい…

どうぞ

②

タビく～ん

ドキドキ

ありがとうございました～

また娘さんも連れておいでね

今夜はハワイアンミュージックになぐさめてもらいます

アローハー オエー

結婚…しているんだね…

言わなかったかな私は夫と娘の3人家族なの

あれ？

娘…？

ええぇ!?

Oh…No～

娘…?

また来るわ

ありがとうごちそうさまでした～

●観光客の多い人気店では、気がつけばどのテーブルも同じメニューを注文している！なんてことも。特に、流行リモノ好きな日本人に多いとか。

●ドギー・バッグには、「(自分ではなく)犬に食べさせるために持ち帰ります」という意味が込められているよ。実際は自分で食べちゃうけどね！

146

BEAUTY

✦ HOW TO BEAUTY

ハワイの「ビューティー」事件簿

スパやサロンは室内の閉鎖的な空間であるだけに、観光客にとっては、少しだけ不安な場所。しかし、どのような流れなのかを掴んでさえいれば、そんな心配もご無用だ。

🖊 事件ファイル1

現地でスパに電話をしてみたら日本語が通じない・・・！

解決！ 日本で事前予約しておくのがベター 日本語専用ダイヤルがある場合も

一度に施術できる人数に限りがあるスパは、満員になりやすいので日本で予め予約をしておこう。アレルギーや持病があったり、女性セラピストの希望などがあれば、その旨を伝えておいて。

入店から退店までをカクニン！

入店

早めの入店を心がける

予約時間に遅れると、その分施術時間が減ってしまう。準備の時間も含めて、当日は15分前には到着するのが理想。

カウンセリング

体調や希望を伝える

その日の身体の調子を伝え、「マッサージ」「痩身」など目的があれば、それに合うプランを担当セラピストに相談しよう。

着替え・施術

着替えたらいよいよ施術！

バスローブなどの衣服に着替え、個室へ通されて施術。カップルや友だち同士で施術できる部屋を備えるお店も多い。

会計

最後に会計をして終了

施術が終わったら、リラクゼーションルームでのんびり過ごせる。最後に、お会計を済ませて終わり！ チップも忘れずに。

💻 予約方法のパターン

予約方法は大きく分けて3つ。中には予約なしでもOKのお店もあるが、その場合も予約優先になる。

1 お店のHPの予約フォーム

日本で事前にHPからエントリー。旅行日程が決まっている場合はこの方法がベスト。

2 ツアー会社のプランを利用

日本あるいはハワイで、ツアー会社を通して予約する方法。手間は少ないが仲介が入る分、割高。

3 お店に電話で問い合わせる

直前ならば、直接問い合わせて予約を入れるのも手。日本語専用ダイヤルがある場合も！

【英会話フレーズ】

60分のロミロミを予約したいです
I would like to book for 60 minutes lomi lomi.
今からマッサージをお願いできますか？
Can I get a massage from now?

チップのルール

チップは、合計金額の10〜15%を直接渡すか、会計でチャージを依頼する。

キャンセルについて

予約時間は厳守。無断キャンセルの場合は全額支払うことになる場合もあるので注意。

事件ファイル2

「ヒーリング」や「マナ」など不思議な言葉が聞こえる。このスパあやしいかも!?

効果を持続させるために…

・施術後はこまめに水分補給して老廃物を排出
・アルコールやカフェインの摂取は控えめに
・野菜や果物など脂質の少ない食事を豊富にとる

解決！ 心配無用！ロミロミだってかつては神聖な儀式だった！

ロミロミのルーツをたどると、古代ハワイから続く自然や大地への信仰によって生まれた治療の儀式にある。神聖さを感じるのは、伝統をきちんと受け継いでいるからこそなのだ！

ロミロミってどんなマッサージ？

古代から、今に至るロミロミマッサージの歴史を探ってみよう！

昔

選ばれし者が受け継ぐ治療法

ハワイには、大地のパワー「マナ」を操る優秀な神官「カフナ」がいた。カフナが祈りを捧げ、患部をもんだり温めた石をのせたりして行った医療がロミロミ。病気を治すことは崇高な行為とされており、家族の中の選ばれた者だけがロミロミ師になれる世襲制度だった。

現在

閉鎖的な行為は、より身近な存在へ変化！

世襲制が途絶え技術が人々に広がると、ロミロミはよりポピュラーな文化へと発展していった。現在のハワイでは、短期間の訓練を受けたセラピストが行う「スパ・ロミ」や伝統的な訓練を受けた個人のロミロミ師まで、さまざまなレベルやスタイルのロミロミが混在している。

事件ファイル3

顔に塗られているマスクからコーヒーの匂い…。大丈夫なの!?

解決！ ハワイのスパでは普通のこと！南国ならではの天然素材を楽しんで

ハワイ産の食材を取り入れたトリートメントが受けられるのも、ハワイのスパの魅力。コーヒーに限らず、パイナップルやパパイヤ、ココナッツなど、サロンによって異なる、南国らしい天然素材を楽しんで。

〈 施術の種類 〉スパのマッサージはロミロミだけじゃない！自分にぴったりの施術を見つけよう。

ロミロミマッサージ	セラピストの手や肘などを使って体重をかけ、筋肉の奥を刺激。血行をよくし、体内を正常に整える施術法。
ストーン・マッサージ	玄武岩や溶岩を背中などのツボに当ててマッサージする。体内のエネルギーを整える効果がある。
指圧	セラピストの手を使って、身体のツボを押して身体を正常な状態に整える。ロミロミと並んで人気が高い。
リンパ・マッサージ	リンパや血流に沿ってマッサージし、血行をよくする。新陳代謝を上げ、痩身の効果も期待できる。
リフレクソロジー	主に足をメインにしたマッサージ。英国式や台湾式など、異なるタイプが存在する。
ボディ・スクラブ	天然塩や薬藻などを肌に塗り込んで、古い角質を取り除く。肌がなめらかになり、保湿効果もある。
ボディ・ラップ	ハーブや海藻の成分を十分に染み込ませた布などを身体に巻きつけて、代謝を促すトリートメント。
ピーリング	肌の老化した角質を擦り取って除去する施術。ニキビやシワ、シミなど肌トラブルの改善にもつながる。

HAWAII CASE FILES

ラグジュアリーホテルで過ごす
とろける**ホテルスパ**タイム

Garden
ガーデン

🏢 ロイヤル ハワイアン
ラグジュアリー コレクション
リゾート

ピンク色の柔らしい外壁に包まれた、気品あふれる名門ホテル

木に囲まれた極上スパでリラックス
アバサ・ワイキキ・スパ
Abhasa Waikiki Spa

緑豊かな中庭にあるワイキキ唯一の庭園スパ。世界中の技術を融合したトリートメントが自慢。

🏠 ロイヤル ハワイアン ラグジュアリー コレクション リゾート1階
☎ 808-922-8200（日本語可）
🕙 10:00～18:00
㊡ 無休
abhasa.com
[ワイキキ] ▶MAP 別P.12 C-2

RECOMMENDED MENU

◆ **アバサハーモニー** …………50分　$224.48
ハワイの伝統的マッサージのロミロミと、東洋の施術である指圧を融合したシグネチャーメニュー。

◆ **ハワイアンオーガニック** …………50分　$318.02
ココナッツオイルを使った全身と髪の手入れをしてくれる。ハニーをたっぷり使ったフェイシャルなども。

◆ **ロイヤルコンビネーション** ……100分　$424.02
ロミロミ マッサージとアバサ トロピカル フェイシャルが各50分ずつという贅沢な組み合わせ。

ゆったりとしたラウンジもあるので、施術後の身支度も優雅にできる

施術に使う南国らしいフレーバーのオイルやクリームは購入も可能

憧れのラグジュアリーホテルのスパは、まるで天国のような至福の場所。
一流の技術を持つセラピストが、スパ自慢の上質なトリートメントと最高のおもてなしで迎えてくれる。
ビジター利用も可能なので、日頃、頑張っている自分へのご褒美に、ぜひ訪れてみて。

Ocean Front

🏨 **モアナ サーフライダー
ウェスティン リゾート&スパ**

クラシカルで格式高い
ワイキキ最古の一流ホテル

海の目の前に伝統的な施術を体験

モアナ ラニ スパ
～ヘブンリー スパ バイ ウェスティン～
Moana Lani Spa, A Heavenly Spa by Westin

🏨 モアナ サーフライダー ウェ
スティン リゾート&スパ2階
☎ 808-237-2535（予約受付）
🕐 9:00～18:00
無休
moanalanispa.com/.jp
ワイキキ ▶MAP 別P.13 D-2

ワイキキ屈指のオーシャンフ
ロントのスパ体験ができる。
数々の受賞経歴を誇る。

RECOMMENDED MENU

◆ ロミ・ホオキパ …………… 50分 $190～
ロミロミのテクニックを取り入れ、筋肉のコリをほぐし、
深いリラクシゼーションへと導く人気のメニュー。

◆ ヘブンリー・スパ・シグニチャー・マッサージ
…………… 50分 $180～
コンディションに合わせて内容をカスタマイズ。施術
にはハワイ原産のオーガニックオイルを使用。

◆ リリコイ・レインシャワー …… 45分 $200
パッションフルーツ・シュガースクラブで古い細胞を取
り除き、レインシャワーでクレンジング。

スパメニュー利用者のみ使用できる、特別感満点のジャクジーでのんびり

ハワイアン・シー・ソルトなどで、ハワイの大地の力を肌にチャージ

🌺 チップを現金で渡す場合は、施術時に着替えるバスローブにあらかじめ入れておくとスマート。

 ハレクラニ

古代から伝わるセラピーに癒される

スパハレクラニ
SpaHalekulani

古代ハワイで、癒しの地だった
場所に立つホテルのスパ。足の
裏を使った深くなめらかなマッ
サージ「ハレクラニマッサージ」
がシグネチャーメニュー。

🏠 ハレクラニ1階
☎ 808-931-5322
🕘 9:00〜18:00
㊡ 無休
halekulani.jp/spa
ワイキキ ▶MAP 別P.12 B-2

RECOMMENDED MENU

◆ ハレクラニマッサージ ………………………… 60分 $245
ロミロミと温かいストーンマッサージのコンビネーション。

◆ ロミロミ マッサージ ………………………… 60分 $235
深いリラックス効果のある伝統的なハワイのマッサージ。

◆ 指圧 ………………………………………………… 60分 $225
体のツボを刺激し、そこに圧を加えて凝りをほぐす施術。

①開放的な大きな窓の外には、ハワイアンプランツを望める施術室 ②極上のトリート
メントで至福の時間を ③植物性のオイルを使った施術を提供

ザ カハラ・ホテル＆リゾート

ハワイの伝統と世界の技を融合

カハラ・スパ
KAHALA SPA

ホオマカというハワイ伝統のセラ
ピーをメインに症状にあう施術を行う。

🏠 ザ・カハラ・ホテル＆リゾート
ロビー階
☎ 808-739-8938
🕘 9:00〜17:00 ㊡ 無休
jp.kahalaresort.com/spa
カハラ ▶MAP 別P.5 F-2

フットクレンジングから始まるロミロミを

RECOMMENDED MENU

◆ ホオラハナホウ ………………………………………………… 90分 $305
◆ ゴールデングローフェイシャル＆ボディトリートメント …… 150分 $450
◆ オリオリロミロミ ……………………………………………… 120分 $370

Private
プライベート

ザ・リッツ・カールトン・レジデンス, ワイキキビーチ

完全個室内で伝統技法を受ける

ザ・リッツ・カールトン・
レジデンス, ワイキキ
ビーチ・スパ
The Ritz-Carlton Residences,
Waikiki Beach Spa

ロミロミに火山岩や熱帯性植物の葉
などのハワイ自然を取り入れた施術。

🏠 ザ・リッツ・カールトン・レジデン
ス, ワイキキビーチ8階
☎ 808-729-9783
🕘 10:30〜17:30
（季節により異なる）
㊡ 無休
www.ritzcarlton.com/jp/
hotels/hawaii/waikiki/spa
ワイキキ ▶MAP 別P.12 A-1

RECOMMENDED MENU

◆ エンドレス・エスケープ ……………………………… 105分 $335
◆ マノア ミスト-リバイタライズ ……………………… 105分 $325
◆ フキフキ-リフレッシュ ……………………………… 105分 $325

自然に秘められたエネルギーを感じよう

🏛 ハイアット リージェンシー ワイキキ ビーチ リゾート

天然美容成分の癒し効果を体感

ナ ホオラ スパ
Na Hoola Spa

全16室のトリートメントルームとドライサウナがあるスパ。ワイキキビーチが一望できる絶景のトリートメントルームはワイキキ屈指の人気を誇る。

♠ ハイアット リージェンシー ワイキキ ビーチ リゾート&スパ5・6階
☎ 808-237-6330
⊕ 9:00〜17:00 ⊕ 無休
jp.nahoolaspawaikiki.com
ワイキキ ▶MAP 別P.13 D-2

RECOMMENDED MENU

◆ ロミロミマッサージ ⋯⋯⋯⋯⋯⋯⋯⋯⋯50分 $185
強弱をつけた揉みと流れるようなストロークが特徴。

◆ ナネア・ホット・ストーン・マッサージ ⋯⋯50分 $195
ハワイアンマッサージとホットストーンの組み合わせ。

◆ 日焼け肌用マッサージ ⋯⋯⋯⋯⋯⋯⋯⋯50分 $190
冷たい石と保湿効果のあるアロエを使ったマッサージ。

①ガラス張りの大窓の外に広がるワイキキビーチを眺めながら施術 ②肌が喜ぶ自然素材を使ったオイルを使用 ③ホテル全体がハワイの自然を感じられる空間

🏛 ワイキキ・ビーチ・マリオット・リゾート

アヴェダの香りで至福のマッサージ

ロイヤル・カイラ
Royal Kaila Spa AVEDA

自然派コスメブランド「アヴェダ」を使用。幅広いメニューが好評。

♠ ワイキキ・ビーチ・マリオット・リゾート&スパ2階
☎ 808-369-8088
⊕ 10:00〜17:00 ⊕ 無休
www.spa-royalkaila.com
ワイキキ ▶MAP 別P.13 F-2

RECOMMENDED MENU

◆ ロイヤル・カイラ・オリジナル・ストーンマッサージ ⋯⋯⋯80分 $220
◆ ストレスリリーフ・マッサージ ⋯⋯⋯⋯⋯⋯⋯⋯50分 $150
◆ ロミロミ・マッサージ ⋯⋯⋯⋯⋯⋯⋯⋯⋯⋯50分 $150

海風を感じる施術室でのんびり整い体験を

Private
プライベート

🏛 ヒルトン・ハワイアン・ビレッジ・ワイキキ・ビーチ・リゾート

バリ島発、ワイキキ最大のスパ

マンダラ・スパ
Mandara Spa

ロミロミやバリ式、スウェーデン式など世界の技法を取り入れてカスタマイズしたトリートメントを実施するスパ。

♠ ヒルトン・ハワイアン・ビレッジ・ワイキキ・ビーチ・リゾート　カリア・タワー4階
☎ 808-945-7721
⊕ 10:00〜18:00
⊕ 無休
mandaraspa.jp
ワイキキ ▶MAP 別P.10 B-3

RECOMMENDED MENU

◆ ロミロミ・マッサージ ⋯⋯⋯⋯⋯⋯⋯⋯⋯60分 $180
◆ バリニーズ・マッサージ ⋯⋯⋯⋯⋯⋯⋯⋯60分 $180
◆ マンダラ・シグニチャー・フェイシャル ⋯⋯60分 $225

約100種類以上のメニューから好みを選んで　※料金変更の予定あり

お手軽プライスでリラックス♪
$90以下でロミロミを体験

ハワイ滞在中に、一度はロミロミマッサージに行きたい！と考える人も多いはず。
ここでは、リーズナブルかつ街中でアクセス便利なサロンをご紹介。
どのスパも、日本語OKだから安心して入店できる。$90以下のメニューは、お試しにも最適。

ハワイの技に日本の指圧をプラス
ルアナワイキキ ハワイアン ロミロミ マッサージ＆スパ
Luana Waikiki Hawaiian Lomi Lomi Massage & Spa

2003年に開業したマッサージ＆エステサロン。ワイキキの中心という立地のよさも人気の理由。

🏠 2222 Kalakaua Ave. #716
☎ 808-926-7773
🕐 10:00〜19:00　㊡ 無休
🏢 ワイキキ・ギャラリアタワー7階
www.luana-waikiki.com

`ワイキキ` ▶MAP 別P.12 B-1

希望に合わせてアロマオイル（無料）やマッサージしたい部位（＋$18〜）をオプションでメニューに追加することも可能

✿ UNDER $90 イチ押し MENU ✿

◆ ロミロミ ……………… 60分 **$85**

ロミロミは、施術法にベースがありながらも、その人の状態に合わせて少しずつ方法を変えて行う。

OTHER MENU

◆ 指圧＆ドライマッサージ ……… 60分　$120
◆ フェイスタイム ……………… 90分　$150

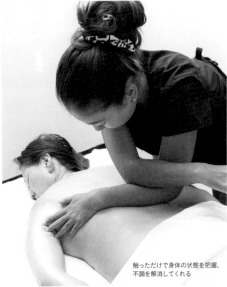

触っただけで身体の状態を把握、不調を解消してくれる

宿泊中のお部屋がサロンに早変わり
ロミノ・ハワイ
Lomino Hawaii

出張専門サロン。セラピストは全員ハワイ州の公認ライセンスを持つ日本人女性なので安心。施術後に身支度して帰る必要がなく、そのまま休めるのがいい。早割やタイム割でさらにお得になる！

☎ 808-741-3534
🕐 9:00〜21:00
㊡ 無休
lominohawaii.com

飛行機移動でのむくみや時差ボケなど、日本語で体調や希望を伝えられるのがうれしい

泊まっている部屋だから心からリラックスして施術を受けられる

✿ UNDER $90 イチ押し MENU ✿

◆ ロミロミマッサージ ……………… 60分 **$75**

お部屋の中で一番リラックスした状態で施術を受けられるのでロミロミの効果が最大限発揮される。

OTHER MENU

◆ デトックスロミロミ ……………90分　$135
◆ ストレスリリースロミロミ ………90分　$135

世界各地の多彩なマッサージが揃う

アナイハナ・マッサージ・サロン
Anai87 Massage Salon

ロミロミ、韓国式コルギ、指圧、Manaマッサージなどメニューが豊富。出張サービスもあり（＋$20）。

🏠 1750 Kalakaua Ave.
☎ 808-729-0773（予約は前日まで）
🕐 9:00〜20:00（出張9:00〜23:00）　無休
📍 センチュリー・センター14階
www.anai87hawaii.com

`ワイキキ` ▶ MAP 別P.10 A-2

プロスポーツ選手など1万人以上に施術したゴッド・ハンドを持つハナエさんの施術は効果大！　ダイヤモンド・ヘッドビューの部屋は、雰囲気も抜群

UNDER $90 イチ押し MENU

◆ Manaマッサージ …………… 60分　$65〜

指圧、ロミロミ、筋膜リリース、ストレッチを組み合わせた、オーナーが生み出したマッサージ。

OTHER MENU

◆ 指圧 …………………… 60分〜　$70〜
◆ コルギフェイシャル ………… 60分　$110〜

植物から抽出した上質なオイルを使用。さっぱりとしていてべたつかない

日本人セラピストによる丁寧な施術

アロハ・ハンズ・マッサージ・セラピー
Aloha Hands Massage Therapy

口コミで人気を集めるサロン。熟練の日本人セラピストによる施術で疲れがスッキリ！

🏠 307 Lewers St. #809
☎ 808-551-0428（日本語予約受付）
🕐 9:00〜22:00　無休　ルワーズ通り沿い
www.alohahands.net

`ワイキキ` ▶ MAP 別P.12 B-2

UNDER $90 イチ押し MENU

◆ 基本のハワイアン・ロミロミ・マッサージ
60分 $60

手のひら、腕全体を使って頭頂部からつま先まで、丁寧に揉みほぐして血液の循環を促す。

OTHER MENU

◆ ロミロミマッサージ …………… 60分　$79.20
◆ ロミロミ＆リフレクソロジー ………… $89.20
※事前予約払いの場合

インターン生の施術でリラックス

ハワイ マッサージ アカデミー
Hawaii Massage Academy

35年以上の実績があるスクールのインターン生が施術。丁寧な施術と良心的な価格に定評あり。

🏠 1750 Kalakaua Ave. #2102
☎ 808-955-4555
🕐 9:00〜17:00　日曜
📍 センチュリー・センター21階
www.hawaiimassageacademy.com

`ワイキキ` ▶ MAP 別P.10 A-2

ハワイ州公認のマッサージスクール。60分$40のフェイシャルも人気

UNDER $90 イチ押し MENU

◆ ボディマッサージ …………………… 60分　$30

ロミロミマッサージほか、スウェーデン式マッサージなど好みの技法を選べる。

高い技術を持ったインターン生

マッサージの基礎技術はもちろん、実技訓練をしっかり行ったインターンシップの生徒が施術してくれるので、疲れもスッキリとれる。90分$45のトリートメントもある。

全店日本語OK！がうれしい
トロピカルネイルで気分UP

NAIL ART
A

Kawaii!
リゾート気分を盛り上げるハワイモチーフのカラフルな色使いが人気！

ヤシの木やホヌといったハワイモチーフ／$50〜

NAIL

南国に映える大胆な色使いのアート／$50〜

Elegant!
指先を美しく魅せてくれるビビッドなカラーと上品なデザイン！

ALOHA

NAIL ART
B

NAIL

ハイビスカスアートは100パターン以上ある／マニキュア $30〜

ハイビスカスやホヌ、ネイルパーツなどデザインが多彩／シェルハンド1カラー $70〜

NAIL ART
C

ALOHA STATE

Fancy!
フラガールのネイルアートはこのお店オリジナルで、一番人気！

優しい色合いが特長のレインボー／$84〜

NAIL

ブルーベースにホヌをペイント／$108〜

鮮やかなグラデーションがポイント／$94〜

※いずれも10本分の価格

せっかくのバカンスタイムを200%楽しむために、ネイルもキュートな
ハワイ仕様にチェンジしたい！　鮮やかで明るいカラーを使った
南国モチーフのネイルアートで、指先からリゾート気分を存分に味わおう。

①木を使った温もりのある店内。ゆったりとした席の配置で、リラックスできる
②キッズマニキュアもある。母娘お揃いのネイルで旅の気分を盛り上げよう！

カラフルで可愛いらしいデザインが人気

A ネイルサロン ai
Nail Salon ai

カルジェルの資格を持つ、日本人
オーナーが開設したネイルサロン。
500種類以上もあるサンプルから
選べるのがうれしい。

🏠 307 Lewers St. ＃301
☎ 808-921-2900（日本語OK）
🕘 9:00～19:00　🈪 無休　🚃 ルワー
ズ通り沿い、牛角のあるビルの3階
www.nailsalonai.com

ワイキキ ▶MAP 別P.12 B-1

OTHER MENU

◆ キッズマニキュア ‥‥‥‥\$20
◆ まつげエクステンション ‥‥\$120～

①ワイキキ中心の便利なロケーションなのも魅力 ②アートパターンが豊富なのでドレスに合わせたり、
ウエディングネイルにも対応可能。お直しなどのアフターケアが1週間ついている

ワイキキ初のネイルサロンとして誕生

B ネイルラボ シェラトンワイキキ
Naillabo Sheraton Waikiki

1995年にオープン。ハイビスカス
アートを誕生させたハワイネイル
のパイオニア的存在。ゴージャス
な3Dアートネイルが得意。

🏠 シェラトン・ワイキキ内
☎ 808-926-6363
🕘 11:00～19:00
🈪 無休
lauae-hawaii.com/naillabo-s

ワイキキ ▶MAP 別P.12 B-2

OTHER MENU

◆ ヘディキュア ‥‥‥‥‥‥\$65
◆ ペイントアート ‥‥\$10～/1本

①清潔感あふれる店内。ノリのいいBGMで楽しげな雰囲気。チェアは二人がけなので友だち同士でもOK
②サロンマネージャーのユウコさんは、ハワイで20年以上の実績を持つベテランのネイリスト

センスばっちりのオンリーワンネイル

C アクアネイルズ
Aqua Nails

女性はもちろん男性、親子やカッ
プルで楽しめるサロン。指圧もあり、
男性セラピストによる指圧70分
\$79～はしっかりほぐれると評判。

🏠 334 Seaside Ave. #304
☎ 808-923-9595
🕘 10:00～17:00
🈪 日曜・祝日　🚃 シーサイド通り沿
い。青いビルの3階
www.aqua-nails.com

ワイキキ ▶MAP 別P.12 B-1

OTHER MENU

◆ 角質ツルツルデラックスプラン ‥\$35～
◆ ジェルネイル ‥‥‥‥‥\$99～

ハレときどきタビ

失恋の傷はロミロミで癒してもらいますの巻

TOWN

Ward & Kakaako
ワード・カカアコ

カカアコ
Kakaako

ワード・ビレッジ・ショップス
Ward Village Shops

ワード・ゲートウェイ・センター
Ward Gateway Center

ワード・センター
Ward Center

ケワロ湾
Kewalo Basin

ウォールアート撮影を!

昼:◎ 夜:○

週末に多くのロコが訪れるワード・ビレッジを中心に、最旬アパレルの路面店や個性派カフェが並ぶ。かつて倉庫街だったカカアコ地区ではウォールアートが名物。アートイベントも開催される芸術の街として有名に。

ワイキキから 🚌 20・42番ほか約15分

ワイキキから 🚗 92号で約15分

アクティビティは少ないが飲食店もショップも豊富なバランスがいいエリア。

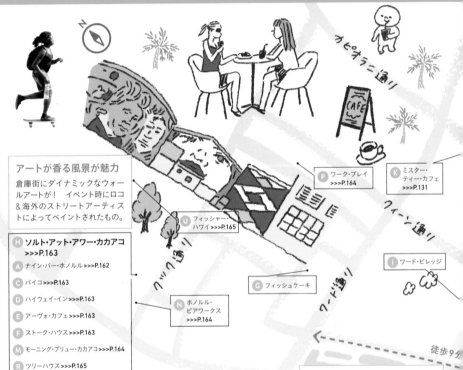

オヒオ二通り

CAFE

ワーク・プレイ >>>P.164

ミスター・ティー・カフェ >>>P.131

アートが香る風景が魅力
倉庫街にダイナミックなウォールアートが! イベント時にロコ&海外のストリートアーティストによってペイントされたもの。

フィッシャー・ハワイ >>>P.165

クィーン通り

ワード・ビレッジ

ソルト・アット・アワー・カカアコ
>>>P.163

Ⓐ ナイン・バー・ホノルル >>>P.162

Ⓒ パイコ >>>P.163

Ⓓ ハイウェイ・イン >>>P.163

Ⓔ アーヴォ・カフェ >>>P.163

Ⓕ ストーク・ハウス >>>P.163

Ⓜ モーニング・ブリュー・カカアコ >>>P.164

Ⓡ ツリーハウス >>>P.165

コウラ通り

ワード通り

Ⓖ フィッシュケーキ

Ⓝ ホノルル・ビアワークス >>>P.164

徒歩9分

Ward & Kakaako 01
日々進化中のワード&
カカアコのムーブメントを体感

アート街として知られ始めたワード&カカアコ。
大規模な都市開発が進む、発展中のエリアを調査!

いろいろなクラフトビールを試飲♪
世界各国やハワイの珍しいクラフトビールが飲めるスポット。醸造所があり、ビールのイベントも開催される。
ホノルル・ビアワークスⓃ >>>P.164

16スクリーンの映画館
はロコが休日に集う場

思わず撮りたくなるアートを背に記念撮影を♪

🚶 TOWN

ワード・カカアコ

カイルア

ハレイワ

チャイナタウン

カイムキ

カハラ・マノア

ローカルも御用達の
ショッピングモール

話題のショップやレストラン、映画館が揃う、ロコで大にぎわいのホットスポット。観光客向けの店より生活雑貨店が中心。

ワード・ビレッジで必見の
2大オフプライスショップ

ワードは高級ブランドやデパートの商品がお得に手に入るディスカウントストアが充実。2店は同じ建物内なのでハシゴして。

T.J.マックス Ⓐ >>>P.104
ノードストローム・ラック Ⓑ
>>>P.104

最先端アイテムが揃う

ワード・ビレッジ Ⓘ
Ward Village

🏠 1240 Ala Moana Blvd.
☎ 808-591-8411(ワード・ビレッジ)
🕐 店舗により異なる
🚫 アウアヒ通り沿い
www.wardvillage.com
ワード ▶ MAP 別 P.9 E-3

倉庫を上手に活用した
ハイセンスな店が点在

かつて工場が立ち並ぶ工業地帯として栄えた場所で、当時の倉庫をそのまま利用する店もある。レトロで独特な雰囲気が魅力的。

モダンで芸術的な家具店

フィッシュケーキ Ⓖ
Fishcake

🏠 307 C Kamani St.
☎ 808-593-1231
🕐 9:00〜17:00
（土曜10:00〜16:00）
🚫 日曜
🚫 カマニ通り沿い
カカアコ ▶ MAP 別 P.8 C-3

スショア・マーケット

オフ・ザ・ウォール・クラフトビール＆ワイン >>>P.164

スクラッチキッチン >>>P.164

モリ・バイ・アート＆フリー >>>P.165

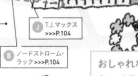

Ⓙ T.J.マックス
>>>P.104

Ⓑ ノードストローム・ラック >>>P.104

ナ・メア・ハワイ
>>>P.165

おしゃれなカフェが増加中！

ウォールアートがあるカフェやカスタマイズドリンクの店など、個性的で面白いカフェが増加中。買い物のついでに立ち寄りたい。

ミスター・ティー・カフェ Ⓚ
>>>P.131
モーニング・ブリュー・カカアコ Ⓜ >>>P.164

🚶 ハワイには、「アロハ豆腐」に「アロハ醤油」、「アロハ納豆」まである。いずれもワイキキのスーパーマーケットで購入可能。

有名なモンスターの壁画はフィッシャー・ハワイ (>>>P.165) に

カカアコの
ウォールアートをめぐる

ウォールアートは今や必見観光ポイントに。ただし、このエリアは倉庫街で人通りも少ないのでウォール・アートめぐりは昼間に複数で行くのが懸命。

新作も続々登場のアートを見る

ウォールアート
Wall Art

エリア再開発のための「POW! WOW! HAWAII」というイベントで、地元のアーティストたちが壁画を描いたのが始まり。イベントは例年2月に開催され、そこで描き変わる壁画もある。

【めぐり方のポイント】
☑ 移動はBikiを使うと楽チン！
☑ 公衆トイレは使わずにカフェを利用。
☑ アートは急に変わることがあるので、好きなアートは必ずその時に撮影して！

OKIDOKIの壁画はソルトにある

街のいたるところに壁画がある

立ち寄りはココ！

ハワイの海を彷彿とさせる店内

ナイン・バー・ホノルル
9 Bar HNL

香り高いスペシャルティコーヒーを提供。自家製ススコフィン（スコーン×マフィン）も好評。

🏠 ソルト・アット・アワー・カカアコ1階
☎ 808-762-0255
🕐 7:00〜16:00 (土・日曜8:00〜14:00) 🈔 無休
[カカアコ] ▶ MAP 別 P.8 C-3

パイナップルのキャラがかわいいDa Cat Bus

TOWN

ワード・カカアコ

カイルア

ハレイワ

チャイナタウン

カイムキ

カハラ・マノア

Ward&Kakaako 03
最先端スポット・ソルトで押さえたいSHOP4選

ファッションとカフェの新トレンド発信地となっているのがここ。ホノルルに来たらぜひ立ち寄っておきたい。

H
おしゃれロコの推しショップが集合
ソルト・アット・アワー・カカアコ
SALT at Our Kakaako

倉庫を改装して、ハワイのトレンドが詰まったスタイリッシュな商業施設になった。トレンド好きはマストで訪れたい場所だ。

🏠 691 Auahi St.
☎ 808-545-4835
🕐 11:00～21:30
🈳 店舗により異なる
🚗 アラモアナ通り沿い
カカアコ ▶MAP 別P.8 C-3

$16.95
スモークト・ロコが人気メニュー

D
ロコにも人気の庶民の味
ハイウェイ・イン
Highway Inn

ハワイ伝統料理からアレンジメニューまで揃うローカルに人気のダイナー。

🏠 ソルト・アット・アワー・カカアコ内
☎ 808-954-4955
🕐 8:30～20:30(金・土曜～21:00、日曜9:00～14:30)
🈳 無休
カカアコ ▶MAP 別P.8 C-3

E
スタイリッシュカフェの代表
アーヴォ・カフェ
Arvo Cafe

彩り豊かな可愛い盛り付けでロコガールたちにも人気の高いカフェ。

🏠 ソルト・アット・アワー・カカアコ内
☎ 808-537-2021
🕐 8:00～14:00
🈳 無休
カカアコ ▶MAP 別P.8 C-3

オーストラリア風のカフェラテは$3～

C
ボタニカルな雑貨がずらり
パイコ
PAIKO

感度の高いロコたちが通う、グリーンや花が並ぶボタニカルブティック。

🏠 ソルト・アット・アワー・カカアコ内
☎ 808-988-2165
🕐 10:00～17:30(日・月曜～16:30)
🈳 無休
カカアコ ▶MAP 別P.8 C-3

インテリアのヒントになりそうな雑貨もある

日本では入手困難なブランドもある

F
サーフショップで限定品
ストーク・ハウス
Stoke House

日本未進出のサーフショップ。日常をスタイリッシュに彩るアイテムを。

🏠 ソルト・アット・アワー・カカアコ内
☎ 808-369-3388
🕐 10:00～18:00(日曜～17:00)
🈳 無休
カカアコ ▶MAP 別P.8 C-3

Ward&Kakaako 04
クラフトビール＆カフェ
最先端はココ！

ロコにも観光客にも人気のショップはマストチェック。何度も通いたくなること間違いなし！

$11.25
もちもち食感のワッフルは朝食やブランチに

N
昼からにぎわうビア・バー
ホノルル・ビアワークス
Honolulu Beerworks

$15〜
テイスティングは1グラス〜

天上の高い開放的な店内では、10種類の定番ビールと季節限定がある。

M
地元食材を使う素敵カフェ
モーニング・ブリュー・カカアコ
Morning Brew Kakaako

できる限り地元の食材を使用するヘルシーなフードメニューで人気のカフェ。店内は広々として心地いい空間が広がる。つい長居したくなるお店だ。

🏠 ソルト・アット・アワー・カカアコ内
☎ 808-369-3444
🕐 7:00〜14:00（土・日曜〜16:00）　🕐 無休
`カカアコ` ▶MAP 別P.8 C-3

🏠 328 Cooke St.
☎ 808-589-2337　🕐 12:00〜22:00
（金・土曜〜24:00）　🕐 日曜
🕐 クック通り沿い
`カカアコ` ▶MAP 別P.8 C-3

O
ベジ・メニューも充実！
オフ・ザ・ウォール・
クラフトビール＆ワイン
Off the Wall Craft Beer & Wine

$14
ヘルシーなベジタリアン・バーガー

18種類の地ビールは壁付けのタップバーからセルフで量り売り。グルメも充実でベジタリアン対応も。

🏠 サウスショア・マーケット内　☎ 808-593-2337
🕐 11:00〜22:00（木曜〜23:00、金・土曜〜24:00、日曜9:00〜21:00）　🕐 無休
`ワード` ▶MAP 別P.9 E-3

P
隠れ家的なカフェ＆バー
ワーク・プレイ
Work Play

1本裏道に入った先にある、大人の隠れ家のような店で、夕方になると仕事帰りのロコたちが集まる。不定期でライブを開催。

🏠 814 Ilaniwai St.　☎ 808-457-1322　🕐 16:00〜24:00（木〜土曜〜翌2:00）　🕐 日曜　🕐 イリニワイ通り沿い
`カカアコ` ▶MAP 別P.8 C-3

Q
ジェニックなメニューがずらり
スクラッチキッチン
Scratch Kitchen

シェフの遊び心とセンスが感じられる料理の数々が評判。特にミルクシリアル・パンケーキ$15が人気だ。

🏠 サウスショア・マーケット内　☎ 808-589-1669
🕐 9:00〜21:00（木・金曜〜22:00、土曜 8:00〜22:00、日曜8:00〜21:00）　🕐 無休
`ワード` ▶MAP 別P.9 E-3

Ward&Kakaako 05

アロハスピリットを
感じるアイテム探し

ローカルアーティストの作品やデザイナーのウエ
アはハワイならではの思い出になるはず。

Ⓡ
おしゃれ雑貨がズラリ
ツリーハウス
treehouse

$18
ロゴをあしらった
マグ。お土産に

高機能性＆高デザインのヴィンテー
ジ・カメラ店。おしゃれ雑貨も。

🏠 ソルト・アット・アワー・カカアコ内
☎ 808-597-8733　⧖ 10:00 〜 17:00
（日曜 11:00〜）　㊡ 無休
`カカアコ` ▶ MAP 別 P.8 C-3

$34
オリジナルTシャ
ツも種類豊富に
揃っている

ⓈＳ
文化、言語、伝統に触れる
ナ・メア・ハワイ
Na Mea Hawaii

$585〜
手作りのラウハラ
帽子はスタイリッ
シュに着こなして

ハワイの伝統を今に伝える店。
伝統的な雑貨を現代でも取り入
れやすいデザインにして提供。

🏠 ワード・センター内
☎ 808-596-8885
⧖ 10:00 〜 21:00（日曜〜 18:00）
㊡ 無休
`ワード` ▶ MAP 別 P.21

$88〜
南国気分が上が
るボトルホルダー

Ⓣ
デザイナーズ・プロダクト！
モリ・バイ・アート＆フリー
Mori by Art & Flea

$20
ハワイの花をモチ
ーフにしたイヤリ
ングも素敵

ハワイのクリエーターによる個性的なファブリックや雑貨
を販売。ギャラリーのように展示していてアートな空間だ。

🏠 サウスショア・マーケット内　☎ 808-593-8958
⧖ 11:00 〜 17:00　㊡ 無休
`ワード` ▶ MAP 別 P.9 E-3

Ⓤ
カワイイがいっぱいの文具店
フィッシャー・ハワイ
Fisher Hawaii

$1.42
旅の思い出を
ノートにぜひ！

ハワイ最大規模を誇る文具店。カラフルでユニークな雑貨も。

🏠 690 Pohukaina St.　☎ 808-356-1800
⧖ 7:00 〜 18:00（水曜〜 20:00、土曜 8:00 〜 17:00、
日曜 10:00 〜 15:00）　㊡ 無休　💎 ポフカイナ通り沿い
`カカアコ` ▶ MAP 別 P.8 C-3

ワード・カカアコ

カイルア

ハレイワ

チャイナタウン

カイムキ

カハラ・マノア

ユニークなお店が並ぶローカルタウン

Kailua
カイルア

シナモンズ・レストラン
Cinnamon's restaurant

カイルア湾
Kailua Bay

カラパワイ・マーケット
Kalapawai Market

ホール・フーズ・マーケット・カイルア
Whole Foods Market Kailua

ターゲット・カイルア
Target Kailua

カイルア・ビーチ
Kailua Beach

買い物＆海へGO

昼：◎　夜：△

オアフ島の東海岸沿いにある街。個性的な雑貨店やアパレルショップが並ぶ、ハイセンスなショッピングエリアとしても注目されている。絶景のビーチも有名で、青い海と白浜のコントラストは息をのむほどの美しさ。

アラモアナから 🚌
アラモアナ海側から
56・57番で約40分

ワイキキから 🚗
72号で約60分
61号で約35分

お店が点在するため、アクセスの下調べを。海に行く時間も確保！

Kailua 01
レンタサイクルでGO！
自転車でカイルアを回り尽くす

中心街からカイルア・ビーチまでは徒歩で約15分、ラニカイ・ビーチまでは約30分かかる。海や街をくまなく回りたいなら断然自転車がおすすめ！

まずはレンタサイクル店へ！
自転車観光しやすいカイルアは、レンタサイクル店が豊富。事前に場所だけは確認を。1〜2時間から借りられる店が多い。

日本語OKだから安心！
カイルア・バイシクル Ⓐ
Kailua Bicycle

🏠 18 Kainehe St.
☎ 808-261-1200
🕘 9:00〜17:00　㊡ 無休
◎ カイネヘ通り沿い
`カイルア` ▶ MAP 別 P.7 D-3

Ⓓ シナモンズ・レストラン >>>P.114

Ⓖ カイルア・ファーマーズマーケット >>>P.168

Whole Foods

オネアワ通り

Ⓙ オリーブ・ブティック >>>P.169

Ⓒ モケズ・ブレッド＆ブレックファスト >>>P.168

Ⓚ ブルー・ラニ・ハワイ >>>P.169

Ⓐ カイルア・バイシクル

Ⓛ ホールフーズ・マーケット カイルア >>>P.169

Ⓕ カイルア・タウン・ファーマーズ・マーケット >>>P.43,P.168

澄んだ水と白い砂浜が
広がるカイルア・ビーチ

カラフルな路面店は
一軒ずつ順番に回りたい

TOWN

ワード・カカアコ

カイルア

ハレイワ

チャイナタウン

カイムキ

カハラ・マノア

全米が認める最高のビーチへ

カイルア・ビーチとラニカイ・ビーチは、いずれも全米ランキング上位を誇る絶景ビーチ。外せないスポット！

カイルア・ビーチ **H** >>>P.31
ラニカイ・ビーチ **I** >>>P.30

Kalapawai Market

ラニカイ・ビーチ **I**
>>>P.30

カイルア・ビーチ **H**
>>>P.31

カラパワイ・マーケット **B**

kalawe shopping center

カラヘオ通り

Kailua Shopping Center

LANIKAI

徒歩8分

カイルア通り

Target

ビーチに行く前に食料調達に立ち寄って！

カイルア・ビーチとラニカイ・ビーチの近くには飲食店がない。飲み物や軽食は街で準備して、ビーチへ持っていくのがベター。

KALAPAWAI MARKET

街を代表する老舗マーケット
カラパワイ・マーケット **B**
Kalapawai Market

🏠 306 S Kalaheo Ave.
☎ 808-262-4359
🕐 6:00〜19:00　㊏ 無休
Ⓧ カラヘオ通り沿い
カイルア ▶ MAP 別P.7 F-3

カイルアはパンケーキ天国！

カイルアには行列の人気パンケーキ店が集結。特にブーツ＆キモズに行く場合、1時間待ちは覚悟しておいて！

モケズ・ブレッド＆ブレックファスト **C**
>>>P.168
シナモンズ・レストラン **D** >>>P.114
ブーツ＆キモズ **E** >>>P.113

ハマクア通り

ブーツ＆キモズ **E**
>>>P.113

🏝 海は日差しが強い！　食べ物や飲み物は保冷剤と共に保温バッグの中に入れて木陰に。

ブルーを基調としたカントリー調の店内

Kailua 02
遠出しても食べたい
パンケーキに会いに行く

リリコイソースにマカダミアナッツソース…、カイルアはソース系のパンケーキ激戦区。わざわざ行く価値あり！の絶品パンケーキを堪能して。

リリコイパンケーキ$12.95
はあっさりと甘酸っぱい

Lilikoi Pancake

 C

大好きなおばあちゃんの味を再現
モケズ・ブレッド＆
ブレックファスト
Moke's Bread & Breakfast

粉も自分でブレンドする、もっちりとしたパンケーキが人気。リリコイのクリームソースはオーナーの祖母のレシピ。

🏠 27 Hoolai St.
☎ 808-261-5565
🕐 7:30〜13:00（ランチ11:00〜）
㊡ 月・火曜 　㊟ ホオライ通り沿い
`カイルア` ▶MAP 別P.7 D-3

Kailua 03
ファーマーズマーケットで
つまみ食いをする

$5
ハニー使用のフローズンアイス

ローカルで盛り上がるファーマーズマーケットをチェック！ロコとおしゃべりしながらのグルメ＆買い物を楽しんで。

とりどりのフレッシュな野菜やフルーツがずらり

 F

地元で人気のグルメがずらり
カイルア・タウン・
ファーマーズマーケット
Kailua Town Farmers Market

毎週日曜の午前中に開催される、カイルアを代表するマーケット。30店ほどの小規模ながら、日曜の朝をのんびり過ごすロコたちでにぎわう。クレープや、ヘルシーボウルなど、できたてのフードは、テーブルでゆっくりと。

>>>P.43

$13
ロコモコボール

焼きたてパンやデリも豊富

$8
オーシャンペスト

 G

夕暮れ時に始まるマーケット
カイルア・
ファーマーズマーケット
The Kailua Farmers' Market

毎週木曜の夕方に開催。学校や会社帰りのロコが集まる。軽めの晩ごはんにもおすすめ。

🏠 609 Kailua Rd.
☎ 808-848-2074
🕐 木曜 16:00〜19:00
📍 ロングス・ドラッグス・カイルア店裏の駐車場
`カイルア` ▶MAP 別P.7 D-3

＼ Welcome ／

流行にとらわれず、長く愛せる服が並ぶ

TOWN

ワード・カカアコ

カイルア

ハレイワ

チャイナタウン

カイムキ

カハラ・マノア

$48
マナラハワイ×ブルーラニ
限定コラボトート

Kailua **04**
ハイセンスな
セレクトショップをめぐる

お店に並ぶのは、どれも優しい色合いで自然を感じる
品ばかり。各店のオーナーが愛する品をゲット。

 J

ロコガールからのアツい支持がある

$70
大容量の便利
なバッグ

オリーブ・ブティック
Olive Boutique

カイルア生まれのアリさんが厳選するビーチ
カジュアル。カイルアのブランドも多数。

🏠 43 Kihapai St. ☎808-263-9919
🕐 10:00〜17:00
休 無休　🚶 キハパイ通り沿い
`カイルア` ▶MAP 別P.7 D-3

$12
オリジナル
トートバッグ

 K

オーナーのセンスが光る

3枚$50
オリジナ
ルカイル
アTシャツ

ブルー・ラニ・ハワイ
Blue Lani Hawaii

オリジナルのカイルアアイテムやドレスも豊富。可
愛くてリーズナブルなお土産はここでゲット！

🏠 45 Hoolai St. kailua ☎808-261-2622
🕐 10:00〜16:00
休 無休　🚶 ホオライ通り沿い
`カイルア` ▶MAP 別P.7 D-3

Kailua **05**
食べる＆買うが叶う
大型スーパーに行く

カイルアは近年、大型スーパーが増加中。
ロコたちが通う最旬店をお見逃しなく！

 L

ヘルシー惣菜をテイクアウト

$12.99
アサイ＆中国
茶が粉末状に

ホールフーズ・
マーケット カイルア
Whole Foods Market Kailua

アメリカ本土のオーガニックスーパーでハ
ワイの3号店目。自分で好みの料理を選ん
でつめられるデリランチが人気。

🏠 629 Kailua Rd. ☎808-263-6800
🕐 7:00〜22:00　休 無休
🚶 カイルア通り沿い
`カイルア` ▶MAP 別P.7 D-3

ハワイで作られた
食品には【LOCAL】
のマークが付く

この大型スーパーマーケットにも立ち寄って！

ハイセンスな便利スーパー

ターゲット・カイルア
Target Kailua

ハワイアンフード＆アイテムが豊富。食品はもち
ろん雑貨、日用品、コスメも揃う。

🏠 345 Hahani St. ☎808-489-9319
🕐 8:00〜22:00（日曜〜21:00）　休 無休
🚶 ハハニ通り沿い
`カイルア` ▶MAP 別P.7 D-3

$8.99（1ポンドあたり）
数十種の料理から
選べるデリ

👥「オリーブ・ブティック」の数軒隣りには、メンズ服を扱う姉妹店「オリバー」がある。オーナー同士は夫婦。

ノスタルジックな田舎町

Haleiwa
ハレイワ

オールドハワイの面影を残し、ゆったりとした時間が流れる街。かつてはパイナップルやサトウキビ産業で栄え、今なお、プランテーション時代の倉庫状の建物が多く並んでいる。ギャラリーや個性派ショップも多数。

B級グルメの宝庫

昼：◎ 夜：○

ガーリックシュリンプやフリフリチキンなどハレイワ発祥の名物をお試しあれ。

アラモアナから 🚌
アラモアナ海側から
52・60番で約60分

ワイキキから 🚗
99号で約60分

Haleiwa 01
ノスタルジックなハレイワで
ホロホロ（散歩）を楽しむ

ハレイワは、カメハメハ・ハイウェイの一本道に店が連なり、端から端へ歩いても30分程度。のんびり散策しながら移動しよう。

ハレイワ・ストア・ロッツはマスト

プランテーション時代を再現した倉庫型のショッピングモール。アパレル店や飲食店、ギャラリーなど見どころが充実！

マツモト・シェイブ・アイス **A** >>>P.172
テディーズ・ビガー・バーガー **B** >>>P.172
グアバ・ショップ **C** >>>P.173
スヌーピーズ・サーフ・ショップ **E**

海と砂浜の
コントラスト！

お土産に喜ばれる
サーフテイストのスヌーピー

PEANUTS公式ショップ。サーフトリップ中のキャラクターが可愛いと大人気。店内や壁にも、思わず撮りたくなる絵がたくさん。

© 2023 Peanuts Worldwide LLC

ハワイ限定グッズをゲット！
スヌーピーズ・
サーフ・ショップ **E**
Snoopy's Surf Shop

🏠 66-111 Kamehameha Hwy.
#901 ☎808-762-0032
🕚 11:00〜17:00 🅟 無休
📍ハレイワ・ストア・ロッツ内
`ハレイワ` ▶MAP 別P.6 B-3

オアフ島イチ可愛い
アクセサリー

ノース・ショア在住のノエラニ・ラブさんはハワイで最も有名なジュエリーデザイナーのひとり。お気に入りが見つかるはず！

$92

$98

天然石やシェルを用いたジュエリー
ノエラニ・ハワイ **D**
Noelani Hawaii

🏠 59-018 Huelo St.
☎808-341-3779
🕚 月〜金曜11:00〜16:00（予約制）
noelanihawaii.com/
`ノース・ショア` ▶MAP 別P.6 C-1

ケイン・ハウル通り

ハレイワ通り

パアアラア通り

TOWN

ワード・カカアコ

カイルア

ハレイワ

チャイナタウン

カイハキ

カハラ・マノア

ハレイワ・ビーチ・パークの波は夏は低く冬は高い

カラフルな倉庫製の店がハレイワならでは

F サンセット・ビーチ >>>P.30

D ノエラニ・ハワイ

サーファーが愛するビーチ

ノース・ショアはプロのコンテストも開かれるサーフィンの聖地。世界のサーファーが愛する荒波をその目で見て！

サンセット・ビーチ F >>>P.30

I サーフンシー >>>P.173

Haleiwa Store Lots

ハレイワ・ストア・ロッツ

A マツモト・シェイブ・アイス >>>P.172
B テディーズ・ビガー・バーガー >>>P.172
C グアバ・ショップ >>>P.173
E スヌーピーズ・サーフ・ショップ

NORTHSHORE MARKETPLACE

ジョセフ・P・レオン・ハイウェイ

徒歩 5分

カメハメハ・ハイウェイ

H ファーム・トゥー・バーン・カフェ＆ジューサリー >>>P.172

J バブルシャック・ハワイ >>>P.173

G ジョバンニ

ワゴンFoodを楽しむ

手軽に食事が楽しめるフードトラックが名物。中でもシュリンプが特に有名で、いつも行列ができている。

ジョバンニ G
Giovanni's

🏠 66-472 Kamehameha Hwy.
☎ 808-293-1839　⑰ 無休
🕐 10:30〜17:00　⊗ カメハメハ・ハイウェイ沿い
ハレイワ ▶MAP 別P.6 A-3

冬のノース・ショアはサーフィンの見物客が多く、渋滞が発生することが多い。時間に余裕を持って行こう。

171

Haleiwa **02**

ハレイワ・ストア・ロッツで
ロコが大好きなグルメを堪能

カラフルな倉庫型の店が並ぶハレイワ・ストア・ロッツ。個性豊かなショップで買い物を楽しんだら、ハワイアン・グルメをぱくっ!

ハレイワ散策の目玉はここ

ハレイワ・ストア・ロッツ
Haleiwa Store Lots

オールドハワイの建物を忠実に復元した、ハレイワ最大級の商店街。約20の店が並ぶ。

🏠 66-111 Kamehameha Hwy.
☎ 📠 店舗により異なる
🚗 カメハメハ・ハイウェイ沿い
www.haleiwastorelots.com
ハレイワ ▶MAP 別P.6 B-3

$24〜
マツモト・シェイブ・アイスのオリジナルTシャツは数十種

$3.50〜
レインボーのシェイプアイス

プランテーション時代の倉庫をイメージ

 A

約70年愛されるかき氷で涼む

マツモト・シェイブ・アイス
Matsumoto Shave Ice

ハワイの元祖シェイブアイス店。秘伝レシピで作られる、約40種のシロップが人気の秘密。

🏠 66-111 Kamehameha Hwy. #605
☎ 808-637-4827
🕐 10:00〜18:00 📅 無休
🚗 ハレイワ・ストア・ロッツ内
ハレイワ ▶MAP 別P.6 B-3

 B

こだわりのハンバーガーは必食

テディーズ・ビガー・バーガー
Teddy's Bigger Burgers

20年以上連続でハワイBESTバーガー賞を受賞している人気チェーン。バーエリアがあり、お酒が飲めるのはここハレイワ店だけ!

🏠 66-111 Kamehameha Hwy. #801
☎ 808-637-8454
🕐 10:00〜21:00 📅 無休
🚗 ハレイワ・ストア・ロッツ内
ハレイワ ▶MAP 別P.6 B-3

So good!

$14.48
アボカド入りのカネオヘ・バーガー

Haleiwa **03**

ノースの自然に囲まれて
青空ランチ＆お土産ゲット

農園の中にぽつんと立つ赤い建物はまるで映画のセットのよう。その可愛い佇まいは素通り厳禁!

 H

地産地消のカフェ＆ショップ

ファーム・トゥー・バーン・カフェ＆ジューサリー
Farm to Barn Cafe & Juicery

自然に囲まれた屋外席で地元食材を使ったメニューが楽しめる。ジャムなどのお土産も販売。

🏠 66-320 Kamehameha Hwy.
☎ 808-354-5903
🕐 9:00〜15:00 📅 無休
🚗 カメハメハ・ハイウェイ沿い
ハレイワ ▶MAP 別P.6 B-3

(上) コールドプレスジュース各$6〜とバンザイバーガー$15 (左) オールドハワイの雰囲気

Haleiwa 04
クール系 or キュート系な
アパレル2店を押さえる

食だけでなく、オシャレなアパレルショップも充実のハレイワ。サーファーの街ならではの涼しげなアイテムで、気分はすっかりロコガール♪

Cute

服は同じ色味ごとに並べられていて見やすい

Tシャツや水着もずらりと並びにぎやかな店内

ハレイワサーファー御用達！
サーフン シー
Surf N Sea

サーフボードやサーフアイテムが豊富に並ぶ。「サーファー飛び出し注意」のロゴで有名な、ハレイワを代表するショップのひとつ。

⌂ 62-595 Kamehameha Hwy.
☎ 808-637-7873　⏰ 9:00〜19:00
休 無休　⊗ アナフル橋海側
ハレイワ ▶MAP 別P.6 C-3

so nice

WELCOME TO THE NEW GUAVA

C

着やすく可愛いビーチウエア
グアバ・ショップ
Guava Shop

ハレイワ出身の女性2人がオーナー。グラデーションが美しいオリジナルのウエアが看板商品。ハワイやL.A.から集められた雑貨も。

⌂ 66-111 Kamehameha Hwy.#204
☎ 808-637-9670　⏰ 10:00〜18:00
休 無休　⊗ ハレイワ・ストア・ロッツ内
ハレイワ ▶MAP 別P.6 B-3

$108
「ボンボン」のミニワンピ

$48
ショートパンツは着心地がとてもよい

$59
ポップなカラーのフーディー

$19
ロゴが大きく入ったTシャツ

カラフルなソープが店内にずらりと並ぶ

Haleiwa 05
オーガニックでスイートな
手作りソープをお土産に

ノース・ショアには、職人が手作りする石けんの店が点在！南国の甘い香りに包まれるソープをゲット。

J

身体に有害な成分は一切不使用！
バブルシャック・ハワイ
Bubble Shack Hawaii

オーガニックのバス＆ボディアイテム専門店。見た目がキュートなソープやバスソルトがいっぱい。

⌂ 66-528B Kamehameha Hwy.
☎ 808-829-3186
⏰ 10:00〜18:00　休 無休
⊗ カメハメハ・ハイウェイ沿い
ハレイワ ▶MAP 別P.6 A-3

$15
マカロン・ソープ

$6.50
人気のバスソルト

TOWN
ワード・カカアコ
カイルア
ハレイワ
チャイナタウン
カイムキ
カハラ・マノア

中国移民が築いた活気あふれる街。至るところに中国語の看板があり、エキゾチックな雰囲気。市場や老舗中国料理店などチャイナタウンらしい趣がある一方、ギャラリーなどが増え、中国文化と現代カルチャーが共存する。

マウナケア・マーケットプレイス
Maunakee Marketplace
ハワイ・シアター・センター
Hawaii Theatre Center
イオラニ宮殿
Iolani Palace
カメハメハ大王像
King Kamehameha Statue
アロハ・タワー
Aloha Tower

ワイキキから
🚌
クヒオ通り山側から
13・20番ほか約20分

ワイキキから
🚗
92号で約20分

"買＆食"もバランス◎

昼：◎ 夜：×

様々なジャンルのお店が点在。イオラニ宮殿があるダウンタウンへも行きやすい。

B ロイヤル・キッチン
>>>P.129

A レジェンド・シーフード・レストラン
>>>P.176

G ファイティング・イール
>>>P.177

E サマー・フラッペ
>>>P.176

D ウィング・シェイプ
アイス＆アイスクリーム>>>P.176

C ロベルタ・オークス
>>>P.177

F ハワイ・シアター・センター

ノース・ベレタニア通り

ヌウアヌ通り

ベレツ通り

スミス通り

マウナケア通り

Aala Park

ノース・キング通り

徒歩5分

Maunakea Market Place

中国情緒を感じる街並み
米国の歴史的遺産保護地区に指定される街並みは必見。レトロな建物が並び、中国へ旅をしている気分にさせられる。
レジェンド・シーフード・レストラン A
>>>P.176
ロイヤル・キッチン B >>>P.129

タウン系のブティックが豊富
いい意味でハワイらしさ控えめのエリア。アパレルショップや雑貨店は、リゾート系より、ロコガールが日常使いできるタウン系の店が多い。
ロベルタ・オークス C >>>P.177

レトロなアジアンテイストの装飾に囲まれる

龍が描かれた柱と中国語の看板がエキゾチック

TOWN

ワード・カカアコ

カイルア

ハレイワ

チャイナタウン

カイムキ

カハラ・マノア

Ⓘ ファースト・フライデー

Chinatown 01

チャイナタウンで新旧のハワイアンカルチャーを楽しむ

昔ながらの中国文化と今旬のトレンド店が共存するチャイナタウン。
一度に今昔の異なる文化を楽しめるのが面白い！

Ⓗ ジンジャー 13>>>P.177

安い＆可愛いスイーツたち

実は、隠れた名店が存在するエリア。低価格なアイスやケーキなど、食べ歩きや持ち帰り可能なスイーツが豊富。

ウィング・シェイブアイス
＆アイスクリーム Ⓓ >>>P.176
サマー・フラッペ Ⓔ >>>P.176

What will you do today?

歴史を感じる人気フォトスポット

チャイナタウンのランドマーク。現在もフラや演劇が上演される。

1922年建造の歴史的建造物

ハワイ・シアター・センター Ⓕ
HAWAII THEATER CENTER

🏠 1130 Bethel St.
☎ 808- 528-0506（チケット購入窓口）⊗ 外観見学自由
⊗ ベセル通り沿い
チャイナタウン ▶ MAP 別P.4 B-1

月イチの特別なナイトイベント！

ファースト・フライデーは、毎月第1金曜に開催されるアート＆グルメの大イベント。野外でパフォーマンスも開催される。

街全体がお祭りモードに！

ファースト・フライデー Ⓘ
First Friday

🏠 ベセル通り沿い。メインはハワイ・シアター・センター周辺
⊗ 第1金曜17:00〜21:00
www.firstfridayhawaii.com
チャイナタウン ▶ MAP 別P.4 B-1

CAUTION!

夜の街歩きには注意！

チャイナタウン地区は治安がよくないので、夜道を歩くのは危険。夕暮れが迫ったら人通りが多く街灯の明るい道へ。

🚶 ビジネス街でもあるチャイナタウン近郊は、休日は閉まっているお店が多いので注意。

Chinatown 02
住民にも長年愛される老舗の飲茶を味わう!

ここに来たら、やっぱり中国料理はマスト! リーズナブルでおいしい飲茶を、ローカルに交じって召し上がれ。

ロコも旅行客も回転式テーブルで飲茶タイム♪

Chinese

$4.45
弾力のあるエビシュウマイ

Ⓐ

$3.95
6〜7cmの大きなごま団子

行列のできる本格飲茶店
レジェンド・シーフード・レストラン
Legend Seafood Restaurant

ホカホカの飲茶がリーズナブルに食べられる。店内を回るワゴンから好きなものをチョイスしよう。

🏠 100 N. Beretania St.
☎ 808-532-1868
🕐 8:00 〜 14:00、17:00 〜 21:00
🈳 無休 ❌ チャイナタウン・カルチュラル・プラザ1階
`チャイナタウン` ▶MAP 別 P.4 A-1

ヘルシーで、ビーガン向けのメニューも揃う

$7.75〜
ワッフルコーンも手作り!

Ⓓ

絶品のホームメイドアイス
ウィング・シェイブアイス & アイスクリーム
Wing Shave Ice & Ice Cream

自家製シロップのシェイブアイスと手作りアイスクリームが並ぶ。ローズなどの個性豊かなフレーバーも販売している。

🏠 1145 Maunakea St. #4
☎ 808-536-4929
🕐 12:00〜20:30(金・土曜 〜21:30、日曜〜18:00)
🈳 月曜 ❌ マウナケア通り沿い
`チャイナタウン` ▶MAP 別 P.4 A-1

\ Ice Cream ! /

Chinatown 03
散策ついでに寄り道してお手軽スイーツを楽しむ

チャイナタウンにはスイーツのお店もたくさん! 歩き疲れたら、食べ歩きできるひんやりスイーツでエネルギー補給♪

Ⓔ

種類豊富な新鮮スムージー
サマー・フラッペ
Summer Frappe

新鮮なフルーツをその場でスムージーにしてくれる。あふれんばかりの山盛りサイズがうれしい。

🏠 82 N. Pauahi St.
☎ 808-772-9291
🕐 8:00 〜18:00(日曜〜17:00)
🈳 無休
❌ ノース・パウアヒ通り沿い
`チャイナタウン` ▶MAP 別 P.4 A-1

$5.95
ストロベリー&バナナ

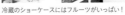

冷蔵のショーケースにはフルーツがいっぱい!

Chinatown 04

流行に敏感なロコガールが愛用するハワイ発ブティック

地元の女の子が溺愛するおしゃれなショップへ。
帰国後も使えるアイテムがたくさん！

ヴィンテージ感と最先端トレンドを併せ持つブランド

アパレルだけでなくファッション小物も展開する

 C

ハイセンスなワンピが人気

ロベルタ・オークス
Roberta Oaks

ロコデザイナーのオリジナルブランド。定番は、体を細く見せてくれるAライン・ワンピース。

🏠 1152 Nuuanu Ave.
☎ 808-526-1111
🕐 11:00〜17:00　無休
📍 ノース・バウアヒ通り沿い
チャイナタウン ▶ MAP 別 P.4 A-1

$120
メンズサイズのシャツ

$28
ポーチの中側は紫の生地

$155
サンライズシェルを使用したブレスレット

 G

親子で着られるロコブランド

ファイティング・イール
Fighting Eel

ロコガールが立ち上げたハワイ発ブランドの1号店。レディースはもちろん、メンズ、キッズも扱う。

🏠 1133 Bethel St.
☎ 808-738-9300
🕐 10:00〜17:00（日曜〜16:00）
無休　ベセル通り沿い
チャイナタウン ▶ MAP 別 P.4 B-1

$68
姉妹ブランド、アヴァスカイのキッズドレス

Chinatown 05

おしゃれの仕上げに不可欠な個性際立つアクセをゲット

ハワイ発ブティックで手に入れたファッションに合う
アクセサリーをチャイナタウンで発見！

 H

ユニークで美しいジュエリー

ジンジャー13
GINGER 13

ハワイの海や空にインスピレーションを得た、シンプルながら個性の光るハンドメイドジュエリーが揃う。

🏠 22 S. Pauahi St.
☎ 808-531-5311
🕐 11:00〜17:00（土曜〜16:00）
日・月曜
📍 サウス・バウアヒ通り沿い
チャイナタウン ▶ MAP 別 P.4 B-1

$98
天然石を使ったネックレスは存在感抜群

$62
アシンメトリーデザインのピアス

チャイナタウンには「ハワイ出雲大社」が存在。縁結びスポットとして、密かに話題になっている。

TOWN
ワード・カカアコ
カイルア
ハレイワ
チャイナタウン
カイムキ
カハラ・マノア

ワイキキから車で約10分のカイムキ。ワイアラエ通りとカパフル通り沿いをメインに、人気のレストランやカフェが立ち並ぶグルメタウンとして有名。一流レストランで舌鼓を打つのも、路地の穴場を探すのも楽しい。

ワイアラエ通り
Waialae Ave.

セーフウェイ
Safeway
カパフル通り
Kapahulu Ave.
・カパオラニ・パーク
Kapaolano Park
・アラ・ワイ・ゴルフコース
Ala Wai Golf Course

狙うはズバリ"食"！

昼：○　夜：○

美食の街カイムキの目的は何よりも食事。ランチ＆スイーツなど2軒はハシゴを。

ワイキキから

クヒオ通り海側から
13番で約20分

ワイキキから

カピオラニ通りから
約10分

Kaimuki 01
個性派ショップが集まるカパフルと美食のワイアラエをハシゴする

リゾート地ワイキキより内陸にあり生活感があるカイムキ。個性的なお店が多いカパフル通りと名店が並ぶワイアラエ通り、2大通りを押さえて。

C レナーズ・ベーカリー
>>>P.119

N

G カイマナ・ファーム・カフェ

ハワイらしい雑貨店へ
素朴な雰囲気が魅力のカイムキは、地元を愛するロコのオーナーによる、ハワイらしさを感じる雑貨店が多い。

シュガーケイン A >>>P.97
ベイリーズ・アンティークス ＆ アロハシャツ B >>>P.181

文句なし！の
To Goスイーツ
アイスやケーキからマラサダまで、人気のスイーツ店が勢揃い。美食の街だけあって、味に自信ありの名店ばかり。

レナーズ・ベーカリー C
>>>P.119

B ベイリーズ・アンティークス ＆ アロハシャツ
>>>P.181

ココヘッド・カフェは朝から大にぎわい

ビーチまで一直線に続く坂道は爽快！

期待の新店も見逃せない

グルメ激戦区に注目のお店が次々オープン。高級料理店やカジュアルダイニング、カフェなどジャンルは多岐にわたる。

タイト・タコス・カイムキ D
>>>P.180

ベストオブ美食を訪ねる

数あるレストランの中でも特におすすめなのがハレアイナ賞受賞の店。カイムキには受賞常連の人気店が点在。

ハレ・ベトナム F >>>P.180
ココヘッド・カフェ J >>>P.180

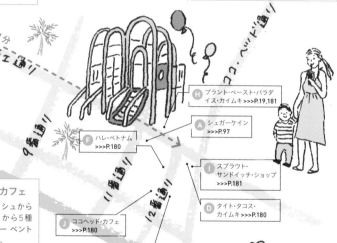

従歩11分
ワイアラエ通り

9番通り

H ブラント・ベースト・パラダイス・カイムキ>>>P.19,181

A シュガーケイン
>>>P.97

F ハレ・ベトナム
>>>P.180

スプラウト・サンドイッチ・ショップ
>>>P.181

D タイト・タコス・カイムキ>>>P.180

J ココヘッド・カフェ
>>>P.180

11番通り

12番通り

E オットー・ケーキ
>>>P.180

住民が集う愛されカフェ

8種類のメインディッシュから1種と、15種類のデリから5種選べる、カイマナパワー ベントウがロコからも大人気。

健康的で優しい味わい

カイマナ・ファーム・カフェ G
Kaimana Farm Cafe

🏠 845 Kapahulu Ave.
☎ 808-737-2840
🕐 8:00〜14:30
🚫 火曜
📍 カパフル通り沿い
カパフル ▶ MAP 別 P.11 F-1

WHAT IS ハレアイナ賞

地元誌「ホノルルマガジン」主催で、ハワイ州で最も権威のあるグルメ賞。朝食やデザートなどカテゴリーは多数。

TOWN
ワード・カカアコ
カイルア
ハレイワ
チャイナタウン
カイムキ
カハラ・マノア

カイムキディナーを食べるなら、移動はタクシーで。ワイキキからは距離があるので歩くのはおすすめできない。

Kaimuki 02
バラエティに富んだ
グルメタウンを探索する

閑静な住宅街のカイムキには、ロコがリアルに通うグルメスポットが軒を連ねている。気になる新店もオープンして興味津々！

オレゴン発メキシカンレストラン
タイト・タコス・カイムキ
Tight Tacos Kaimuki

2022年にオープンした話題沸騰中のお店。オーダー後にハンドプレスされる自家製トルティーヤが自慢。ブリトーも人気。

🏠 3617 Waialae Ave.
☎ 808-302-1636
🕐 11:00～20:00　🈺 日・月曜
🚗 ワイアラエ通り沿い
`ワイアラエ` ▶ MAP 別 P.5 F-1

キッズ用のケーキシュプリーム $12

肉やローカルフィッシュなど7種の具材から選べるタコス各 $4.50～

ロコに長年愛されるベトナミーズ
ハレ・ベトナム
Hale Vietnam

ハレアイナ賞も受賞しているカイムキの人気店。フォーや生春巻きなど本格的なベトナム料理が味わえる。

🏠 1140 12th Ave.
☎ 808-735-7581
🕐 11:00～21:00
🈺 無休　🚗 12番通り沿い
`ワイアラエ` ▶ MAP 別 P.5 E-1

17種類から選べるフォー $14.50～とサマーロール（生春巻き）$10.95

グルメなスイーツも！

絶品チーズケーキの専門店
オットー・ケーキ Otto Cake

オーナーは286種のオリジナルチーズケーキを開発。うち数種類を日替わりで提供している。

🏠 1127 12th Ave.　☎ 808-834-6886　🕐 11:00～19:00(日曜～15:00)　🈺 無休　🚗 12番通り沿い
`ワイアラエ` ▶ MAP 別 P.5 E-1

レアとベイクが楽しめるチーズケーキ $6

Kaimuki 03
ロコものんびり過ごしている
カイムキのカフェレストランへ

親しみやすい雰囲気と、確かな味が人気の名店カフェへGO！

定番メニューを大胆にアレンジ
ココヘッド・カフェ
Koko Head Café

N.Y.出身の女性シェフによる創作ブランチの店。会席料理にも影響を受けた、ひと手間加えた逸品が揃う。

🏠 1120 12th Ave.
☎ 808-732-8920　🕐 7:00～14:00
🈺 月・火曜　🚗 12番通り沿い
`ワイアラエ` ▶ MAP 別 P.5 E-1

季節のフルーツとソースを使ったハワイアンスタイルパンケーキ $16

I'm the owner

Kaimuki 04
身体に優しいフードで
エネルギーチャージ！

美食の街グルメは、野菜中心のヘルシーメニューも豊富。
バランスのいい健康的な食事はロコからも評判！

カリフラワーやひよこ豆などの
プラントベースミートを使った
ビーガンラップ **$12.95〜**

Ⓘ ヘルシーでボリューム満点

スプラウト・サンドイッチ・ショップ
Sprout Sandwich Shop

ハワイ産の野菜をたっぷり使用したサンドイッチ
店。自家製ドレッシングが味の決め手！

スプラウト
ウィッチ $13.50

🏠 1154 Koko Head Ave.
☎ なし
🕙 10:00〜15:00
㊡ 日曜 ▢ ココ・ヘッド通り沿い
ワイアラエ ▶MAP 別P.5 F-1

Ⓗ ヨガスタジオ内にあるビーガンカフェ

プラント・ベースト・
パラダイス・カイムキ
Plant Based Paradise Kaimuki

ヘルシーだけど満足感のある植物由来のロコモ
コなど100%ビーガンメニューを提供。

🏠 3574 Waialae Ave. ☎ 808-690-4648
🕙 8:30〜14:00（金曜は17:00〜20:00も営業）
㊡ 無休 ▢ ワイアラエ通り沿い
ワイアラエ ▶MAP 別P.5 E-1

$89
女性も可愛く
着こなせそう

Kaimuki 05
ヴィンテージアロハを
大切な人へのプレゼントに

ハワイの正装アロハシャツをお土産にいかが？　せっかくなら、
オールドハワイを感じるレアなヴィンテージ柄がGOOD！

Ⓑ 年代もののアロハはここでゲット

ベイリーズ・アンティークス
& アロハシャツ
Bailey's Antiques & Aloha Shirts

世界最大級、1万5000着以上のアロハ
シャツを販売。1000着以上のヴィンテー
ジのほかユーズド、新品など多彩。

🏠 517 Kapahulu Ave.
☎ 808-734-7628 🕙 11:00〜17:00
㊡ 無休 ▢ カパフル通り沿い
カパフル ▶MAP 別P.11 F-2

$89.99
ヴィンテージ
レプリカ

アロハシャツは新品、中古、ヴィンテージ、特別品の4種に分類

🌺 妖精メネフネが作ったかまど（イム）でハワイアンがティ・リーフ（キー）を料理した場所、というのがエリアの名前の由来。　181

TOWN
ワード・カカアコ
カイルア
ハレイワ
チャイナタウン
カイムキ
カハラ・マノア

憧れのセレブなエリア

Kahala
カハラ

オアフ島屈指の高級住宅地＆別荘地として有名。人気の
スーパー、ホールフーズが入る大型ショッピングモール
や、カハラホテルといった一流ホテルもある。落ち着い
た雰囲気の中で、優雅にくつろぎたい人におすすめ。

上質な"買＆食"を

昼：◎ 夜：◯

カハラモールとカハラ
ホテルでプチ贅沢に過
ごしてみて。

ワイキキから
🚌
クヒオ通り山側から
23番で約30分

ワイキキから
🚗
カピオラニ通りで
約15分

Kahala 01
高級住宅街カハラの
ショッピングモールでセレブ気分

ロコ御用達のカハラモールには、ホールフーズに
有名バーガー店、おしゃれなお店もたくさん！

観光客が比較的少なくロ
コ気分を味わえる

ロコの集うエンタメスポット
カハラモール
Kahala Mall

大型スーパーをはじめ、雑貨店
や飲食店、映画館まで90以上の
店舗が入る。落ち着いた雰囲気。

🏠 4211 Waialae Ave.
☎ 808-732-7736
🕙 10:00～21:00（日曜～18:00）
㊡ 無休
🌐 ワイアラエ通り沿い
www.kahalamallcenter.com
カハラ ▶ MAP 別 P.5 F-2

ビーチの世界を雑貨で演出
ソーハ・リビング
SoHa Living

ビーチがテーマのインテリアや生
活雑貨の店。ワイキキ店もあり。

🏠 カハラモール1階
☎ 808-591-9777　🕙 10:00～
21:00（日曜～18:00）　㊡ 無休
カハラ ▶ MAP 別 P.5 F-2

N.Y.のロフトをイメージ
33バタフライ
33 Butterflies

N.Y.やL.A.のセレブ系ブランドを
毎週入荷するセレクトショップ。

🏠 カハラモール1階
☎ 808-380-8585　🕙 10:00～
19:00（土曜～20:00、日曜～
18:00）　㊡ 無休
カハラ ▶ MAP 別 P.5 F-2

Kahala 02
カハラホテルで
泊まらなくても贅沢タイム♪

世界中にファンのいる名門カハラホテルは、宿泊しなくても十分
リッチな気分を味わえる場所。買い物に食事、スパを日帰りで！

セレブも訪れる優雅なホテル
ザ・カハラ・ホテル
＆リゾート
The Kahala Hotel & Resort

高級感感じる高級リゾート
ホテル。ビーチとゴルフ
コースが隣接。>>>P.191

ワイキキビーチとは
異なる静けさがある

大切な人へのお土産にベスト
シグネチャー・アット・ザ・カハラ
Signature at the Kahala

ホテルで実際に使われるバスロー
ブやタオルをはじめ、菓子やバッ
グなど多彩なアイテムが並ぶ。

🏠 ザ・カハラ・ホテル＆リゾート内
☎ 808-739-8907
🕙 9:00～17:00　㊡ 無休
カハラ ▶ MAP 別 P.5 F-2

$34～
一番人気のチョコマカ
ダミアナッツ

上品に楽しむイタリアン
アランチーノ・アット・ザ・カハラ
Arancino at the Kahala

生演奏と共にコース料理を堪能。各料
理には、田崎真也氏監修のおすすめワ
インを楽しめる。>>>P.139

TOWN

ワード・カカアコ

カイルア

ハレイワ

チャイナタウン

カイムキ

カハラ・マノア

自然が広がるのびやかな地

Manoa
マノア

マノア渓谷があり豊かな緑に囲まれた穏やかなエリア。ローカル色が濃く、ゆったりしたハワイアンの生活を垣間見ることができる。ハイキングしたり、大学を散歩したりと、ハワイにいながらビーチ以外の楽しみ方ができる。

ワイキキから

クヒオ通り山側から
13番→5番で約60分

ワイキキから

ユニバーシティ通りで約20分

見どころが多い!?

昼：○ 夜：△

マノア渓谷やハワイ大学などマノアならではの観光地を楽しんで。

Manoa 01

早起きした朝は
マノアのカフェ→ポキ丼を！

朝イチでローカルが集う最旬おしゃれカフェへ。のんびりコーヒーを飲んだら、少し早めにポキ丼でランチを！

こだわりの極上コーヒー

モーニング・グラス・コーヒー
Morning Glass Coffee+Cafe

$4.50
挽きたてのカプチーノ

自家製ローストの濃いめのコーヒーが魅力。オムレツなど軽食メニューも用意。

🏠 2955 E. Manoa Rd.
☎ 808-673-0065　⏰ 7:00〜14:00
（土・日曜8:00〜）　㊡無休
⊗イースト・マノア通り沿い
マノア ▶MAP 別P.5 D-2

おしゃれなポキ丼専門店

オフ・ザ・フック・ポケ・マーケット
Off The Hook Poke Market

$14.99〜
ミニでも十分なサイズ！

生姜を効かせたタレに漬け込んだコールドジンジャーポキが人気の店。

🏠 2908 E. Manoa Rd.
☎ 808-800-6865
⏰ 11:00〜18:00　㊡日曜
⊗イースト・マノア通り沿い
マノア ▶MAP 別P.5 D-2

Manoa 02

キャンパスにお邪魔して
ハワイ大生になりきる

世界中から生徒が集まるハワイ大学のキャンパスへ！キャンパス限定のグッズを探したり、食堂をのぞいたり…♪

壁画アートを楽しめる校舎

ハワイ最大の広いキャンパス

ハワイ大学マノア校
University of Hawaii at Manoa

米国本土の学生も集まる州立大学の本部。アジア学や海洋学で有名。

🏠 2500 Campus Rd.　☎ 808-956-8111　⊗ユニバーシティ通り沿い
マノア ▶MAP 別P.5 D-2

ケース付き
4色蛍光ペン

学食のチーズバーガー

☀ ハワイ大学の中には、学食だけでなくバーがある。授業の合間にTo Goして中庭で宴会を楽しむ学生もいる。

最旬憧れホテルに泊まりたい！

ワイキキに続々登場

ワイキキ中心部のレジデンス！
シティで優雅なステイを

ワイキキの数あるホテルの中で最とも高い街を眺めるインフィニティプール。海と街を見渡せるインフィニティプールを2つも有するホテルはここだけ

世界的に有名な高級リゾートホテル

ザ・リッツ・カールトン・レジデンス,ワイキキビーチ
The Ritz-Carlton Residences, Waikiki Beach

ワイキキビーチから徒歩5分という好立地のレジデンス。ワイキキを見下ろす8階のロビー階からの絶景はもちろん、全室オーシャンビューなのもうれしい。

🏠 383 Kalaimoku St.
☎ 808-922-8111
（日本での予約先0120-853-201）
Ⓐ カライモク通り沿い
⑤ $575～
ritzcarlton.com/jp/hotels/hawaii/waikiki

`ワイキキ` ▶MAP 別P.12 A-1

旅の疲れを癒してくれる寝室。部屋のアメニティは充実している

①ジャクジー付きのインフィニティプール。眺めは最高 ②ロビー階にある高級スパ(>>>P.152)では伝統的なロミロミを提供。スパで使っているプロダクトやホテル限定商品の販売もしている

Restaurant

ラヴィ La Vie

エヴァタワー8階のレストラン。フランス語で「人生」を意味する「エヴァ」では、3品もしくは5品を組み合わせられるコースを。

ザ・ラウンジ The Lounge

エヴァタワー8階にある地中海料理が楽しめるカクテルバーラウンジ。土・日曜の12～14時には、アフタヌーンティーメニューも提供している。

STAY

最旬ホテル

3大最高級ホテル

ラグジュアリーホテル

リゾートホテル

カジュアルホテル &コンド

アウラニ・ディズニー・リゾート&スパ

ハワイでの滞在を最高の思い出にしたいなら、
最高のホテルに泊まるのが必要不可欠。まずは最旬ホテルをチェックして。
一度は泊まってみたい、注目を集める2大ホテルをご紹介。

**部屋もカフェもおしゃれ！
注目のデザイナーズホテル**

ロビーフロアにある、海水プール。ラウンジチェアでくつろごう

ハイセンスなおしゃれホテル

ザ・レイロウ・オートグラフ・コレクション
The Laylow, Autograph Collection

世界中から注目を集めているデザイナーズホテル。客室の洗練されたインテリアや壁紙が話題。レストランやコーヒーバーも好評。

🏠 2299 Kuhio Ave.
☎ 808-922-6600
🚶 クヒオ通り沿い
💲 $319〜
www.laylowwaikiki.com

ワイキキ ▶MAP 別P.12 C-1

全室モンステラの葉の壁紙、ラナイがある。アメニティも充実

①広々としたオープンエアなラナイエリア②居心地のいいファイヤピット

Restaurant

ハイドアウト HIDEOUT

2階にあるメインダイニング。鮮魚や野菜を調理したオリジナルメニューが豊富。ルームサービスもできるので、部屋で料理を楽しむことも可能。

GIFT SHOP

ギフトショップ

プールの側にあるブティック。小物や衣類などは実用的なものばかり。オリジナルアイテムも販売している。

🐾 ホテルに宿泊したらチップはエチケット。ベッド1台につき、$1〜を枕もとに置いておこう。

どこを切り取っても写真映えは当たり前！
リゾート気分なホテルはココ！

ワイキキ観光もいいけれど、ハワイに来たからには、ハワイらしいリゾート気分を
思う存分味わいたい！ そんな人におすすめの、
ホテルでのんびり一日を過ごすのにもぴったりな、最旬ホテルをご紹介。

空がこーんなに広いんて！
ハワイの空気を満喫！

オープンエアの開放的な
テラスからはダイヤモン
ド・ヘッドを一望

海も山も楽しめる眺望がポイント！
クイーン カピオラニ ホテル
Queen Kapiolani Hotel

カピオラニ公園に隣接し、
ダイヤモンド・ヘッドが一望
できる絶好のロケーション。
洗練されたレトロモダンな
インテリアも素敵！

🏠 150 Kapahulu Ave.
☎ 808-922-1941
🚶 カパフル通り沿い
💲 $199〜
jp.queenkapiolani.com
ワイキキ ▶ MAP 別 P.13 F-2

アメニティはMade in Ha
waiiの「ハワイアントロ
ピック」

①美術館のようにアート
が飾られたホテル内を散
策 ②地元アーティストの
絵画が飾られたロビーに
は、ゆったりとくつろげる
ソファも。電源が使える
テーブル席もあり、快適

Restaurant

デック　Deck.

ハワイ産の食材を中心に使用し
たモダンアメリカンキュイジーヌ
が楽しめる。眺望も最高！
>>>P.116

Cafe

**ノッツ コーヒーロースターズ
Knots Coffee Roasters**

世界中から選りすぐったコーヒー
豆を焙煎したオリジナルフレー
バーが自慢。

オーシャンブルーが広がり
人魚になった気分♪

海と花をモチーフにしたインテリアが落ち着いた雰囲気のロビー

観光スポットもビーチも近くて便利

アウトリガー・ワイキキ・ビーチコマー・ホテル
Outrigger Waikiki Beachcomber Hotel

海をテーマにした客室と、カフェ＆バーが話題のホテル。地元アーティストも参加した客室デザインは、ここだけの特別感がある。

🏠 2300 Kalakaua Ave.
☎ 808-922-4646
Ⓧ カラカウア通り沿い
Ⓢ $269〜
jp.outrigger.com/hawaii/oahu/outrigger-waikiki-beachcomber-hotel

ワイキキ ▶MAP 別 P.12 C-2

①オーシャンブルーが爽やかなベッドルーム ②広々とした洗面台。浴衣風のハワイアン・バスローブがあり、気分もアップ！

Restaurant

マウイ・ブリューイング・カンパニー
Maui Brewing Co.

マウイ島発のビアレストラン。ハワイ銘柄を含むクラフトビールが楽しめる。定番のほか、限定フレーバーも要チェック。

海に面した眺望が最高！

プリンス・ワイキキ
Prince Waikiki

ワイキキやカカアコ、アラモアナへのアクセスが便利な立地。実用性と快適さを兼ね備えた客室は、全室オーシャンビューなのもうれしい。

🏠 100 Holomoana St.
☎ 808-956-1111
Ⓧ ホロモアナ通り沿い
Ⓢ $490〜
jp.princewaikiki.com

ワイキキ ▶MAP 別 P.10 A-3

眼前に広がる
ハーバービューにうっとり

Bar

ヒナナ・バー　Hinana Bar

5階のプールサイドにあるバー。19時までの営業で、カクテルをいただきながら、サンセットが楽しめる。

①ベージュを基調とした砂浜や海をイメージした客室。爽やかな雰囲気
②特徴的な形のヨットハーバーが見渡せるインフィニティプール

🩱 プリンス・ワイキキなどの日系ホテルは日本語OKなスタッフもいて、ハワイ初心者も安心。

STAY

最旬ホテル

3大最高級ホテル

ラグジュアリーホテル

リゾートホテル

カジュアルホテル＆コンド

アウラニ・ディズニー・リゾート＆スパ

誰もが憧れるあのホテルに泊まりたい！

ワイキキ3大最高級ホテルへ

女性なら誰もが憧れる
コーラルピンクに包まれた宮殿

創業初期より太平洋の「ピンク・パレス」と呼ばれてきた格式あるホテル

RESTAURANT
マイタイ バー >>> P.144

マイラニ・タワーの客室はモダン・クラシックが基調

ピンクの宮殿でお姫様気分

ロイヤル ハワイアン
ラグジュアリー コレクション リゾート

The Royal Hawaiian, a Luxury Collection Resort

創業1927年の老舗高級ホテル。宮殿を模したクラシカルな造りで、ワイキキの喧噪を感じさせない高貴な雰囲気が漂う。緑豊かな美しい中庭も見物。

🏠 2259 Kalakaua Ave.
☎ 808-923-7311
⊗ ロイヤル・ハワイアン・センター奥
$ ガーデンビュー $439〜
www.royal-hawaiian.jp

ワイキキ ▶ MAP 別 P.12 C-2

①重厚なムードの公共スペースは、宿泊しなくても楽しめる。自分好みの場所を見つけたい
②青空の下、軽食やドリンクが楽しめるプール。優雅にくつろげるプライベート・カバナも用意

ORIGINAL GOODS

$17.50 ●

$22

缶入りのトロピカルフレーバーティーはギフトに

ホテルを象徴するピンクの服のテディベア

せっかくのハワイ、ステイ先もしっかりこだわりたい！
極上のおもてなしを約束する、ワイキキ指折りの名門ホテルに
宿泊すれば、ハワイアン・ホスピタリティに感動すること間違いなし。

STAY

最旬ホテル

3大最高級ホテル

ラグジュアリーホテル

リゾートホテル

カジュアルホテル＆コンド

アウラニ・ディズニー・リゾート＆スパ

HOW TO

チップ　チップはお札で渡すのが基本。ポーターには荷物1個につき$1〜、ルームキーパーには毎朝ベッド1台につき$1〜2を枕もとに置いておこう。

白を基調としたオーシャンフロントは落ち着いた印象で大人の空間

①120万枚のタイルで作られたカトレアの花が印象的
②ジャズが流れるラウンジ

世界のツーリストが夢見る
気品に満ちあふれる楽園

上質なもので彩られた空間
ハレクラニ
Halekulani

ハレクラニとはハワイ語で"天国にふさわしい館"の意味。客室に置かれたウェルカムフルーツや、ゲスト専用の無料サービスなど、こまやかな気配りには感動するばかり。

RESTAURANTS
ハウス ウィズアウト ア キー
>>> P.54

🏠 2199 Kalia Rd.
☎ 808-923-2311
📍 カリア通り沿い
💲 ガーデンコードヤード $640〜
www.halekulani.jp

`ワイキキ` ▶MAP 別P.12 B-2

ORIGINAL GOODS

$28

$16

パッケージが可愛らしい紅茶の茶葉缶

大人気のオリジナルパンケーキミックス

客室は、シンプルで飾らない都会的な雰囲気

極上ステイを約束する設備が充実
モアナ サーフライダー
ウェスティン リゾート＆スパ
Moana Surfrider, A Westin Resort & Spa

ワイキキで最も歴史のあるホテル。白亜のエレガントな佇まいから"ワイキキのファーストレディー"の愛称を持つ。ワイキキ唯一のオーシャンフロントスパや、ロコにも人気のレストランがリュクスな時間を演出。

🏠 2365 Kalakaua Ave.
☎ 808-922-3111
📍 カラカウア通り沿い
💲 ヒストリック・バニヤンウィング $379〜
moanasurfrider.jp

`ワイキキ` ▶MAP 別P.13 D-2

コロニアル様式のメインロビーは、クラシカルな雰囲気に包まれる

110年以上の時を超え愛される
ビクトリア様式の洋館ホテル

ORIGINAL GOODS

RESTAURANTS
ザ・ビーチ・バー
>>>P.144

$36

$22

マカダミアナッツチョコ。ミルク＆ダーク

モアナ・テディベア（ラージサイズ）

ロイヤル・ハワイアン・ホテルの外観のモデルは、創立者の友人が所有していた別荘。ピンク色の別荘にひと目惚れしたのがきっかけ。

どこにも負けないオリジナリティーがあふれる
ラグジュアリーホテルを満喫

独創的でスタイリッシュ
大人が楽しめる遊び心ある空間

3世代での利用も可能な客室。
コバルトブルーの海が眩しい

全室スイートルームの開放的な空間
大切な人たちと癒しの時間を過ごして

名サーファーの使い古したボード
のオブジェが飾られたフロント

🛏 **オリジナル** *Point*

スタイリッシュなデザインホテル

ベスト・インテリア賞やベスト・ロビー賞などにも選ばれたホテルデザインは、世界的に有名な建築家が手掛けたもの。

大人のための洗練された設備
ザ・モダン・ホノルル
The Modern Honolulu

ワイキキとアラモアナ、どちらも徒歩圏内と好立地のデザインホテル。シンプルモダンな客室は随所に遊び心が覗くハイセンスな空間。ホノルル随一のヒップなクラブや上質なスパ、モダンなバーなど大人が楽しめる施設が揃う。

🏠 1775 Ala Moana Blvd.
☎ 808-450-3379
⊗ アラモアナ通り沿い
⑤ シティービュー $235〜
www.themodernhonolulu.jp

`ワイキキ` ▶MAP 別P.10 B-3

①白ベースのシンプルな客室は、都会的で落ち着いた雰囲気
②白砂が敷かれた円形のサンセット・プールほか、2つのプールがある

🛏 **オリジナル** *Point*

"全室スイート"の広い客室

"全室スイートルーム"をコンセプトに、寝室とリビングルームが分かれ、広々とした客室で快適に過ごせるのが魅力。

寝室とリビングが分かれた間取り
エンバシー・スイーツ・バイ・
ヒルトン・ワイキキ・ビーチ・ウォーク®
Embassy Suites by Hilton Waikiki Beach Walk®

全室スイートの広々とした客室が人気。朝食ビュッフェ、レセプションでのドリンク、ヨガ教室も無料のサービス。ワイキキ・ビーチ・ウォーク(>>>P.68)の中心と利便性も◎。

🏠 201 Beach Walk St.
☎ 808-921-2345
⊗ ワイキキ・ビーチ・ウォーク内
⑤ 1ベットルームスイート・シティビュー $349〜
jp.embassysuiteswaikiki.com

`ワイキキ` ▶MAP 別P.12 B-2

①日本語も対応可能な着席スタイルのフロントデスク
②4階のプールにはジャクジーも併設。プールサイドにはバーもあり

STAY

最旬ホテル

3大最高級ホテル

ラグジュアリーホテル

リゾートホテル

カジュアルホテル＆コンド

アウラニ・ディズニー・リゾート＆スパ

リゾートホテルが数多く揃うワイキキの中でも、
独自の個性が光る4軒のホテルをご紹介。
ほかのどのホテルにも負けないオンリーワンの空間で、あなたらしいステイを楽しんで。

ワイキキで"暮らす"感覚を楽しみつつ
最上級5つ星のおもてなしに感動

世界のセレブが愛する地、カハラで
プライベートバカンスを満喫

スイートならリビングも広々。ビーチやコオラウ山脈の稜線も望める

ベネチアンガラスのシャンデリアは、名門カハラホテルの象徴

🚌 オリジナル*Point*

家の居心地が再現された空間作り

キッチン完備で、別荘で過ごすような休日を味わえる。35階より上はさらに上質度が増す「トランプ・エグゼクティブ」に。

美しさと機能性のバランスが絶妙
トランプ・インターナショナル・ホテル・ワイキキ
Trump International Hotel Waikiki

レジデンス・スタイルの機能性と一流ホテルのおもてなしが同時に楽しめる。ハワイらしいコンテンポラリー・インテリアの客室は、自宅のようなくつろいだ滞在を満喫できる。

🏠 223 Saratoga Rd.
☎ 808-683-7777、03-5695-1770（予約受付）
🅧 サラトガ通りとカリア通りの角
🅢 スーペリア・ルーム・シティ・ビュー $434〜
www.trumpwaikiki.jp
`ワイキキ` ▶MAP 別P.12 A-2

🏛 オリジナル*Point*

喧噪から離れた一等地を独占

ワイキキから車で約15分、高級住宅街のカハラに立つ。喧噪から離れた隠れ家空間で、落ち着いたバカンスが過ごせる。

セレブ御用達の隠れ家ホテル
ザ・カハラ・ホテル＆リゾート
The Kahala Hotel & Resort

世界中のセレブを虜にしてきた名門リゾートホテル。ロビーの豪華なシャンデリアをはじめホテル全体に優雅な雰囲気が漂う。30年以上働くスタッフが数名おり、顔なじみのゲストには「おかえりなさい」と笑顔で出迎えてくれるという。

🏠 5000 Kahala Ave.
☎ 808-739-8888、
0120-528-013（オークラカハラ専用ダイヤル）
🅧 カハラ通り沿い 🅢 シーニック $545〜
jp.kahalaresort.com
`カハラ` ▶MAP 別P.5 F-2

①キッチン家電や食器など料理に必要なものはひと通り網羅している
②6階にあるレストラン「ワイオル」では美しい夜景が見られる

①"カハラ・シック"と呼ばれるモダンで落ち着いた色使いの客室
②ホテル敷地内のラグーンではイルカと触れ合えるプログラム（有料）も

ワイキキで人気の高いホテルをピックアップ

リゾートホテルで優雅にステイ

プールサイドのカバナでは、「スパハレクラニ」の施術が受けられる

洗練された雰囲気が漂うハレクラニの姉妹ホテル

オーシャンビューなど全288室

落ち着いたベージュ調のロビー

ハレクラニのレガシーを受け継ぐ

ハレプナ ワイキキ バイ ハレクラニ
Halepuna Waikiki by Halekulani

ハレクラニホワイトを基調としたホテル内に、アメリカのアーティストの作品を展示する。

🏠 2233 Helumoa Rd.
☎ 808-921-7272
⊗ ヘルモア通り沿い $ スタンダードワイキキビュー $430〜
www.halepuna.jp

ワイキキ ▶ MAP 別 P.12 B-2

Recommend
Point

予約時に選べる特典付き！

部屋の無料アップグレードや、16時までチェックアウト時間延長など、5つの特典から選べる。

リリウオカラニ女王の別荘地跡に立つホテル

ダイヤモンド・ヘッドの全景も一望！

オアフ島最大級の規模を誇る屈指のリゾートホテル

ロビーはビーチサイドに直結している

多彩なエンターテインメントが集結

ヒルトン・ハワイアン・ビレッジ・ワイキキ・ビーチ・リゾート
Hilton Hawaiian Village Waikiki Beach Resort

オアフ最大級の一大リゾートホテル。9万㎡の敷地内には5つの客室タワー、90店舗以上の店や飲食店、5つのプールがある。敷地内には、110種以上の動物が生息。

🏠 2005 Kalia Rd.
☎ 808-949-4321
⊗ カリア通り沿い
$ リゾートビュー $240〜
hiltonhawaiianvillage.jp

ワイキキ ▶ MAP 別 P.10 B-3

海も山も望める贅沢な眺望

ワイキキ・ビーチ・マリオット・リゾート＆スパ
Waikiki Beach Marriott Resort & Spa

ハワイ王室の別荘跡地にある由緒正しいリゾートホテル。2つの温水プールのほか、スパやレストランなど施設が充実。高層階ではダイヤモンド・ヘッドとビーチの眺望が楽しめる。

🏠 2552 Kalakaua Ave.
☎ 808-922-6611
⊗ カラカウア通り沿い
$ シティービュー $415〜
www.marriott.co.jp/hnlmc

ワイキキ ▶ MAP 別 P.13 F-2

①毎週金曜夜には花火が打ち上がる ②近年改装したタパ・タワーの客室

①マリオット独自のベッドを使用 ②オーシャン・フロントのプールも

贅沢なワイキキビーチの眺望を楽しむことができ、かつ多彩なエンターテインメント、
スパやレストランが揃うリゾートホテル。そこは、ホテル内だけで過ごしても、ハワイを十分満喫できる場所。
そんなワイキキにあるホテルの中でも、美しい景観が自慢の満足度の高いおすすめホテルをピックアップ!

**どこへ行くにも便利な立地と
併設のショッピング街が魅力**

広々としたラナイでくつろいで

**歴史と文化を感じさせる
ハワイアン・デラックスがテーマ**

座り心地のいいチェアでのんびり過ごしたい

ショッピング派にうれしい

ハイアット リージェンシー ワイキキ ビーチ リゾート & スパ
Hyatt Regency Waikiki Beach Resort & Spa

2棟の高層タワーが目印。1～3
階がモールになっており、ワイキ
キの街にもアクセス抜群。

🏠 2424 Kalakaua Ave.
☎ 808-923-1234
🚶 カラカウア通り沿い
💲 ワイキキビュー $279～
（デイリーレートのため日によって変動）
waikiki.hyatt.jp/ja/hotel/home.html
`ワイキキ` ▶MAP 別 P.13 D-2

多彩なショップが並ぶプア
レイラニ・アトリウム・ショ
ップス(>>>P.66)

ハワイの歴史や文化が香る

アウトリガー・リーフ・ ワイキキ・ビーチ・リゾート
Outrigger Reef Waikiki Beach Resort

歴史的文化財の展示やハワイア
ン調家具を設えた客室が魅力。
ビーチが目の前に広がる。

🏠 2169 Kalia Rd.
☎ 808-923-3111
🚶 カリア通り沿い
💲 シティービュー $309～
jp.outrigger.com/hawaii/oahu/ou
trigger-reef-waikiki-beach-resort
`ワイキキ` ▶MAP 別 P.12 A-2

ハワイらしさが感じられる
ビーチフロントリゾート

**外観の設計にこだわり
最高のオーシャンビューを実現**

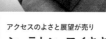

①ダイヤモンド・ヘッドと
ビーチが真正面に ②美し
い景観のプール

アクセスのよさと展望が売り

シェラトン・ワイキキ
Sheraton Waikiki

海が見渡せる客室と、ウォー
タースライダー付きのプール
が自慢。全室改装が完了
しモダンに生まれ変わった。

🏠 2255 Kalakaua Ave.
☎ 808-922-4422
🚶 ロイヤル・ハワイアン・
センター奥
💲 マウンテンビュー $429～
www.sheratonwaikiki.jp
`ワイキキ` ▶MAP 別 P.12 B-2

本を開いたような形の外
観は、多くの客室から美
しい展望が楽しめるよう
にするための設計

Recommend
Point

**充実のカルチャー・
アクティビティ**

サーフ・デモンストレ
ーションやお花のレ
イ・メイキング、朝ヨガ
など、無料のものから
有料のものまで、多彩
なプログラムを用意。

🌺 海側の客室は、見え方で「オーシャンフロント」＞「オーシャンビュー」＞「パーシャルオーシャンビュー」と室料が変わる。 193

最旬ホテル

3大最高級ホテル

ラグジュアリーホテル

リゾートホテル

カジュアルホテル
＆コンド

アウラニ・ディズニー・
リゾート&スパ

長期滞在がしたいなら
カジュアルホテル or コンドを選ぶ

Casual Style

長期滞在で出費が気になるから、宿泊場所はリーズナブルに…。でも、素敵なところがいい！
そんな時、重宝するコスパ優良ホテル。快適なステイを楽しもう。

🚗 シティ・ビュー
PRICE：$185〜

ハワイアンスピリットが満載
シェラトン・プリンセス・カイウラニ
Sheraton Princess Kaiulani

ハワイ王室ゆかりの地に立つ由緒
あるホテル。快適性に優れた客室
や絶好の立地が魅力。

🏠 120 Kaiulani Ave.
☎ 808-922-5811
⊗ カイウラニ通り沿い
princesskaiulani.jp
ワイキキ ▶MAP 別P.13 D-1

スタイリッシュなロビーエリア

🚗 スタンダード
PRICE：$185〜

スタイリッシュで落ち着いた空間
コートヤード・バイ・マリオット・ワイキキ・ビーチ
Courtyard by Marriott Waikiki Beach

街の喧騒を忘れる落ち着いた雰
囲気のデザインホテル。リラク
ゼーションルームも好評。

🏠 400 Royal Hawaiian Ave.
☎ 808-954-4000
⊗ ロイヤル・ハワイアン通り沿い
www.courtyardwaikiki.com
ワイキキ ▶MAP 別P.12 B-1

🚗 プレミアオーシャン
　　フロントルーム
PRICE：$309〜

大型水槽があるバーが好評
アロヒラニ・リゾート・ワイキキ・ビーチ
Alohilani Resort Waikiki Beach

ワイキキの東側という喧騒にあ
りながら、落ち着ける大人のリゾ
ート。ムードあるプールも。

🏠 2490 Kalakaua Ave.
☎ 808-922-1233
⊗ カラカウア通り沿い
jp.alohilaniresort.com
ワイキキ ▶MAP 別P.13 E-1

🚗 ワイキキタワー・シティ・
　　マウンテン・ビュー
PRICE：$179〜

ショッピング好きにおすすめ！
アラモアナ・ホテル・バイ・マントラ
Ala Moana Hotel by Mantra

アラモアナセンターに直結して
おり、ビーチやグルメスポットま
で徒歩圏内の好立地なホテル。

🏠 410 Atkinson Dr.
☎ 808-955-4811
⊗ アトキンソン通り沿い
jp.alamoanahotel.com
アラモアナ ▶MAP 別P.10 A-2

🚗 コスモ・クィーン
PRICE：$179〜

無料サービスが充実のモダンホテル
ヴァイブ・ホテル・ワイキキ
Vive Hotel Waikiki

客室はモダンで洗練された雰囲
気。ビーチ用具の無料貸し出し、
ロビーでのティーサービスも。

🏠 2426 Kuhio Ave.
☎ 808-687-2000
⊗ クヒオ通り沿い
vivehotelwaikiki.com
ワイキキ ▶MAP 別P.13 D-1

🚗 アーバン・ビュー・ダブル
PRICE：$399〜（通常料金）

ワイキキのどこへ行くにも楽々
ホテル・リニュー
Hotel Renew

ワイキキの中心にある、デザイン
性に優れたシティホテル。無料の
パークヨガクラスも開催している。

🏠 129 Paoakalani Ave.
☎ 808-687-7700
⊗ パオアカラニ通り沿い
hotelrenew.com
ワイキキ ▶MAP 別P.13 F-2

🚗 モデレート
PRICE：$250〜

公園もビーチも楽しめる立地
カイマナ・ビーチ・ホテル
Kaimana Beach Hotel

ワイキキビーチとカピオラニ公
園の間の閑静なエリアのホテル。
清々しい自然を満喫して。

🏠 2863 Kalakaua Ave.
☎ 808-923-1555
⊗ カラカウア通り沿い
www.kaimana.com
ワイキキ ▶MAP 別P.5 E-3

STAY

最旬ホテル

3大最高級ホテル

ラグジュアリーホテル

リゾートホテル

カジュアルホテル＆コンド

アウラニ・ディズニー・リゾート＆スパ

ビーチやショッピング、レストランへのアクセスが便利で設備も充実。
それでいてリーズナブルにステイできたら…。
そんな欲張りさんにおすすめの、ワイキキ屈指の快適カジュアルホテル＆コンドミニアムを一挙紹介。

Condominium Style

広々としたキッチン付きの部屋で料理をしたり、リビングでくつろいだり…。
ローカルのようにハワイ生活を体験しよう。

緑に恵まれた環境の中で
快適ロコ生活をスタート♪

公園が広がる自然いっぱいの景色
は、見ているだけでほっと落ち着く

コンドミニアムはここがGOOD!

**家族や大人数でも
ゆったりステイできる**

複数人で泊まれるよう、広めの造りになっている。大人数でひとつの部屋に泊まることができる。

**広々としたキッチンで
自炊ができる**

コンロや冷蔵庫、レンジのほか食器や調理器具も揃うキッチンがある。食材だけ買えばOK。

**コインランドリー
完備で洗濯も可能**

コインランドリーが基本的に完備されている。わざわざクリーニングに出す必要もない。

緑豊かな景色を楽しむ

ルアナ・ワイキキ・
ホテル＆スイーツ
Luana Waikiki Hotel & Suites

公園に面した緑豊かな環境が特長。リゾート感あるアイランド調の家具がキュート。

プールサイドにはカバナを完備。日中はここでくつろぐのもよさそう

🏠 2045 Kalakaua Ave.
☎ 808-955-6000
🚶 カラカウア通り沿い
💲 シティービュー $199〜（通常料金）
www.aquaaston.jp

ワイキキ ▶MAP 別P.10 C-2

38階建ての
大型コンドミニアム

ホテル内でアクティブに過ごせる

アストン・ワイキキ・
サンセット
Aston Waikiki Sunset

カピオラニ公園近くにあるコンド。プール、BBQサイトなど、設備が充実している。

プールやテニスコートなどアクティビティ施設は6階

🏠 229 Paoakalani Ave.
☎ 808-922-0511
🚶 パオアカラニ通り沿い
💲 1ベッドルーム・スタンダード $419〜（通常料金）
www.aquaaston.jp

ワイキキ ▶MAP 別P.13 F-1

🚐 **ロングステイなら**

バケーションレンタルがおすすめ！

欧米では人気の旅のスタイル。1週間以上滞在する人におすすめだが、2泊からでもホテルより割安に宿泊できる場合も。

WHATIS 🌴🌴🌴

バケーションレンタル

コンドミニアムや一軒家などを家族や友人同士で貸し切り、ステイするシステム。ワイキキのリゾートエリアは短期間でも可能だが、基本的には30泊以上が条件なので事前に確認を。大人数でレンタルすればコスパが高い。leihawaii.jp

買い物や観光に便利な立地

マリン・サーフ・
ワイキキ
Marine Surf Waikiki

ワイキキの中心部にある好立地のコンドミニアム。オートロックなので女性も安心だ。キッチン付きで自炊でき、長期滞在にも便利。

🏠 364 Seaside Ave.
☎ 808-922-3008（Lei Hawaii Realty Inc.）
🚶 シーサイド通り沿い
marinesurfaoao.com

ワイキキ ▶MAP 別P.12 B-1

🌴 昔は、船旅で海の風景に飽きてしまう観光客が多かったため、海側より山側の部屋のほうが人気があったとか。

ディズニーの世界観とハワイの魅力が融合

心が躍る夢の国のリゾートへ

重厚感あるロビー。壁画には、古代および現代のハワイの人々の歴史が美しく描かれている

Aulani Special 1
ウォルト・ディズニーの世界に染まる

アウラニの魅力は何よりも、ハワイにいながらディズニーの世界へ行けること。世界でひとつの夢の場所だ。

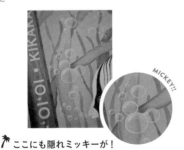

MICKEY!!

ディズニーの仲間たちと記念撮影ができる！

🌴 **大好きなディズニーの仲間たちに会える**

滞在中はアロハシャツやレイといったハワイアンなコスチューム姿のディズニーの仲間たちと会えるチャンスも！

🌴 **ここにも隠れミッキーが！**

ホテルの施設内にはたくさんの隠れミッキーが存在する。どれだけ見つけられるかチャレンジ。

MICKEY!!

ウォーターサーバーの中にもミッキーを発見！

グリーティングしてくれる！

🌴 **朝食でもキャラクターに会える！**

レストラン「マカヒキ」では、朝食時（7:00〜11:00）にキャラクター・ブレックファストを開催。写真撮影も可能。

オアフ島西海岸の高級リゾート地にある「アウラニ・ディズニー・リゾート＆スパ コオリナ・ハワイ」。
バカンスを過ごすディズニー キャラクターと触れ合うことができ、
多彩なアクティビティやショーでハワイの文化や自然を堪能できる。

STAY

最旬ホテル

3大最高級ホテル

ラグジュアリーホテル

リゾートホテル

カジュアルホテル
＆コンド

アウラニ・ディズニー・
リゾート＆スパ

①ハワイ伝統模様をあしらったリネンなど、ハワイを感じさせるインテリアで統一
②極上トリートメントが受けられる「ラニヴァイ・ディズニー・スパ」

ハワイとディズニーの夢の競演

アウラニ・ディズニー・
リゾート＆スパ コオリナ・ハワイ

Aulani, A Disney Resort & Spa, Ko Olina, Hawaii

ディズニーの魔法とハワイの文化や自然が一体となったリゾート施設。8万5000㎡の敷地内には流れるプールやシュノーケル・ラグーンも。

📍 92-1185 Ali'inui Dr.
☎ 808-674-6200
🚗 アリイヌイ通り沿い。ワイキキから車で約45分
💲 スタンダード・ビュー $494〜
aulani.jp

コオリナ ▶MAP 別P.2 B-3

ここでしか
手に入らない！
限定グッズ♪

ORIGINAL GOODS

$30

$30

ミッキー形のショートブレッド
が手に入るのはここだけ！

プルメリアの花が付いたミニー
マウスのイヤーカチューシャ

Aulani Special 2
ハワイの伝統文化と触れ合う

ショーや体験アクティビティ、アートを通してハワイの伝統文化に出会えるのもアウラニ滞在の醍醐味。

🌴 ハワイアンカルチャーを体験

フラやウクレレなど文化体験ができるプランが充実。インタラクティブな宝探しゲーム「メネフネ・アドベンチャー・トレイル」も人気。

🐚 魅惑のエンターテインメントショー

地元アーティストによる生演奏とハワイ伝統のダンスをおいしい料理と共に鑑賞できる本格的ルアウ。（週4回／有料／要予約）

🌴 エキゾチックなアートを満喫

ハワイの歴史を伝えるアートが随所に。ハワイの伝統や文化を取り入れた建築デザインは、リゾート全体の見どころ。

オアフ島から1dayトリップ
ネイバーアイランドへ！

ハワイ旅行をホノルルだけで終わらせるのはもったいない！ オアフ島を離れて
他島へレッツゴー！ 手つかずの雄大な自然やノスタルジックな街並みを見に行こう。

ハワイアン航空

約40分

各島へのアクセス
オアフ島からネイバーアイランドへの移動手段は飛行機で。ダニエル・K・イノウエ国際空港からは、ハワイアン航空、モクレレ航空、サウスウエスト航空が就航する。ハワイ諸島間は料金が手頃な上、便数も多い。

約45分

ハワイ諸島全体の州花は「黄色いハイビスカス」、州鳥は「ハワイアン・グース」、州木は「ククイ」だよ。また、ハワイの島々には、各島を示すテーマカラーと島の花が、それぞれに定められているよ！

緑豊かなガーデンアイランド
カウアイ島
Kauai Island >>> P.203

オアフ島から ✈ 約40分

島全体が緑に覆われ、別名「ガーデンアイランド」と呼ばれる。『ジュラシック・パーク』にも登場する、絶壁のナパリ・コーストや「太平洋のグランドキャニオン」と称されるワイメア渓谷など、ダイナミックな大自然に満ちあふれている。

面積	1430㎢
人口	約7万2000人
島の花	モキハナ
空港	ダニエル・K・イノウエ国際空港〜リフエ空港（ハワイアン航空、サウスウエスト航空）まで約40分

ナパリ・コースト

ワイメア渓谷

手つかずの自然に癒される
モロカイ島
Molokai Island

オアフ島から ✈ 約35分

信号が1つもなく、古来から存在するハワイのありのままの姿が残るスピリチュアルな島。南側の沖には、ハワイ最長約45kmのサンゴ礁が広がる。フラが生まれた島としても有名。都会の喧噪から離れ、アロハスピリットを感じる心穏やかな時間が過ごせる。

面積	673㎢
人口	約7000人
島の花	ククイの花
空港	ダニエル・K・イノウエ国際空港〜モロカイ空港（モクレレ航空）まで約35分

島北部のシークリフ

パポハクビーチ

マウイ島
Maui Island >>> P.202

🏝 大自然とレトロな街並が融合　　オアフ島から　✈ 約40分

雄大な自然が広がる一方で、レストランやショップも充実するリゾートアイランド。かつてはハワイ諸島の中心地として栄え、当時の首都ラハイナは、歴史保護地区に指定されている。ホエール・ウォッチングやシュノーケリングなどのマリンアクティビティも豊富。

| 面積 | 約1883km² | 人口 | 約15万4000人 |

| 島の花 | ロケラニ |

| 空港 | ダニエル・K・イノウエ国際空港～カフルイ空港／カパルア・ウエスト・マウイ空港（ハワイアン航空、モクレレ航空、サウスウエスト航空）まで約40分。 |

モロキニ島

ラハイナ

約35分

モロカイ島

ラナイ島

マウイ島

約40分

ハワイ島

約60分

ハワイ島
Hawaii Island >>> P.200

🏝 ハワイ諸島最大の島　　オアフ島から　✈ 約60分

ハワイ諸島の中で最も大きく「ビッグ・アイランド」と呼ばれる。観光地化されていない豊かな自然が残っており、火山活動を続ける世界遺産のキラウエア火山や、全米No.1にも選ばれたハプナ・ビーチ、標高4205mのマウナ・ケアなど見どころ満載。

| 面積 | 10433km² |

| 人口 | 約20万人 |

| 島の花 | オヒアレフア |

| 空港 | ダニエル・K・イノウエ国港空港～コナ空港（ハワイアン航空、モクレレ航空、サウスウエスト航空）／ヒロ空港（ハワイアン航空、サウスウエスト航空）まで各約60分 |

キラウエア火山

カイルア・コナ

ラナイ島
Lanai Island

🏝 神秘に満ちた静寂の島　　オアフ島から　✈ 約45分

手つかずの自然が残り、観光客が少なくプライベート感たっぷり。巨大な岩が広がるケアヒアカヴェロ（神々の庭園）や、沖合に座礁した船が眺められる難破船海岸など、各所で神秘的な光景が見られる。ゴルフやダイビングなどのアクティビティの地としても人気。

| 面積 | 365km² |

| 人口 | 約3200人 |

| 島の花 | カウナオア |

| 空港 | ダニエル・K・イノウエ国際空港～ラナイ空港（モクレレ航空）まで約45分 |

難破船海岸

神々の庭園

🌺 カウアイ島からさらに西にある「ニイハウ島」は個人所有の島で、水道やガス、電気のない禁断の地とされている。

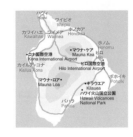

別名ビッグアイランド、面積最大の島

ハワイ島

地球上の13の気候帯のうち11が存在する貴重な島。活動を続ける火山や熱帯雨林など、1つの島の中で様々な自然が見られる。

[ハワイ島でしたい **BEST 5**]

ハワイ島の象徴キラウエア火山、世界各国の天体観測施設が集まるマウナ・ケアの2大スポットは外せない！ のどかな街の散策も楽しんで。

It's the Kilauea Volcano!!

HAWAII BEST 1

キラウエア火山で
大自然の偉大さを知る！

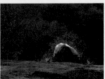

車での観光もできるが、噴火口周辺のハイキングコースを歩いてそのエネルギーを体感するのがベター。チェーン・オブ・クレーターズ・ロードの終点では溶岩を見ることも可能

7000万年前から活動中！

ハワイ火山国立公園
Hawaii Volcanoes National Parks

巨大な火口が各所に残り、未だに噴火を続けるキラウエア火山。世界遺産に登録されている。

☎ 808-985-6011
　（ハワイ太平洋国立公園協会）
⊗ ヒロから車で約45分、カイルア・コナから車で約150分　$ 普通車1台$30、自転車・歩行者1人$15

火山地帯にある
オヒアレフアは
島を代表する花

📍おすすめのツアーはこれ

コナ空港からの島一周ツアー

上空から見る火山口や広大な溶岩大地は壮観！ ヒロやパーカー牧場上空もめぐる。

[パラダイス・ヘリコプターズ]

🏠 コナ・ヒロ国際空港内
☎ 866-876-7422
㊡ 無休
$ 1人$795〜（6人乗り）
paradisecopters.com

TIME
約2時間

Look for the Stars!

標高4000m以上！　眼下には雲海が

マウナ・ケア
Mauna Kea

ハワイ最高峰、標高4205mの山。頂上付近には、日本の望遠鏡「すばる」など、各国の展文台を設置。

☎ 808-934-4550
⊗ ヒロから車で約2時間半、カイルア・コナから車で約3時間半～4時間半

📣 おすすめのツアーはこれ

マウナケア山頂
日の出と星ツアー

マウナケア山麓（標高2800m）での星空観測のあと、山頂（標高4205m）でサンライズを。

TIME 🕐 約8時間

HAWAII BEST 2

マウナ・ケアで
満天の星に酔う！

ハワイ語で「白い山」を意味するマウナ・ケアは、冬は山頂に雪が積もるほど寒い

湿度が低く天候が安定しているので天体観測に最適の環境。流れ星もくっきり！

a lot of stars!

[マサシズ・
ネイチャー・スクール]
☎ 808-937-5555
⊛ 無休
⊛ ハワイ島内のホテルから送迎付き
⑤ 1人$230
www.minshuku.us

HAWAII BEST 3

コナコーヒーベルトの
農園で本場の味を知る

栄養が豊富で水はけのよい土地が、コーヒー作りに最適。温暖な気候と見晴らしのよさも魅力

Kona Coffee Belt

WHAT IS

コナコーヒーベルト

コナ地方のフアラライ山からマウナ・ロア山にかけての標高500～800mの限られたエリアのこと。約32kmにわたりコーヒー農園が続く。

コーヒーの魅力を知る

マウンテン・サンダー・コーヒー
Mountain Thunder Coffee Plantation

標高975mに位置する農園でオーガニックのコーヒーが人気。酸味が強めなのが特徴。

🏠 73-1942 Hao St.　☎ 808-443-7590
⊗ 9:00～16:00　⊛ 無休　🌴 ハオ通り沿い

📣 園内ツアーに参加しよう！

[無料ツアーで
コーヒーを学ぶ]
⊛ 9:30～15:30の30分ごと（予約不要）
⑤ 20分無料

HAWAII BEST 4

カイルア・コナで歴史散策

にぎやかな街並みが500mほど続く小さな港町。カメハメハ大王が余生を過ごした地として知られ、王家の神殿などの遺跡が残っている

ハワイ州最古の教会として知られるモクアイカウア教会

カメハメハ大王が晩年を過ごした地

カイルア・コナ
Kailua Kona

レストランやショップが点在する観光の拠点になる街。数々の史跡を見ることができる。

HAWAII BEST 5

大王像が見守る街、ヒロを歩く

今も日系人が多く住んでいるヒロは、昔の日本を垣間見られるような場所もあり、どこか懐かしく味わい深い。独特の雰囲気が魅力

ハワイ諸島で3体ある大王像のうち、最も背が高い

ビッグ・アイランド最大の街

ヒロ
Hilo

ホノルルに次ぐハワイ第二の都市。かつて、日系人が多く移住しサトウキビ栽培に従事した。

🌴 マウナ・ケアの裾野は、太平洋の海底深くまで続いている。海底から頂上まで測ると、世界で最も高い山になる。

🌴 マウイ島

リゾート地が点在し、穏やかな空気に包まれた島。かつて首都として繁栄した港町のラハイナや、自然豊かなハレアカラなどが見どころ。

[マウイ島でしたい **BEST3**]

多彩なマリンスポーツと個性豊かな街がマウイの魅力。大自然を堪能したいならハレアカラへ。一生の思い出になること間違いなし！

What a nice view!

MAUI — BEST 1

大自然の中で
絶景を望む

雄大な自然が美しい
ハレアカラ国立公園
Haleakala National Park

「太陽の家」という名の通りサンライズとサンセットを雲の上から望める。時間帯によっては、虹や満天の星が見えることもあり、様々な表情を見せてくれるのが特徴だ。

🚩 おすすめのツアーはこれ
**ハレアカラ サンセット＆
スターゲージングツアー**

大自然を堪能できるツアー。山頂で日没を眺め、夜は天体望遠鏡で星空観測。

TIME 🕐 約8時間

[マウイオールスターズツアー]
☎808-757-0528（日本語予約受付）　㊡ 水・木曜
⑤ 1人 $220 ※ホテル送迎あり　www.mauiallstars.com

MAUI — BEST 2

パイアでおしゃれショッピング

20分ほどでひと回りできるエリアに、おしゃれなお店が点在。近年パイアでは、可愛い雑貨店やオーガニックレストランが次々と誕生している

壁面アートが施されたカラフルなお店を発見！

ハイセンスなショップが増加中
パイア
Paia

サーファーが集う街として知られる。田舎町の雰囲気と、現代的なセンスが共存するエリア。

MAUI — BEST 3

ラハイナでカントリー気分になる

ラハイナのメイン通りは、1kmほどの距離にブティックやレストランが立ち並ぶ。個性的なギャラリーも多いので、ショッピングもグルメも楽しめる

海沿いの風景も美しい。のんびりした時間を過ごそう

オールドハワイを感じる
ラハイナ
Lahaina

歴史保護区に指定されている海岸沿いのローカルタウン。19世紀初頭に王朝の都とされていた。

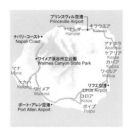

カウアイ島
緑豊かなガーデンアイランド

火山活動で形成されたハワイ諸島最古の島。クック船長が最初に発見した島でもある。ダイナミックな景観で、映画のロケ地にもなった。

[カウアイ島でしたい **BEST3**]

渓谷や洞窟、絶壁など手つかずの大自然が残るカウアイ島は、絶景を楽しめる観光地が充実。ワイルドな地形美は見逃せない！

Awesome view!

KAUAI — BEST 1

ナパリ・コーストで
断崖絶壁のスケールを実感

猛々しい造形美に感動！
ナパリ・コースト
Napali Coast

ハワイ語で「パリ」は絶壁の意味。大地の隆起や風雨の浸食により造られた、約27km、標高差約1000mの断崖絶壁の海岸線。見る角度や時間によって変化する、崖の表情を楽しむのも醍醐味。車ではアクセスできない。

🚻 北西部に約21km続く海岸線、海・空からのアクセスのみ

ヘリコプターでの空中遊覧か、カヤックやクルーズがおすすめ

🏳 おすすめのツアーはこれ
カウアイ・エコ・アドベンチャー

ナパリ・コーストをはじめ、カウアイ島の絶景を空中から堪能することができる。人気のツアーなので早めの予約を。

 TIME
約1時間

[ブルー ハワイアン ヘリコプターズ]
☎ 808-640-0299
（日本語予約受付）
🈲 無休
💲 1人 $379
www.bluehawaiian-jp.com

KAUAI — BEST 2

のどかなハナレイ・タウンを見物

ショッピングモールが2つ存在し、お土産店や飲食店も軒を連ねる。散策のあとは、サンセットを見に、ハナレイ湾まで行くのもおすすめ

個性的なお店が立ち並ぶ
ハナレイ
Hanalei

史跡やアート・ギャラリーが点在する田舎町。郊外は、緑豊かな山の麓にタロイモ畑が広がる。

ステンドグラスが美しいワイオリ・フイイア教会

KAUAI — BEST 3

ワイメア渓谷で絶景に出会う

ワイメア渓谷には展望台（ルックアウト）が全部で5つ存在する。運がよければ、渓谷に虹がかかる絶景を眺めることができる

荒々しい岩山が広がる
ワイメア渓谷州立公園
Waimea Canyon State Park

別名、「太平洋のグランドキャニオン」。長さ22km、幅2km、最深部は1000m以上にもなる。

ワイメアの麓は広い草原が広がり、のんびりと休憩も

🌺 カウアイ島にあるワイアレアレ山の降水量は年間1万2000ミリ。世界で一番雨が降る場所ともいわれている。

ハレ旅 Info

5ステップで
あわてず出国・あわてず帰国

出国・帰国の流れは下記の通り！　何があるかわからないので
空港には、出発の約2時間前には到着するように計画を立てておこう。

日本 ⇒ ハワイ

STEP1　機内

> ボールペンを1本
> 持ち込んでおこう

キャビンアテンダントが旅行者税関申告書を配りに来る。受け取ったら機内にて、到着までに記入を済ませよう。アメリカに入国経験があり、ESTAで再度入国する人は記入不要。

STEP2　到着

係員の指示に従い、連絡通路を通って入国審査所へ向かう。入国審査は混み合うので速やかに進むこと。

STEP3　入国審査

> 観光なら Sightseeing と
> 伝えればOK

審査官に呼ばれたら、パスポートと税関申告書、帰りの航空券を提示。質問に答え、顔写真撮影と指紋採取をして終了。

STEP4　荷物受け取り

> 取り違えないよう
> 目印をつけると尚よし

搭乗便名が表示されたターンテーブルで荷物を受け取る。荷物が見当たらない場合は、係員に引換証を見せて調べてもらおう。

STEP5　税関審査

> 申告書を提出！

税関申告書とパスポートを提示。税関に申請するものがあれば赤のランプのカウンターで荷物検査、なければ緑のランプへ。

入国必須 POINT

パスポート：3カ月
滞在日数＋90日以上が望ましい

ビザ：不要
ESTAの控えを手荷物に入れておく

手荷物制限
機内には手荷物1個＋ハンドバッグが持ち込み可
※一部航空会社により異なる

ハワイ ⇒ 日本

STEP1　チェックイン

搭乗する航空会社のカウンターで、パスポートとe-チケットを提示。預ける荷物のチェックを受ける。

STEP2　手荷物検査

機内持ち込みの荷物はすべてX線検査機に通す。手荷物1個＋ハンドバッグまでが持ち込み可能。

STEP3　セキュリティチェック

靴を脱ぎ、手荷物検査とボディチェックを受ける。金属製のアクセサリーやベルトも忘れずに外そう。

STEP4　最後の買い物

セキュリティゲートの先には免税店などのお土産ショップが。搭乗までの時間、ショッピングを。

STEP5　搭乗

30分前までには搭乗券に記載されたゲートへ。ゲートを通る際、再度パスポートチェックがある。

帰国必須 POINT

日本円への再両替
空港内の両替所で。だがレートが悪い場合が多い。ドルへの両替は計画的に。

お土産の持ち込み
肉類や植物など、持ち込みが禁止されているものもある。事前に確認を。

機内持ち込みNG

✘ 重さ10kg以上の荷物（大きさについては航空会社により異なる）
✘ 1ℓ以上の液体（化粧水やジェル含む。1個100mℓ以下に小分けが必要）
✘ 刃物やとがったもの　✘ ゴルフクラブ、サーフボードなどの長いもの
✘ スポーツ用のスプレー

入国・免税範囲

酒やタバコの持ち込みは21歳〜。食品も持ち込み不可のものがあるので注意。

酒	約1ℓまで
たばこ	紙巻きたばこ200本（1カートン）、葉巻50本まで
通貨	US $1万以上は要申告
お土産	合計US$100まで

帰国・免税範囲

免税範囲を超えると、帰国時に関税を納めなければならない。

酒	3本（1本760ml程度）
香水	2オンス（約56ml）
たばこ	紙巻きたばこ200本、葉巻50本、その他のたばこは250gまで
お土産	合計20万円まで

※2023年3月現在

パスポートだけでは足りない!?
【入国＆帰国に必要な手続きと書類】

見落とすとせっかくの旅行が台無しに…！　事前準備は入念に。

ESTA

ハワイ（アメリカ）の場合、90日以内の滞在で往復の航空券があればビザは免除される。ただしビザを持っていない場合は、ESTA（エスタ・電子渡航認証システム）の認証が必要。申請はオンラインでできるので、渡航72時間前までに必ず済ませておこう。

STEP1 esta.cbp.dhs.gov/esta
専用HPにアクセスし、対応言語から日本語を選ぶ。その後、申請をクリック。

STEP2
免責事項を確認し、姓名、生年月日、パスポート番号などを入力。入力は半角英数。

STEP3
入力が終わったら、送信をクリック。登録完了画面は印刷しておくと安心。
料金 $21（クレジットカード払いのみ）

Visit Japan Web（VJW）

帰国時、日本の空港で必要な手続きの準備。パスポート、新型コロナウイルスのワクチン接種証明書（3回分）またはハワイ出発前72時間以内に検査を受けた陰性証明書、航空機便名情報などを準備して、デジタル庁の「Visit Japan Web」で作成したアカウントに入力。取得した二次元コードを到着時に日本の空港で提示すれば、入国手続きがスムーズに。（2023年3月現在）
www.digital.go.jp/policies/visit_japan_web

ワクチン接種証明書

接種券交付を受けた市区町村が発行するものか、デジタル庁の「新型コロナワクチン接種証明書アプリ」から取得する。

宣誓書

米政府が航空会社に対して回収を義務づけている書類。詳細は利用する航空会社に問い合わせが必要。

旅行者税関申告書

搭乗した直後・到着する直前にキャビンアテンダントから配られる。すべてアルファベットの大文字で記入を。入国時の税関手続きの際に必要なので機内で済ませておく。ホテル名などを記入する欄があるので、旅行会社の書類があると便利。

① 上段＝姓、下段＝名
② 生年月日（月、日、西暦年の下2桁）
③ 同行する家族の数
④ (a) 滞在先の住所　(b) 滞在先の市　(c) 滞在先の州
⑤ パスポート発行国
⑥ パスポート番号
⑦ 居住国
⑧ 経由国名（なければ空欄）
⑨ 利用航空機の便名
⑩ 旅行目的（観光の場合はNoを選択）
⑪ (a)～(d)の物品を持ち込んでいるか
⑫ 家畜のそばにいたか
⑬ 1万米ドル以上、またはそれと同等の外貨を携帯しているか
⑭ 市販品商品（サンプル）を持ち込んでいるか
⑮ 上段＝米国居住者への質問　下段＝訪問者への質問（空欄可）
⑯ 署名（パスポートと同じサイン）
⑰ 記入日（月、日、年）

ハレ旅 Info

ハワイの玄関口 ダニエル・K・イノウエ国際空港をマスター！

国際便と、多数のハワイの島へ航空便が離発着するダニエル・K・イノウエ国際空港。
空港内で迷わないよう、館内の地図にも目を通しておこう。

ダニエル・K・イノウエ国際空港

ワイキキから約12kmの場所にあるハワイ州最大の国際空港。米国とアジアを結ぶ太平洋地域のハブ（＝拠点）空港の役割も担っている。ネイバーアイランドへの航空便も離発着する。

☎808-836-6413
airports.hawaii.gov/hnl
ママラ ▶ MAP 別 P.3 D-3

空港内サービス一覧

ビジターインフォメーション
♠個人旅行者用出口付近
☎808-836-6413 ⏰4:00〜翌1:00

両替所
♠国際線ロビーや団体旅行者出口付近など空港内の10カ所にあり

医療施設
♠手荷物受取付近
☎808-836-6643 ⏰24時間

フライト・デック・ビジネス・センター
♠メイン・ターミナル
☎808-834-0058 ⏰7:30〜20:45

空港見取り図

規模はそれほど大きくはないが、利用するゲートの場所などは把握しておこう。

連絡通路のアートに注目
通路の片側に、ハワイのアーティストの作品を40点以上展示。

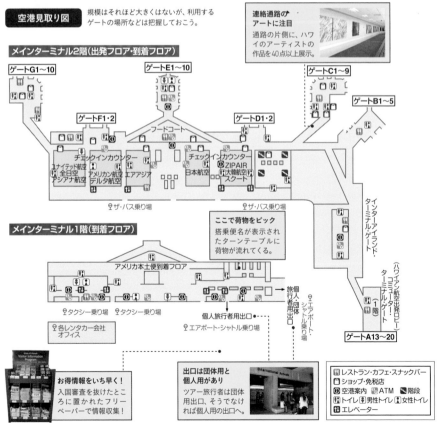

メインターミナル2階（出発フロア・到着フロア）

ゲートG1〜10
ゲートE1〜10
ゲートC1〜9
ゲートB1〜5
ゲートF1・2
フードコート
ゲートD1・2
チェックインカウンター
チェックインカウンター
ⓩZIPAIR
ユナイテッド航空
全日空
アシアナ航空
アメリカン航空
デルタ航空
エアアジア
日本航空
大韓航空
スクート
🚌ザ・バス乗り場
🚌ザ・バス乗り場
インターアイランド・ターミナルゲート

メインターミナル1階（到着フロア）

アメリカ本土便到着フロア

ここで荷物をピック
搭乗便名が表示されたターンテーブルに荷物が流れてくる。

🚕タクシー乗り場
🚕タクシー乗り場
個人旅行者用出口
旅行者・団体用出口
🚍エアポート・シャトル乗り場
個人・団体シャトル乗り場
（ハワイアン航空出発ロビー）コミューターターミナルゲート
コミューターターミナルゲート（1階）
ゲートA13〜20

🚌各レンタカー会社オフィス

お得情報をいち早く！
入国審査を抜けたところに置かれたフリーペーパーで情報収集！

出口は団体用と個人用があり
ツアー旅行者は団体用出口、そうでなければ個人用の出口へ。

🍴レストラン・カフェ・スナックバー
🛍ショップ・免税店
ℹ空港案内　🏧ATM　🪜階段
🚻トイレ🚹男性トイレ🚺女性トイレ
🛗エレベーター

ダニエル・K・イノウエ国際空港へのアクセス

ダニエル・K・イノウエ国際空港へは、日本の東西、主要な6都市（2023年3月現在、一部運休中）から直行便が出ている。直行便は基本的に「日本を夜に出発し、朝ハワイに到着」する。往復の飛行時間と、主な航空会社は下の表の通り。

✈ 日本からのアクセス

基本的に、行きよりも帰りの方が飛行時間が長い。

	行き	帰り
成田国際空港	約7時間	約8時間15分
東京国際空港（羽田空港）	約7時間	約8時間15分
関西国際空港	約8時間	約9時間
新千歳空港	約8時間	約7時間40分
中部国際空港	約8時間	約8時間30分
福岡空港	約8時間	約10時間

※所要時間は天候や混雑状況で変動
※福岡空港発着便は2023年4月30日から運行再開予定。新千歳空港発着便は運休中

✈ 直行便のある航空会社

日本から直行便が出ているのは下記6つの航空会社！

	TEL	HP
日本航空	0570-025-031	www.jal.co.jp
全日本空輸	0570-029-333	www.ana.co.jp
ハワイアン航空	0570-018-011	www.hawaiianairlines.co.jp
ユナイテッド航空	03-6732-5011	www.united.com
デルタ航空	0570-077-733	ja.delta.com
大韓航空	0570-05-2001	www.koreanair.com

※ユナイテッド航空、大韓航空は2023年3月現在運休中

【空港から市内へ】

ワイキキへ向かう主な方法は下記の通り。予算やその日の予定、到着時間、荷物に合わせてセレクトしよう。

安さ重視で考えるなら

ザ・バス

ワイキキまで$3。ただしスーツケースなど大きな荷物は持ち込み不可。
>>>P.210

時間短縮で行くなら

タクシー

到着ロビーを出るとTAXI表示がある。料金の15%程度のチップが必要。
>>>P.213

車移動の観光をするなら

レンタカー

空港のレンタカーオフィスビルで手続きを。日本で事前予約するのが無難。
>>>P.212

ホテルに直行したいなら

エアポート・シャトル

ロバーツハワイのエアポート・シャトルなら、日本語対応も事前予約も可能で安心。往復サービスと片道サービスがあるのもうれしい。
☎808-359-9440
🕐8:00～17:00 ㊡無休
www.airportshuttlehawaii.com/ja

時間＆運賃比較表

乗り物	時間	料金
ザ・バス	約60分	$3
タクシー	約20～30分	$40～＋チップ
レンタカー	約20～30分（移動のみ）	会社で異なる
エアポートシャトル	約40分	$20～＋チップ

ハレ旅
Info

バス、トロリー、車を使いこなす
オアフ島交通ガイド

島内の移動手段は、市内の主要スポット間を運行するワイキキトロリーや、
公共交通機関の中心であるザ・バス（>>>P.210）、ほかにレンタカー、タクシーなどがある。
行きたい場所に応じて上手に使い分けよう。

＼4種のラインを駆使しよう／

ワイキキ
トロリー
WAIKIKI TROLLEY

全面オープンエアのトロリーバス。ホノルル市内の主要観光スポットを回り、旅行者にはとても便利。運行路線は全4本。車体につけられた旗で、路線を見分けることができるようになっている。車内では日本語のアナウンスも流れるので安心。

ワイキキトロリーの路線図は
別冊P.24をチェック

乗り方ステップ

① チケットを買う

ワイキキ・ショッピング・プラザのチケット売り場などのほか、HPでも購入可能。HPで事前購入すれば割引に！

② 乗車時にチケットを見せる

チケットをドライバーに提示。

③ 目的地で下車する

目的地近くの停留所で降りる。乗り放題チケットなので、途中下車も可能。

チケット料金

※子どもは料金は3〜11歳、2歳以下は無料。シニア（62歳以上）割引あり。

有効期限	ライン	大人	子ども
1日	ピンクライン	$5	$5
1日 1ライン	レッド or ブルー or グリーンライン	$30	$20
2日	1日オールラインパス （翌日1日無料）	$55	$30
4日	4ライン乗り放題	$65	$40
7日	4ライン乗り放題	$75	$50

購入はここで！

ワイキキ・ショッピング・プラザ
⏰ 9:00〜17:00

問い合わせ先 ☎808-551-3595
waikikitrolley.com/jp

知っておくと便利！

JCBカード提示で乗車無料に

乗車時に提示すれば、ピンクラインが無料で乗車できる（キャンペーンは2025年3月31日まで実施）。その他、ショップなどで使える割引もあるので要チェック。

ミニガイドマップを入手

ワイキキ・ショッピング・プラザのチケット売り場で手に入る。全路線図が網羅されており、お得情報も満載。

路線によって運行時間や運行間隔が異なるワイキキトロリー。
目的地への往復経路は、事前に確認しておこう。

ワイキキ/アラモアナ・ショッピング

PINK LINE
ピンクライン

ワイキキとアラモアナセンターを結ぶ。ショッピングモールなどを経由するので、買い物を楽しむなら最適な路線。ただし道が渋滞しやすく、遅れることも多いので注意。

運行間隔　　　所要時間
約15分毎　　　1周約60分

見どころSPOT
ロイヤル・ハワイアン・センター
プアレイラニ・アトリウム・ショップス
アラモアナセンター

デューク・カハナモク像
水泳とアウトリガーカヌーの達人、デューク・カハナモクの像は、記念撮影に人気のスポットとなっている。
ワイキキ ▶ MAP P.13 D-2

アラモアナセンター
ハワイ最大級のモール。ハイブランドからローカルブランド、レストランなどがあり一日中楽しめる。
>>>P.82

ダウンタウン/ハワイの英雄と伝説

RED LINE
レッドライン

ホノルルの歴史的名所やダウンタウンをめぐる観光コース。イオラニ宮殿やカメハメハ大王像などの前を通る。日本語のナレーションテープで各所を案内してくれる。

運行間隔　　　所要時間
約60分毎　　　1周約110分

見どころSPOT
ホノルル美術館／イオラニ宮殿
カメハメハ大王像／チャイナタウン
ソルト・アット・アワー・カカアコ

イオラニ宮殿
カラカウア大王が1882年に建てた王国栄華の象徴である公邸。ハワイ王朝時代の調度品などを展示。
>>>P.47

カメハメハ大王像
ハワイ諸島を統一してハワイ王朝を築いたカメハメハ大王の銅像は、ダウンタウンのイオラニ宮殿前に立つ。
>>>P.46

カイムキ・カパフル/ローカルダイニング&ダイヤモンドヘッド

GREEN LINE
グリーンライン

ワイキキからダイヤモンド・ヘッド周辺の観光スポットを回り、カハラ方面からグルメの町、カイムキへ行く。ローカルに愛されるレストランなどでハワイアングルメを楽しんで。

運行間隔　　　所要時間
約90分毎　　　1周約80分
見どころSPOT
ホノルル動物園／カピオラニ公園
ワイキキ水族館／カハラモール
ダイヤモンド・ヘッド

ダイヤモンド・ヘッド/海岸線/ダイヤモンドヘッド

BLUE LINE
ブルーライン

オアフ島の東海岸線に沿って走る絶景コース。2階建てのダブルデッカーで運行し、パノラマビューを楽しめる。ハナウマ湾、ハロナ潮吹き穴では5分間の写真撮影時間がある。

運行間隔　　　所要時間
約40分毎　　　1周約110分
見どころSPOT
ダイヤモンド・ヘッド
ハナウマ湾／ハロナ潮吹き穴
シーライフパーク

ザ・バス
THE BUS

ザ・バスは、オアフ島内をほぼ網羅する公共の交通機関。110以上の路線と4000を超えるバス停がある。運賃は1回$3で、ICカードのHOLOカードを使えばさらに便利。距離による追加料金もないので、上手に使えば交通費をかなり抑えられるはず！

ザ・バスの路線図は別冊P.23をチェック

乗り方ステップ

① バス停を探す

黄色の「The Bus」の看板が停留所の目印。停車するバスの路線番号が書かれているので、まずはチェックして。

② 乗車し運賃を払う

車両前方のドアから乗車し、はじめに運賃を払う。

③ 下車はワイヤーで知らせる

下車ボタンを押すか、ワイヤーを引っ張って知らせる。下車は前と後ろどちらのドアからも可能。

料金

有効期限	
1回（大人）	$3
1日最大運賃 （HOLOカード利用時）	$7.50

知っておくと便利！

▶ **持ち込める荷物には制限がある**
サーフボードやスーツケースなどひざに乗せられない荷物は持ち込めないが、ベビーカーはたためばOK。

▶ **ワンタッチで乗れるHOLOカードが◎**
乗車時に専用機にタッチすると料金が引かれる、プリペイドの「HOLOカード」はABCストアなどで購入可能。同じ日に3回以上乗車すると自動で1日バスの扱いになるので何度も利用するならお得。チャージはABCストアで現金でできるほか、「HOLOカード」のサイトでアカウントを作成すれば、クレジットカードからチャージも可能。

2022年に登場して以来、ロコの愛用者が続出中

▶ **ルートは事前に確認を！**
ザ・バスは路線・停留所の数が多く、少し複雑。アラモアナセンター1階で配布している無料マップや、ザ・バスのHP（英語のみ）からで事前に確認しておくと安心。

- -

▶ **使えるサイト＆アプリ**
ザ・バスは安くて便利な反面、遅れやすく、時間通りに運行していない場合も。限りある時間を効果的に使うためにも、便利な機能を積極的に利用しよう。

【ザ・バスの無料アプリ】

 DaBus2
現在地付近にあるバス停を検索でき、バスの到着時間の目安も表示できる。バスルートの検索も可。

Caution

- 支払いは紙幣・コインとも可だが、おつりは出ないので、小銭を用意しておくこと
- 車内前方にある「Courtesy Seating」は高齢者用の優先席
- 車内アナウンスはない場合もあるので要注意
- 車内での飲食や喫煙、大きな荷物の持ち込みは厳禁
- 危険なエリアも走行するので、居眠りや夜間の利用は避けよう

トロリー＆ザ・バス
アクセス一覧

トロリーとザ・バスどちらが便利？どの路線に乗ればいいのかまず確認！

行き先	トロリー	ザ・バス		タクシー所要時間
アラモアナセンター >>>P.82	ピンク　レッド	ワイキキから	8・13・20・42　Eエクスプレス	約10分
ワード・ビレッジ >>>P.161	レッド	ワイキキから	13・20・42	約15分
		アラモアナから	6・13・20・40・42・52・67	
レナーズ・ベーカリー >>>P.119	グリーン	ワイキキから	13	約10分
		アラモアナから	13	
カイムキ >>>P.178	グリーン	アラモアナから	13　※カイムキ通りまで	約10〜20分
ハワイ大学 >>>P.183		ワイキキから	13	約20〜30分
		アラモアナから	13	
ダイヤモンド・ヘッド >>>P.36	グリーン　ブルー	ワイキキから	23	約20〜30分
		アラモアナから	23	
カハラモール >>>P.182	ブルー	ワイキキから	23	約20〜30分
		アラモアナから	23	
ハナウマ湾 >>>P.33		ワイキキから	23　※火曜休	約40分
シーライフ・パーク・ハワイ >>>P.44	ブルー	ワイキキから	23	約40分
		アラモアナから	23・67	
ダウンタウン・チャイナタウン >>>P.174	レッド	ワイキキから	13・20・42・E	約20分
		アラモアナから	A・3・13ほか	
ビショップ・ミュージアム >>>P.48		ワイキキから	2	約30分
アロハ・スタジアム・スワップミート >>>P.105		アラモアナから	40・A	約30〜40分
ダニエル・K・イノウエ国際空港 >>>P.206		ワイキキから	20	約30〜40分
		アラモアナから	20	
ハレイワ >>>P.170		アラモアナから	52・60	約60分
カイルア >>>P.166		アラモアナから	67	約35分
ワイケレ・プレミアム・アウトレット >>>P.105		ワイキキから	42・E→ワイパフT.C.から433	約40〜60分
		アラモアナから	40・42・A・E→ワイパフT.C.から433	

ザ・バスは冷房が効きすぎていることも。長時間乗る場合は、羽織れるものを持っておくと安心。

\ドライブはハワイの醍醐味/

レンタカー RENTAL CAR

自分のペースで観光を楽しみたいならレンタカーが一番！　ザ・バスやトロリーでは行きづらい場所にアクセスでき、グループなら節約にも！　見晴らしのいい海沿いの道を駆け抜ける、そんな爽快感が味わえるのも、レンタカーならではの楽しみ。

料金目安

車種	定員	1日	5日
エコノミー（2ドア・4ドア）	4人	約$55〜	約$220〜
ミニバン	7人	約$98〜	約$380〜

おすすめレンタカー会社！

ダラー・レンタカー
ハワイのほか、アメリカ本土やグアムなどで展開するレンタカー会社。日本人向けのサービスも充実。
☎0800-999-2008（予約受付）
www.dollar.co.jp

借り方

① 予約をする

現地でも予約できるが、出発前に手配しておくのがベター。言葉の心配もなく、格安な料金プランを探せる。入金後に発行される予約確認書などを忘れずに。

② 現地のカウンターへ

ワイキキにはいくつかカウンターがある。空港で借りる場合は到着後、レンタカー会社が入るビルへ。

③ カウンターで手続き

事前に日本で手続きしておけば現地でスムーズに契約できる。保険やオプションは確認を。

予約時に確認を！

交通ルールの異なるハワイ。車の運転には注意を払い、保険にも加入しておこう。万が一に備えて、レンタカー利用時の基本事項も事前にしっかり聞いて。

▶国際運転免許って？
運転免許証を所有する国以外での運転が可能に。ハワイでは日本の免許があれば必要ないが、念のためにあると安心。

▶保険に加入すること
契約の時点で対人・対物の保険に自動で加入される。しかし補償内容が十分ではないので任意保険にも加入を。

▶8歳未満はチャイルドシート
8歳未満の子どもはチャイルドシートの着用が義務付けられている。必要なら予約する際に一緒に申し込んでおく。

▶25歳未満は追加料金あり
ハワイでは21歳以上から車の運転ができるが、25歳未満のドライバーには追加料金が加算されるので覚えておこう。

返し方

① 駐車場に停める

営業所まで走らせ車を返却。ガソリンは満タンにして返す場合と返却時に精算する場合がある。

② 荷物を外に出す

忘れ物がないように確認し、点検を受ける。鍵を返却して、最後に明細書を受け取り返却完了。

※写真はダラー・レンタカー

アプリでタクシーをお得＆便利に！

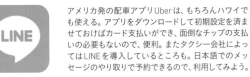

アメリカ発の配車アプリUberは、もちろんハワイでも使える。アプリをダウンロードして初期設定を済ませておけばカード支払いができ、面倒なチップの支払いの必要もないので、便利。またタクシー会社によってはLINEを導入しているところも。日本語でのメッセージのやり取りで予約できるので、利用してみよう。

日本よりお得に乗れる

タクシー TAXI

ザ・バスやトロリーでは不便な場所や夜間の移動に便利なタクシー。少し割高ではあるが、確実に目的地に辿り着けるので安心。流しのタクシーはいないので、利用する際はホテルのフロントやお店で頼むか、乗り場の専用電話機を使おう。

乗り方

自動ドアではないので、乗り降りの際には自分でドアを開ける。ドライバーに必ずチップ（料金の15%が目安）を渡そう。

料金

初乗り **$3.40**

1/8マイル（約200m）ごとに45¢

料金は、会社によって多少異なる場合もある。

リムジンもおすすめ！
ちょっとグレードUPして

豪華なイメージのリムジンも大人数でなら割安に。1時間で$150程度が相場。

さくら・リムジン
☎808-927-5953（日本語受付）
www.sakura-limo.com/jp

安全に楽しく運転するための
ハワイのドライブガイド

安全にドライブを楽しむために、いつも以上に慎重な運転を心掛けて。

RULE
気をつけるべきルール

日本とは異なる点も多いハワイの交通ルール。危ない目にあわないために、必ず予習しておこう。

① 右側通行

十分意識していても、ふと間違って逆車線に入ってしまうことも。特に発進時と右左折時には注意。

② 赤信号で右折可

基本は赤信号でも右折はOK。ただし「NO TURN ON RED」の標識がある場所では禁止。見逃し注意。

③ 一時停止

信号のない交差点で「STOP」の標識下に「4WAY」の看板があれば、最初に停止した車に優先権あり。

④ スクールバスの追い越し不可

赤い停止サインを出しているバスを追い越すのは禁止。中央分離帯がない道路では対向車も停止。

⑤ ヒッチハイクは法律違反

ヒッチハイカーも、車に乗せた人も罰金の対象。ヒッチハイクに応じたら、強盗にあったケースも。

⑥ 時速表示は「マイル」

日本では親しみのないマイル表記。メーターが50を指していたら、時速約80キロのスピードが出ている。

PARKING
パーキングについて

ハワイの駐車違反の取り締まりは非常に厳しい。駐車する際は短い用事でも、必ずパーキングを探そう。

コインパーキング
駐車時間分のコインを。5¢、10¢、25¢のみ使用可能。

バレーパーキング
駐車代行サービス。リゾートホテルなどで利用できる。

GAS STATION
給油の方法

ガソリンスタンドはほとんどがセルフサービス。レンタカーの返却時に必要な場合もあるので確認を。

1 給油ポンプ前に停めキャッシャーで前金を払う。

2 「Unleaded」（無鉛）のノズルを外しレバーをオン。

3 ノズルを注入口へ。グリップを引き注入開始。

4 給油が終わったら再度キャッシャーで精算を。

コインランドリーやコインパーキングなどは25¢コインしか使えない場所もあるので、多めに持っておこう。

事前に学んでおけば安心!
ハワイのお金のルールを確認する

普段、扱い慣れていないドル通貨。
また、クレジットカードの使い方も日本と少し異なるハワイ。
支払いの際に焦ることがないように、ハワイの「お金のルール」をここできちんと確認しておこう。

ハワイのお金とレート

ハワイの通貨は$(ドル)

$1≒約131円

(2023年3月現在)

硬貨

25¢=クォーター、10¢=ダイム、
5¢=ニッケル、1¢=ペニーともいう。

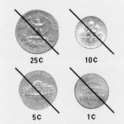

25¢　10¢

5¢　1¢

紙幣

紙幣は6種類。チップ支払いに便利な
$1や$5は、常に用意があるといい。

 $100

 $50

 $20

 $10

 $5

 $1

---

rule 1　両替はここでできる!

場所によってレートや手数料に差があるので注意!　ここでは
ハワイにある4カ所の両替所を比較。両替後は、必ずその場で金
額と換金証明書を照らし合わせ、額が正しいかチェックして。

空港　ダニエル・K・イノウエ国際空港内にあるが、レートはよくない。手数料も比較的高め。入国後、市内へ入るまでの間など、必要最低限の換金にとどめておくのがベター。

銀行　レートはいいほうだが、営業時間が限られているのが難点。また、一度にたくさんの両替をする場合、パスポートの提示を求められることもある。

両替所　街なかの各所にあり、レートや手数料は場所によって様々。銀行よりもレートがよく、手数料の安いお店もある。夜遅くまで営業しているのも便利な点。

ホテル　レートはよくないが、24時間フロントで両替を行ってくれるので、いざという時に重宝する。レートや手数料はホテルによって異なるので気をつけて。

---

rule 2　ハワイはチップ必須!

日本人が戸惑いがちなチップ。基本的にタクシーや飲食は15%〜20%が目安。バレーパーキングやベッドメイキングなどは1台$1程度を用意。

チップ早見表

$	15%	17%	20%
$10	$1.5	$1.7	$2
$20	$3	$3.4	$4
$30	$4.5	$5.1	$6
$40	$6	$6.8	$8
$50	$7.5	$8.5	$10
$60	$9	$10.2	$12
$70	$10.5	$11.9	$14
$80	$12	$13.6	$16
$90	$13.5	$15.3	$18
$100	$15	$17	$20
$200	$30	$34	$40

屋台やファーマーズマーケットでもカードが使える

カード社会のハワイでは、野外の小さな店舗でもカードが利用可能な場合が。利用可能な店には、カード会社のマークが貼ってあるので確認を。

ATMは空港をはじめ街のいたる所にあるよ！

---

rule 3 ATMの使い方を確認

Visaなど大手国際ブランドのカード（クレジット・デビット・トラベルプリペイド）があれば、現地のATMでドルを引き出せる。利用法は1度覚えてしまえば簡単。ただし、PIN（暗証番号）が必要なので、不明な場合はカード発行金融機関に確認を。

① PIN（暗証番号）を入力
「PIN（暗証番号）」は日本でカード決済する際に入力する、4桁の数字と同じ。

② 「Withdrawal」を選ぶ
希望取引内容の項目で、「Withdrawal（引き出し）」を選択する。

③ 「Credit Card」を選ぶ
カード種類の項目になったらクレジットカードであれば「Credit Card」を選択。デビットカード、トラベルプリペイドの場合は「Saving（預金）」を選択。

④ 金額を入力する
パネルから希望金額を選ぶか、直接金額を入力。その後、現金を受け取る。

協力：H.I.S.「レアレアラウンジ」（ロイヤル・ハワイアン・センターB館3階）

●海外ATM単語帳

口座	ACCOUNT	預金	SAVINGS
金額	AMOUNT	取引	TRANSACTION
訂正	CLEAR	振り込み	TRANSFER
支払い	DISPENSE	引き出す	WITHDRAWAL

---

rule 4 カードが安全でラク

海外で多額の現金を持ち歩くのは危険。カードを活用して、持ち歩く現金は最小限に抑えよう。万が一、カードを紛失、盗難または不正使用されても、カード発行金融機関が定める条件*1を満たせば、不正利用請求分についてはカード所有者は支払い責任を負わない*2。不正利用の疑いが生じた場合は、速やかにカード発行金融機関に連絡して。

チップやワリカンの支払いも可！

レシートの「Tip」や「Gratuity」の欄に金額を記入すればチップが払える。「Split the bill please」と、人数分のカードを渡せばワリカンも可能だ。

---

rule 5 ドルは使い切ろう

円からドルへの両替と同じく、両替所があれば、ドルから円に戻すことは簡単。しかし、手数料がかかってしまうので結果的に損…。計画的にドルは両替して、うまく使い切るのが賢明だ。

ハワイの消費税率は4.712%

日本と同様買い物や食事の際に上記の州税がかかる。また、ホテル宿泊時にはさらにホテル税が加算される。

---

*1 ATM現金引出取引。Visaコーポレートカード、Visaパーチェシングカードによる商業取引は保護の対象外。
*2 詳しい条件および制限等については、カード発行金融機関に確認を。

困った！どうする？
ベストアンサー総集編

電話をかけたくなった時や郵便を送りたくなった時など、日本と違う海外ルールを
不便に感じることも多いはず。でも、ちょっと知っておくだけで問題は解決！
旅行者の気になるふとした疑問にお答えします！

○○したい編 ここでは、ネットや電話など「通信環境」にまつわるものや、水やトイレなど
ハワイの「生活事情」を紹介。知っておくと旅がもっと快適になる情報ばかり！

電話をかけたい！

国際電話と市内電話の
ダイヤルを確認して！

ハワイから日本へかけるなら、国際電話の識別
番号と日本の国番号をダイヤルする。ハワイ同
士なら、市内局番と相手の番号のみでOK。

☎ ハワイ→日本（東京）の場合

| 011 | + | 81 | + | 3 | + | 相手の番号 |

国際電話　　日本の　　0をとった
識別番号　　国番号　　市内局番

☎ 日本→ハワイの場合

電話会社の識別番号* ＋

| 010 | + | 1 | + | 808 | + | 相手の番号 |

国際電話　　アメリカの　　ハワイの
識別番号　　国番号　　　　市内局番

＊電話会社の識別番号は、KDDI→001、NTTコミュニケーションズ
=0033、ソフトバンクテレコム=0061。マイラインの国際区分に登
録している場合は不要。KDDIは国際電話識別番号は不要

☎ ハワイ→ハワイの場合

ハワイの市内局番「808」に続けて相手の番号をダイヤルす
る。ネイバーへの電話は長距離扱いとなり、「1」を追加して
「1-808」からはじめる。公衆電話は島内なら50¢で時間無
制限で利用可能。

📱 アプリを利用すれば
無料で通話が可能

スマートフォン同士なら、「スカイプ」や「ライン」などの
無料通話アプリを使うのも手！　ネット接続が可能で
あれば、優先的に活用するとだいぶ割安だ。

ネット接続がしたい！

使う頻度で方法を選ぼう

Wi-Fiを使用するなら、ネット接続が可能なエ
リアまで足を運ぶか、あるいはルーターをレン
タルする手も。使う頻度で選択しよう。

手段1 **街なかの無料Wi-Fi**

ショッピングセンターやカフェなどは無料でWi-Fiを提供して
いることも。その場を離れなければ使い放題なので、必
要になったら駆け込もう。

無料Wi-Fiがある主な公共スペース
インターナショナル マーケットプレイス／アラモアナセン
ター／ロイヤル・ハワイアン・センター／スターバック
ス・コーヒー／マクドナルド／アップルストアほか

手段2 **ホテルの無線LAN**

リゾートホテルのロビーや客室では、使用可能な場合が多
い。ただし有料の場合もあるので確認を。

手段3 **ルーターをレンタル**

一日中ネットを使いたいなら、ルーターを借りるのが手っ取
り早い。レンタルは1日単位でも可能。

グローバルWi-Fi

世界200以上の国と地
域で使えるモバイル
Wi-Fiルーターを貸し出
す。パケット定額制でハ
ワイは1日970円〜。
☎0120-510-670
townwifi.com

羽田空港内のカウンター

郵便を送りたい！

切手購入は郵便局や
ホテルのフロントで

手紙を送る場合、切手は郵便局やホテルのフロントで購入可能。郵便局や街なかに設置された青いポストに投函。旅の思い出に送るのもいい。

宛名の書き方

JAPANとAIR MAILの記載があれば、あとは日本語でもOK。急ぎの場合はEMSを利用しよう。

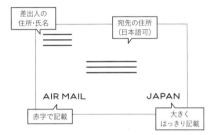

- 差出人の住所・氏名
- 宛先の住所（日本語可）
- AIR MAIL
- JAPAN
- 赤字で記載
- 大きくはっきり記載

料金と所要日数

料金は重さや配達内容によって異なる。単位がオンス（1oz=28ｇ）やポンド（1lb=454g）なのが日本とは違うポイント。

内容	重さ	料金	所要日数
定型ハガキ	−	$1.15	4〜5日
定型手紙	〜28g	$1.15	4〜7日
小包	〜2kg	$31.95〜	6〜10日
EMS	〜9kg	$79.95	3〜5日

※天候や情勢により変動。

宅配便の場合

ワイキキ近郊のホテルであれば客室まで集荷にきてくれる場合が多い。また、梱包用のダンボールを用意してくれることもある。日本到着までは10〜20日間かかる。

トイレに行きたい！

トイレ事情は郊外に
出ると不便なことも…

ワイキキ周辺は店が多く、施設のトイレも充実。しかし、郊外ではかなり少ないことも。飲食店やガソリンスタンドなどで利用を。

水が飲みたい！

水道水もOKだけど
購入したほうがいい

ハワイの水は飲んでもOK。しかし、日本の水道水とは少し味が異なる。気になるなら、市販の水を購入しよう。

種類も豊富！

ABCストアのほか、スーパーや飲食店で手に入るミネラルウォーター。見た目も可愛らしく種類も豊富だ。

日本から持ってきた
電化製品を使いたい！

変圧器はあるとベター

電圧は110〜120V。短時間なら日本製品を使っても大丈夫だが、変圧器はあると安心。

コンセントについて

コンセントは穴が3つあるAタイプ。日本よりやや電圧が高い。

日本語のテレビや
ラジオを視聴したい

ホテルやレンタカーで
ダイヤルを合わせて！

現地メディアに触れるのも旅ならではの楽しみ！　日本語放送があるのは下記の通り。ホテルのテレビやレンタカーのラジオを使おう。

おすすめ
TV

KIKU TV (9.20ch)
日本や中国のドラマやバラエティ番組を放送
NGN (677)
NHKやフジテレビのニュースを放送する

おすすめ
ラジオ

KZOO (AM1210KHz)
アメリカやハワイ、日本のニュースを提供
ハワイ 101FM (101.1MHz)
日本とハワイに向けて、ハワイの情報を流す

旅には予期しないアクシデントはつきもの。もちろんトラブルはないのがベストだけど、万が一起こった時のために、対処法を学んでおくべき！

怪我をしてしまった！

BEST ANSWER

保険に入っているなら直ちに保険会社に連絡

病院を利用する場合、まずは加入している保険会社に連絡をする。指定の病院で診断を受けたあと、必要な書類をもらうことを忘れずに。

手段 ＊保険に加入している場合

万が一の病気＆怪我を考えると、やはり保険には加入しておくべき。保険会社によって手続きが異なる場合があるので、事前にHPやもらった冊子を確認しておこう。

① **保険会社に連絡**
加入した旅行会社のサポートデスクに連絡。そして、旅行会社指定の病院で診察の予約を受ける。先に病院へ行ってしまった場合も、早急に連絡を入れること。

② **病院で治療する**
病院の窓口では保険契約書を見せ、保険会社に請求してほしい旨を伝える。病院側に、保険会社の書類に必要事項を記入してもらうのを忘れずに。

③ **支払いを済ませる**
受診料自体は保険会社に請求されるので、支払いは不要。病院の指示で薬を購入する場合は、自費で支払いをして、後日保険会社に請求する。

④ **保険会社に再度連絡**
領収書、診断書など、必要な書類を一式揃えて保険会社に提出する。書類がきちんと揃っていないと、保険金がおりないこともあるので注意。

保険未加入の場合は…

保険に入っていない場合は、病院に直に連絡を入れて、同じように受診する。ただし、全額自己負担となってしまう。

旅行者がかかりやすい病気

日本人がなりやすい病気としては、日本との温度差による熱中症や脱水症、冷房の効きすぎで起こる風邪や下痢などがあげられる。予防のために水分補給と防寒対策は万全に。

コロナかも?! 発熱したら…
新型コロナウイルスに感染した可能性がある場合、ロングス・ドラッグス（>>>P.88）などにある検査キットで検査。不安な場合は、日本語が通じる病院へ。

失くし物をした！

BEST ANSWER

失くした物によって適切な連絡先へ報告

紛失物は内容によって動きが異なるが、原則は警察署に被害届を出して、「盗難・紛失証明書」を発行してもらう。盗難時も流れは同じ。

パスポート

警察や日本国総領事館に届けて盗難・紛失証明書を発行。発給申請書や紛失届、身分証明書などを持参して日本国総領事館へ。その後、渡航書発給証明書や日本国籍が確認できる書類、顔写真などを提出する。

万が一に備えて…
名前と写真が記載されているページをコピー。パスポート用の写真2枚と戸籍謄本を1通用意しておくと安心だ。

カード（クレジット、デビット、プリペイド）

カード発行金融機関へすぐに連絡して、カードを利用停止にしてもらおう。万が一カードを不正利用されても、カード発行金融機関が定める条件を満たせば、不正利用請求分については、カード所有者は支払い責任を負わなくてもよい。条件等は、カード発行金融機関に問い合わせを。

万が一に備えて…
カード発行会社の連絡先、カードの番号と有効期限をどこか安全な場所に控えておく。また紛失・盗難に備えて、カードは違う場所に複数所持するとよい。

航空券

近年は各航空会社いずれも、航空券ではなくe-チケットを導入している。そのため万が一控えを紛失しても航空会社に問い合わせれば無料で再発行できる場合が多い。

現金・貴重品

警察や日本国総領事館に届けて盗難・紛失証明書を発行。帰国後、保険会社へ保険の請求を行なう。ただし、現金はすぐに見つからなければ、残念だけどあきらめるのが賢明かも…。

万が一に備えて…
現金は、複数の場所に分けて所持しておこう。

盗難にあった…！

流れは紛失時と同じ

スリや窃盗などの軽犯罪が多いハワイ。あってしまった際の速やかな処置はもちろん、狙われることがないよう、警戒しておこう。

CASE1

ホテルの部屋に置いていた貴重品がなくなっていた

リゾートホテルだったとしても、客に交ざって犯罪を企む人間もいる。部屋に鍵をかけていても、貴重品は金庫に入れるか、最低でも人目につかない場所にしまうこと。

CASE2

窓を閉めた車に置いた荷物が盗まれていた

車の窓ガラスを割って侵入する車上荒らしも多い。ショッピングセンターやビーチの駐車場などで、長時間車から離れる場合は、貴重品は絶対に放置しないこと。

CASE3

夜、ホテル近くのスーパーに行く途中で強盗にあった

たとえわずかな距離だとしても、夜中にホテルの外を出歩くのは避けたい。また大通りから1本外れた路地に入るだけで危険度が一気に高まる。なるべく明るい道を歩こう。

CASE4

ATMを利用してすぐに引ったくりにあった

ATM付近に待機して、キャッシングを利用してすぐの客を狙うケースも。車やバイクに乗った引ったくり犯もいる。現金はなるべく早く、人目につかない場所にしまうこと。

盗難ではないけれど
街なかのこんな人に注意！

● **オウムを肩にのせた人**
カラカウア通り沿いに出没。勝手に肩や手にオウムをのせて写真を撮り高額な金額を請求。払わないとオウムが離れない！

● **街なかでレイをプレゼントする人**
ワイキキビーチやカラカウア通り沿いで、生花のレイを首にかけてくる女の子。最終的には何十ドルも請求する。

● **募金活動を募る人**
ワイキキの路地などで、「募金活動をしているから署名をして」と言って近づいてくる。実際はこれもただのサギ師！

お役立ち☎リスト

旅先で困ったときに使えるイエローページ。
緊急時も、焦らずに落ち着いて連絡しよう。

緊急

警察・消防・救急	☎911
日本国総領事館	☎808-543-3111
ホノルル警察	☎808-529-3111
ワイキキビーチ交番	☎808-529-3801

病院

ドクター・オン・コール（日本語）
　☎808-623-9966
ワイキキ緊急医療クリニック（日本語）
　☎808-924-3399
PCRハワイ（相馬クリニック／ワイキキ）
　☎808-358-2182

カード会社の緊急連絡先

Visaカード	☎1-866-670-0955
JCBカード	☎1-800-606-8871
Amex	☎1-800-766-0106
ダイナースクラブ	☎81-3-6770-2796
NICOSカード	☎1-800-665-1703
MasterCard（英語）	☎1-800-307-7309

保険会社の緊急連絡先

損保ジャパン	☎1-800-233-2203
三井住友海上火災保険	☎1-833-835-0380
東京海上日動火災保険	☎1-800-446-5571
AIU保険	☎1-800-8740-119
Chubb損害保険	☎1-877-213-1913

交通

ダニエル・K・イノウエ国際空港	☎808-836-6413
ワイキキトロリー	☎808-591-2561
ザ・バス	☎808-848-5555

快適で楽しい
ハレ旅を！

ハワイの救急車は日本とは違って有料（保険適応の場合がほとんど）。1回につき$400以上かかることも！

INDEX

店名	エリア	ページ	店名	エリア	ページ	店名	エリア	ページ
オリーブ・ブティック	カイルア	169	ソルト・アット・アワー・カカアコ	カカアコ	163	フードランド・ファームズ	アラモアナ	103
オンダデマー	ワイキキ	76	ターゲット	アラモアナ	100	プライマル	ワイキキ	65
カハラ	カカアコ	92	ターゲット・カイルア	カイルア	169	フリー・ピープル	ワイキキ	73
カハラモール	カハラ	182	ターコイズ	ワイキキ	73	フリーキー・ティキ・トロピカル・オプティカル	アラモアナ	77
カラパワイ・マーケット	カイルア	167	ダイヤモンドヘッド・チョコレート・カンパニー	ワード	95	ブルーミングデールズ	アラモアナ	60・85
カールドヴィカ	ワイキキ	77	ダウントゥアース	カカアコ	99	ブルームストリート・ジェネラルストア	ワイキキ	63
カリロハ	ワイキキ	64	ツリーハウス	カカアコ	165	ブルー・ラニ・ハワイ	カイルア	169
キープ・イット・シンプル	ワイキキ	19・96	TRH インスパイアード	ワイキキ	70	ベイリーズ・アンティークス & アロハシャツ	カパフル	181
キス	ワイキキ	63	T.J.マックス	ワード	104	ベルヴィーハワイ	ワイキキ	67・80
グアバ・ショップ	ハレイワ	173	ディーン&デルーカ	ワイキキ	63	ホールフーズ・マーケット カイルア	カイルア	80・169
グリーンルーム・ハレイワ	ハレイワ	61	デュークス・レーン・マーケット & イータリー	ワイキキ	102	ホールフーズ・マーケット クイーン	ワード	80・98
クレイジーシャツ	ワイキキ	68	トリ・リチャード	アラモアナ	86	ホノルア・サーフ・カンパニー	ワイキキ	65
神戸ジュエリー	ワイキキ	78	ナ・プア・ジュエラーズ	ワイキキ	79	ホノルル・クッキー・カンパニー	ワイキキ	94
コクア・マーケット	モイリイリ	99	ナ・メア・ハワイ	ワード	165	ホロホロ・カフェ&マーケット	ワイキキ	133
ココ・ネネ	ワイキキ	65	ニーマン・マーカス	アラモアナ	84	マーティン & マッカーサー	ワイキキ	93
ココマンゴー	ワイキキ	68	ネクター・バス・トリート	ワイキキ	94	マイ・ペット・デザインズ	ワイキキ	95
コナコーヒー・パーベイヤーズ	ワイキキ	133	ノエアウ・デザイナーズ	アラモアナ	88	マウイ・ダイバーズ・ジュエリー	アラモアナ	79
コレクション オブ ワイキキ	ワイキキ	70	ノエラニ・ハワイ	ノース・ショア	170	マシュカ・ジュエリー	ワイキキ	79
サーフンシー	ハレイワ	173	ノース・ショア・ソープ・ファクトリー	ワイアルア	81	マノア・ラブ・デザイン	ワイキキ	64
サウス・ショア・ペーパリー	カパフル	61	ノードストローム・ラック	ワード	104	マヒナ	ワイキキ	68
33バタフライ	カハラ	182	ハーバーズ・ヴィンテージ	ワイキキ	63	マリエ・オーガニクス	ワイキキ	81
サン・ロレンゾ・ビキニス	ワイキキ	76	パイコ	カカアコ	163	ムーミン・ショップ・ハワイ	アラモアナ	60
シグネチャー・アット・ザ・カハラ	カハラ	182	ハイライフ	ワイキキ	67	ムームーレインボー	ワイキキ	108
ジャスト・ファン・ソックス	ワイキキ	70	ハウス・オブ・マナ・アップ	ワイキキ	62	モアナ・バイ・デザイン	ワイキキ	71
ジャナ・ラム	ワード	61・96	バス & ボディ・ワークス	アラモアナ	89	モリ・バイ・アート&フリー	ワード	165
シュガーケイン	ワイアラエ	97	パタゴニア・ホノルル	ワード	73	ユニクロ アラモアナ	アラモアナ	87
シュガー・シュガー・ハワイ	アラモアナ	89	バブルシャック・ハワイ	ハレイワ	173	ライオン・コーヒー	カリヒ	133
ジョニー・ワズ	アラモアナ	87	ハミルトン・ブティック	ワイキキ	96	ラウレア	ワイキキ	95
ジリア	カイルア	74	ハレイワ・ストア・ロッツ	ハレイワ	172	ラキ・ハワイアン・デザイン	ワイキキ	62
ジンジャー13	チャイナタウン	177	ハワイアン・キルト・コレクション	ワイキキ	93	ラニカイ・バス&ボディ	カイルア	81
スイート・ハニー・ハワイ	アラモアナ	18・82	ハワイズ・ファイネスト	アラモアナ	87	ランナーズ・ルート	アラモアナ	40
ストーク・ハウス	カカアコ	163	ファイティング・イール	カイルア	75	リフォーメーション	アラモアナ	86
スヌーピーズ・サーフ・ショップ	ハレイワ	60・170	ファイティング・イール	チャイナタウン	177	ルピシア	アラモアナ	88
セーフウェイ	カパフル	101	ファブレティックス	ワイキキ	65	ルルレモン	アラモアナ	41
セフォラ	ワイキキ	67	プアラニ・ハワイ・ビーチウエア	ダイヤモンド・ヘッド	76	レイン・ホノルル	アラモアナ	72
セレクト・バイ・ロイヤル・セレクション	ワイキキ	66	プアレイラニ・アトリウム・ショップス	ワイキキ	66	レスポートサック	ワイキキ	63
ソーハ・リビング	ワイキキ	61・97	フィッシャー・ハワイ	カカアコ	165	レッド・パイナップル	ワイアラエ	97
ソーハ・リビング（カハラ）	カハラ	182	フィッシュケーキ	カカアコ	161	ロイヤル・ハワイアン・センター	ワイキキ	52・53・62

ロス・ドレス・フォー・レス	ワイキキ	105
ロノ・ゴッド・オブ・ピース	ワイキキ	78
ロベルタ・オークス	チャイナタウン	177
ロングス・ドラッグス	アラモアナ	88
ワード・ビレッジ	ワード	161
ワイキキ・ショッピング・プラザ	ワイキキ	67
ワイキキ・ビーチ・ウォーク	ワイキキ	68
ワイキキ・ビーチボーイ	ワイキキ	76
ワイキキマーケット	ワイキキ	18
ワイケレ・プレミアム・アウトレット	ワイケレ	105

🍴 EAT

アーヴォ・カフェ	カカアコ	163
アイス・モンスター	ワイキキ	131
アイホップ	ワイキキ	115
アイランド・ヴィンテージ・コーヒー	ワイキキ	118·133
アイランド・ヴィンテージ・シェイブアイス	ワイキキ	27
アガヴェ&ヴァイン	アラモアナ	90
朝日グリル	ワイアラエ	129
アランチーノ・アット・ザ・カハラ	カハラ	139·182
アロ・カフェ・ハワイ	ワイキキ	118
アロハホイップ	ワイキキ	130
イスタンブール	ワード	140
イル・ジェラート・ハワイ	ワイキキ	102
陰陽カフェ	ワイキキ	117
ヴィア・ジェラート	ワイアラエ	131
ウィング・シェイブアイス&アイスクリーム	チャイナタウン	176
ウォルバーガーズ	アラモアナ	91
ウバエ	カリヒ	111
ウルフギャング・ステーキハウス	ワイキキ	138
AVレストラン	ワイアラエ	139
エスプレッソ・バー	アラモアナ	84
エッグスンシングス	ワイキキ	113
エッジ・オブ・ワイキキ	ワイキキ	145
オット―・ケーキ	ワイアラエ	180
オフ・ザ・ウォール・クラフトビール&ワイン	ワード	164
オフ・ザ・フック・ポケ・マーケット	マノア	183
カイ・コーヒー・ハワイ	ワイキキ	133
カイマナ・ファーム・カフェ	カパフル	179
カニ・カ・ピラ・グリル	ワイキキ	143
カフェ・カイラ	カパフル	112
カフェ・モーリーズ	ダイヤモンド・ヘッド	110·115
カマロン・オリジナル・ガーリックシュリンプ	ハレイワ	125
グーフィー・カフェ&ダイン	ワイキキ	135
クヒオ・アベニュー・フード・ホール	ワイキキ	122
クリーム・ポット	ワイキキ	115
クルクル	ワイキキ	111·130
ココヘッド・カフェ	ワイアラエ	180
こころカフェ	ワイキキ	111·123
ザ・カウンター	カハラ	124
ザ・ビーチ・バー	ワイキキ	144
ザ・ビッグ・アンド・ザ・レディ	チャイナタウン	141
ザ・ボイリング・クラブ	カカアコ	128
サマー・フラッペ	チャイナタウン	176
サムズ・キッチン	ワイキキ	121
サンライズ・シャック	アラモアナ	18·82
ジッピーズ	マキキ	128
シナモンズ・アット・ジ・イリカイ	ワイキキ	114
シナモンズ・レストラン	カイルア	114
ジャンバ・ジュース	アラモアナ	91
ジュンビ・ワイキキ	ワイキキ	131
ショア・ファイヤー	ワイキキ	127
ジョバンニ	ハレイワ	171
ジョバンニ・シュリンプ・トラック	カフク	125
スイート・イーズ・カフェ	カパフル	116
スイム	ワイキキ	142
スクラッチキッチン	ワード	164
スティックス・アジア・ワイキキ	ワイキキ	123
スピットファイヤー	ワイキキ	102
スプラウト・サンドイッチ・ショップ	ワイアラエ	181
ソウルミックス2.0	アラモアナ	90
ソゴンドン	アラモアナ	141
タイガー・シュガー	アラモアナ	82
タイト・タコス・カイムキ	ワイアラエ	180
タオルミーナ シチリアン キュイジーヌ	ワイキキ	140
ダゴン	モイリイリ	140
タムラズ・ファイン・ワイン&リカーズ	ワイアラエ	127
チーホーバーベキュー	ワイキキ	122
チェジュビング・デザート・カフェ	アラモアナ	91
チャンピオンズ・ステーキ&シーフード	ワイキキ	120
デック	ワイキキ	116
テディーズ・ビガー・バーガー	ワイキキ	124
テディーズ・ビガー・バーガー（ハレイワ）	ハレイワ	172
デュークス・ワイキキ	ワイキキ	142
ナイン・バー・ホノルル	カカアコ	162
ナル・ヘルス・バー&カフェ	カイルア	118
ニコズ・ピア 38	カリヒ	126·135
ノイタイ・キュイジーヌ	ワイキキ	138
ハイウェイ・イン	カカアコ	163
パイオニア・サルーン	ダイヤモンド・ヘッド	121
梅光軒	ワイキキ	123
パイナ・ラナイ	ワイキキ	123
ハウ・ツリー	ワイキキ	117
ハウス ウィズアウト ア キー	ワイキキ	54
バサルト	ワイキキ	102
バナン	ワイキキ	110·130
ハレ・ベトナム	ワイアラエ	180
ハワイアン・アロマ・カフェ	ワイキキ	132
パンダ・エクスプレス	ワイキキ	123
ファーム・トゥ・バーン・カフェ&ジューサリー	ハレイワ	172
フィフティスリー・バイ・ザ・シー	カカアコ	136
ブーツ&キモズ	カイルア	113
フェイマス・カフク・シュリンプ	カフク	125
プラント・ベースト・パラダイス・カイムキ	ワイアラエ	19·181
フラ・グリル・ワイキキ	ワイキキ	137
ブルク・ベーカリー	アラモアナ	90
ブルーノート・ハワイ	ワイキキ	143
プルメリア・ビーチ・ハウス	カハラ	114
ベアフット・ビーチ・カフェ	ワイキキ	27
ボガーツ・カフェ	ダイヤモンド・ヘッド	129
ポノ・ボウル	ワイケレ	111
ホノルル・コーヒー	ワイキキ	132
ホノルル・バーガー・カンパニー	アラモアナ	124
ホノルル・ビアワークス	カカアコ	164

マイタイ バー	ワイキキ	144
マカイ・マーケット・フードコート	アラモアナ	90
マツモト・シェイブ・アイス	ハレイワ	111・172
マハロハ・バーガー	ワイキキ	123
ママ・フォー	アラモアナ	91
マリポサ	アラモアナ	91
マンゴー・マンゴー・デザート	アラモアナ	111
ミスター・カウ	アラモアナ	90
ミスター・ティー・カフェ	ワード	131
ミッシェルズ・アット・ザ・コロニーサーフ	ダイヤモンド・ヘッド	136
むすび・カフェ・いやすめ	ワイキキ	119
モエナ・カフェ	ハワイ・カイ	111
モーニング・グラス・コーヒー	マノア	183
モーニング・ブリュー・カカアコ	カカアコ	164
モケズ・ブレッド&ブレックファスト	カイルア	168
モンサラット・シェイブアイス	ダイヤモンド・ヘッド	130
ヨーグル・ストーリー	アラモアナ	111
ラ・ピーニャ・カンティーナ	ワイキキ	110・122
ラナイ@アラモアナセンター	アラモアナ	90
ラニカイ・ジュース	カカアコ	118
ラハイナ・チキン	アラモアナ	90
ラムファイヤー	ワイキキ	144
リリハ・ベーカリー	ワイキキ	119
ルルズ・ワイキキ	ワイキキ	126・137
レイズ・キアヴェ・ブロイルド・チキン	ハレイワ	128
レインボー・ドライブイン	カパフル	127
レジェンド・シーフード・レストラン	チャイナタウン	176
レストラン サントリー	ワイキキ	141
レッドフィッシュ・ポケバー by フードランド	カカアコ	127
レナーズ・ベーカリー	カパフル	110・119
ロイヤル・キッチン	チャイナタウン	129
ロイヤル・ハワイアン・ベーカリー	ワイキキ	70
ロミーズ	カフク	125
ワーク・プレイ	カカアコ	164
ワンハンドレッド セイルズ レストラン&バー	ワイキキ	117

✦ BEAUTY

アクアネイルズ	ワイキキ	157
アナイハナ・マッサージ・サロン	ワイキキ	155
アバサ・ワイキキ・スパ	ワイキキ	150
アロハ・ハンズ・マッサージ・セラピー	ワイキキ	155
カハラ・スパ	カハラ	152
ザ・リッツ・カールトン・レジデンス,ワイキキビーチ・スパ	ワイキキ	152
スパハレクラニ	ワイキキ	152
ナ ホオラ スパ	ワイキキ	153
ネイルサロンai	ワイキキ	157
ネイルラボ シェラトンワイキキ	ワイキキ	157
ハワイ マッサージ アカデミー	ワイキキ	155
マンダラ・スパ	ワイキキ	155
モアナ ラニ スパ～ヘブンリー スパ バイ ウェスティン～	ワイキキ	151
ルアナワイキキ ハワイアン ロミロミ マッサージ&スパ	ワイキキ	154
ロイヤル・カイラ	ワイキキ	153
ロミノ・ハワイ	―	154

🏨 STAY

アウトリガー・リーフ・ワイキキ・ビーチ・リゾート	ワイキキ	193
アウトリガー・ワイキキ・ビーチコマー・ホテル	ワイキキ	187
アウラニ・ディズニー・リゾート&スパ コオリナ・ハワイ	コオリナ	196
アストン・ワイキキ・サンセット	ワイキキ	195
アラモアナ・ホテル・バイ・マントラ	アラモアナ	194
アロヒラニ・リゾート・ワイキキ・ビーチ	ワイキキ	194
ヴァイブ・ホテル・ワイキキ	ワイキキ	194
エンバシー・スイーツ・バイ・ヒルトン・ワイキキ・ビーチ・ウォーク®	ワイキキ	190
カイマナ・ビーチ・ホテル	ワイキキ	194
クイーン カピオラニ ホテル	ワイキキ	186
コートヤード・バイ・マリオット・ワイキキ・ビーチ	ワイキキ	194
ザ・カハラ・ホテル&リゾート	カハラ	182・191
ザ・モダン・ホノルル	ワイキキ	190
ザ・リッツ・カールトン・レジデンス,ワイキキビーチ	ワイキキ	184
ザ・レイロウ・オートグラフ・コレクション	ワイキキ	185
シェラトン・プリンセス・カイウラニ	ワイキキ	47・70・194
シェラトン・ワイキキ	ワイキキ	71・193
ツイン フィン ワイキキ	ワイキキ	18
トランプ・インターナショナル・ホテル・ワイキキ	ワイキキ	191
ハイアット リージェンシー ワイキキ ビーチ リゾート&スパ	ワイキキ	193
ハレクラニ	ワイキキ	189
ハレプナ ワイキキ バイ ハレクラニ	ワイキキ	192
ヒルトン・ハワイアン・ビレッジ・ワイキキ・ビーチ・リゾート	ワイキキ	192
プリンス・ワイキキ	ワイキキ	187
ホテル・リニュー	ワイキキ	194
マリン・サーフ・ワイキキ	ワイキキ	195
モアナ サーフライダー ウェスティン リゾート&スパ	ワイキキ	71・189
ルアナ・ワイキキ・ホテル&スイーツ	ワイキキ	195
ロイヤル ハワイアン ラグジュアリー コレクション リゾート	ワイキキ	70・188
ワイキキ・ビーチ・マリオット・リゾート&スパ	ワイキキ	192

閉店した有名店LIST
(2020〜22年)

アヒ・アサシン Ahi Assassins Fish Co.	ダウンタウン
アロハ・コンフェクショナリー Aloha Confectionery	アラモアナセンター
ウイリアムズ・ソノマ Williams Sonoma	アラモアナセンター
オーウェンズ&カンパニー Owens & Co.	ワイキキ
オリーブ&オリバー Olive & Oliver	ワイキキ
カカアコ・キッチン Kakaako Kitchen	ワード
キャメロン・ハワイ Cameron Hawaii	ワード
シェフ・マブロ Chef Mavro	モイリイリ
シロキヤ・ジャパン・ビレッジウォーク Shirokiya Japan Village Walk	ワイキキ
ダイヤモンドヘッド・ビーチハウス Diamond Head Beach House	モンサラット
タウン Town	カイムキ
Tギャラリア ハワイ by DFS(再開予定あり) T Galleria by DFS, Ha	ワイキキ
ドッツ Dots	ワヒアワ
トップ・オブ・ワイキキ Top of Waikiki	ワイキキ
ネオプラザ Neo Plaza	ワイキキ
ピエール・マルコリーニ Pierre Marcolini	アラモアナセンター
ビルズ Bills	ワイキキ
フィッシュ・ホノルル Fish Honolulu	カカアコ
マジック・オブ・ポリネシア Magic of Polynesia	ワイキキ
ムース・マクギリカディーズ Moose McGillycuddy's	ラハイナ
メゾン・キツネ Maison Kitsuné	ワイキキ
ラリン Laline	アラモアナセンター
リアル・ガストロパブ Real Gastropub	カカアコ
リケリケ・ドライブイン Like Like Drive Inn	アラモアナ
リリー&エマ Lilly & Emma	ワイキキ
ワイキキ横丁 Waikiki Yokocho	ワイキキ

STAFF

編集制作　ハレ旅ハワイ編集委員会

編集制作・取材・執筆
ハレ旅ハワイ編集委員会
株式会社 P.M.A.トライアングル

撮影
古根可南子、宮澤 拓、稲田良平
株式会社 P.M.A.トライアングル

現地コーディネート　高田あや　Michi Moyer

協力　関係諸施設　ハワイ州観光局

表紙デザイン　菅谷真理子＋髙橋朱里（マルサンカク）

本文デザイン
菅谷真理子＋髙橋朱里（マルサンカク）
鈴木勝（フォルム）

表紙イラスト　大川久志　ナカオテッペイ

本文イラスト　別府麻衣　細田すみか

マンガ　おたぐち

地図制作　s-map

地図イラスト　岡本倫幸

組版・印刷　大日本印刷株式会社

企画・編集　白方美樹（朝日新聞出版）

ハレ旅　ハワイ
<ruby>旅<rt>たび</rt></ruby>

2023 年 4 月 30 日　改訂 3 版第 1 刷発行
2023 年 8 月 20 日　改訂 3 版第 2 刷発行

編　著　朝日新聞出版

発行者　片桐圭子

発行所　朝日新聞出版
　　　　〒104-8011　東京都中央区築地 5-3-2
　　　　（お問い合わせ）
　　　　infojitsuyo@asahi.com

印刷所　大日本印刷株式会社

\ スマホやPCで！/
購入者限定 FREE

ハレ旅 ハワイ 電子版が無料！

①　**「honto 電子書籍リーダー」アプリをインストール**

Android 版 Play ストア
iPhone/iPad 版 AppStore で
honto を検索

PC での利用の場合はこちらから
https://honto.jp/ebook/dlinfo

右のQRコードからも
アクセスできます

②　**無料会員登録**

インストールしたアプリのログイン画面から新規会員登録を行う

③　**ブラウザからクーポンコード入力画面にアクセス**

ブラウザを立ち上げ、下のURLを入力。電子書籍引き換えコード入力画面からクーポンコードを入力し、My 本棚に登録

クーポンコード入力画面 URL
https://honto.jp/sky

クーポンコード　asa5098063493163
※2025年12月31日まで有効

右のQRコードからも
クーポンコード入力画面にアクセスできます

④　**アプリから電子書籍をダウンロード＆閲覧**

①でインストールしたアプリの「ライブラリ」画面から目的の本をタップして電子書籍をダウンロードし、閲覧してください

※ダウンロードの際には、各通信会社の通信料がかかります。ファイルサイズが大きいため、Wi-Fi環境でのダウンロードを推奨します。
※一部、電子版に掲載されていないコンテンツがあります。

ご不明な点、お問い合わせ先はこちら
honto お客様センター

✉ shp@honto.jp　☎0120-29-1815
IP 電話からは ☎03-6386-1622

※お問い合わせに正確にお答えするため、通話を録音させていただいております。予めご了承ください。